基于新型城镇化建设的
物流业发展研究——以河北省为例

耿立艳　张占福　著

2015 年度河北省社会科学发展研究课题最终成果（2015020206）

科 学 出 版 社

北　京

内 容 简 介

本书综合运用新型城镇化建设、物流业发展、区域物流、协调理论、灰色系统理论、人工智能预测法等众多理论与方法，深入剖析河北省物流业发展与新型城镇化建设水平的内在关系，并提出新型城镇化建设过程中合理发展河北省物流业的调控对策。本书采用多学科理论与技术相结合、定性分析与定量研究相结合、理论分析与实证研究相结合的研究方法，较为直观地展示出河北省物流业发展与新型城镇化之间的密切关系，这对于制定区域物流业发展与新型城镇化建设协调战略具有一定的理论指导意义。

本书可供物流管理相关领域的理论研究者、管理者、研究生及本科生参考。

图书在版编目（CIP）数据

基于新型城镇化建设的物流业发展研究：以河北省为例/耿立艳，张占福著.
—北京：科学出版社，2017.11

ISBN 978-7-03-055248-8

Ⅰ. ①基⋯ Ⅱ. ①耿⋯ ②张⋯ Ⅲ. ①物流企业–企业发展–研究–河北 Ⅳ. ①F259.272.2

中国版本图书馆 CIP 数据核字（2017）第 274014 号

责任编辑：魏如萍 / 责任校对：贾伟娟
责任印制：吴兆东 / 封面设计：无极书装

科 学 出 版 社 出版
北京东黄城根北街 16 号
邮政编码：100717
http://www.sciencep.com

北京京华虎彩印刷有限公司 印刷
科学出版社发行 各地新华书店经销

*

2017 年 11 月第 一 版 开本：720×1000 1/16
2017 年 11 月第一次印刷 印张：12 3/4
字数：262 000

定价：**86.00 元**
（如有印装质量问题，我社负责调换）

作者简介

耿立艳，女，1979年3月生，天津宝坻区人，汉族，管理学博士，石家庄铁道大学经济管理学院副教授，硕士研究生导师，中国社会科学院数量经济与技术经济研究所在站博士后，北京大学访问学者，英国曼彻斯特城市大学访问学者。主要从事智能预测方法、物流工程、金融时间序列分析方面的研究工作。近年来，先后主持国家自然科学基金项目1项、省部级项目4项、厅局级项目6项，参与研究各级各类项目20余项。以第一作者在国内外学术期刊上发表学术论文40余篇，其中，EI检索10余篇；出版专著2部；参编教材4本。研究成果获得河北省社会科学优秀成果三等奖1项、中国物流与采购联合会科技发明三等奖1项。先后被评为北京大学优秀访问学者、石家庄铁道大学优秀科技人才、石家庄铁道大学优秀教师、石家庄市青年拔尖人才、石家庄铁道大学"三八红旗手"。

张占福，男，1978年9月生，天津蓟州人，汉族，大学本科。现为石家庄铁道大学四方学院工程师、电气工程系实验室主任。长期从事智能控制方面的理论研究与实践教学工作。近年来，参与多项省部级项目研究工作，在国内外学术期刊上发表论文10余篇，先后获得石家庄铁道大学四方学院"教书育人先进个人""先进教育工作者"等称号。

前　　言

城镇化是伴随工业化发展、非农产业在城镇集聚、农村人口向城镇集中的自然历史过程，是人类社会进步的必然趋势，是一个国家工业化与现代化的重要标志。新型城镇化建设是我国现代化发展的必由之路，是经济社会全面发展的重要动力。《国家新型城镇化规划（2014—2020年）》的出台，标志着我国新型城镇化建设已经进入了关键时期。现代物流业通过融合与衔接制造、商贸等行业的复合型服务产业，将运输、仓储、加工、配送、装卸、信息、金融等方面有机结合，形成完整的供应链，既能为社会生产提供生产性服务，又能为居民生活提供生活性服务；既有利于产业分工、创造岗位需求、吸引大量人员就业、促进产业集聚，又能为城镇居民生活提供方便与保障，在新型城镇化建设进程中发挥着重要作用。

河北省位居环渤海中心地带，东临渤海，资源丰富，科技发达，物流量大，优越的区位优势和经济发展趋势推动了当地物流业的发展。近年来，随着京津冀协同发展战略的实施和河北省新型城镇化建设的逐步开展，河北省物流业呈现快速发展的态势，规模和质量都有了很大提高。但是总体来看，由于受城乡二元经济结构的影响及农村生产力水平低下的制约，新型城镇化进程中的现代物流业仍处于粗放型发展阶段，面临整体水平不高、规划布局不合理、信息化程度低、产业关联性弱等问题。这需要积极发挥河北省政府的引导作用和物流企业的主体作用，以现代物流业的健康、快速发展助推新型城镇化建设水平的提高。

本书总结已有的相关研究成果，以新型城镇化、物流业、区域物流等相关理论为指导，采用多学科理论与技术相结合、定性分析与定量研究相结合、理论分析与实证研究相结合的研究方法，科学界定新型城镇化、物流业、区域物流的内涵及特征，深入剖析新型城镇化建设与物流业发展的相互作用关系，结合河北省省情，对河北省物流业发展与新型城镇化建设水平现状进行分析；运用灰色关联分析、线性回归模型、主成分分析、灰色预测模型、最小二乘支持向量机等多种技术于段，研究河北省物流业发展与新型城镇化建设水平的内在关系，预测河北省物流业发展规模；最后回归分析河北省物流业发展与物流需求水平、经济发展之间的关系，提出新型城镇化建设下促进河北省物流业发展的调控对策，为河北省政府有关部门制定政策提供参考依据。

本书共9章，各章内容具体安排如下。

第1章：绪论。围绕研究背景与研究意义，分析总结国内外城镇化、物流业发展、新型城镇化建设与物流业发展关系研究现状,指出现有研究成果中存在的主要问题。在此基础上,给出基于新型城镇化建设的河北省物流业发展研究的研究目标、研究思路、研究内容、研究方法与创新之处。

第 2 章:相关理论研究。归纳总结新型城镇化建设、物流业发展及区域物流的相关理论;从新型城镇化建设对物流业发展的保障作用和物流业发展对新型城镇化建设的带动作用两个方面,分析探讨两者的相互关系。

第 3 章:河北省物流业发展与新型城镇化建设水平现状研究。首先,分析河北省物流业发展现状,包括物流业政策环境、物流业运输基础设施、物流园区与物流企业、物流业规模共四个方面;其次,分析河北省新型城镇化建设水平现状,包括城镇人口比重、城市基础设施建设、基本公共服务建设、居民收支四个方面。

第 4 章:河北省物流业发展与新型城镇化建设水平关联关系研究。基于量化指标体系构建原则,从物流供给能力、物流需求水平和物流发展规模三个方面构建河北省物流发展量化指标体系;从人口城镇化、经济发展、生活质量、社会进步、生态环境和城乡统筹六个方面构建河北省新型城镇化建设水平量化指标体系;运用广义灰色关联分析法研究河北省物流业发展与新型城镇化建设水平的关联关系。

第 5 章:河北省物流业发展与新型城镇化建设水平互动关系研究。根据第 4 章的研究结果,构建以线性回归模型为框架的互动作用模型,研究河北省物流业发展中的物流供给能力、物流需求水平、物流发展规模与关系最紧密的新型城镇化建设水平量化指标之间的互动关系。

第 6 章:河北省物流业发展与新型城镇化建设水平协调关系研究。首先,将主成分分析与协调理论相结合,根据协调度与协调发展度,分析河北省物流业发展与新型城镇化建设水平的协调关系;其次,运用灰色预测模型对河北省物流业发展与新型城镇化建设水平的协调度和协调发展度进行预测。

第 7 章:基于 LSSVM-ADPSO 的河北省物流业发展规模预测研究。基于自适应惯性权重粒子群优化算法和动态加速系数粒子群优化算法,提出自适应动态粒子群优化算法;结合自适应动态粒子群优化算法与最小二乘支持向量机,构建最小二乘支持向量机-自适应动态粒子群优化算法模型,预测河北省物流业发展规模。

第 8 章:基于新型城镇化建设的河北省物流业发展调控对策研究。首先,采用一元线性回归模型分析河北省物流业发展规模与物流需求水平、经济发展的关系;其次,从统筹合理规划、大力培育市场主体、完善相关扶持政策、拓宽投融资渠道、健全法律法规体系、加强高素质人才培养六个方面提出基于新型城镇化建设的河北省物流业合理发展的调控对策。

第 9 章:研究结论与展望。全面总结本书的研究成果,并对今后的研究前景进行展望。

本书是 2015 年度河北省社会科学发展研究课题“基于新型城镇化建设的河北

省物流业发展分析及调控对策研究"（编号：2015020206）的最终研究成果。同时，本书也得到国家自然科学基金青年项目（61503261）、河北省高等学校青年拔尖人才计划项目（BJ2014097）、河北省高等学校人文社会科学重点研究基地石家庄铁道大学工程建设管理研究中心的资助。

　　本书由石家庄铁道大学经济管理学院硕士研究生导师耿立艳副教授和石家庄铁道大学四方学院张占福工程师撰写完成。其中，第 1 章、第 4 章、第 5 章、第 7 章、第 9 章由耿立艳撰写，共计 16 万字；第 2 章、第 3 章、第 6 章、第 8 章由张占福撰写，共计 10.2 万字，最后由耿立艳对全书进行审阅、修改和定稿。

　　由于研究时间的限制及实证资料获取方面的困难，加之作者精力及研究水平有限，书中不足之处在所难免，敬请广大专家、学者、同行、读者批评指正。

作　者

2017 年 7 月

目　　录

第1章 绪 论

本章在介绍研究背景与研究意义的基础上，归纳总结国内外有关城镇化、物流业发展、新型城镇化建设与物流业发展关系的研究现状，根据现有研究成果存在的主要问题，确立研究目标、研究思路、研究内容、研究方法与创新之处。

1.1 研究背景及研究意义

1.1.1 研究背景

自18世纪以来，城镇化建设一直受到世界范围内的关注。目前，以美国、英国等为代表的发达国家城镇化进程快、发展完善，成为世界的典范。自中华人民共和国成立以来，我国一直致力于城镇化建设，同时也取得了一些成效。随着我国城镇化建设的不断深入，其弊端逐步暴露出来。单纯以城镇人口比重作为衡量城镇化的唯一标准，导致城镇化建设过程中农村资源被不断攫取，享受到的利益很少，从而造成贫富差距加大、城乡二元制结构矛盾加剧。在城镇化进程中，城镇一直是建设的重点，生产要素大量涌入城市，城市的快速扩张导致各种城市病，如城镇的产业结构布局不合理、资源消耗巨大、环境污染严重、居民的生活质量日趋下降、人与自然的不和谐程度日益加重。

我国在总结城镇化道路的经验教训后，结合我国实际情况，于2014年颁布了《国家新型城镇化规划（2014—2020年）》，制订了新型城镇化发展规划，明确了到2020年的总体发展构想，该规划成为我国新型城镇化发展的纲领性文件（张喆，2014；曾小春和钟世和，2017）。当前，我国正在大力推进新型城镇化建设，新型城镇化建设将成为我国城镇化建设健康、快速发展的必经之路。首先，我国已进入全面建设小康社会的阶段，而全面建成小康社会的目标包括持续健康发展经济、不断扩大人民民主、显著增强文化软实力、全面提高人民生活水平和建设资源节约型、环境友好型社会等。实践证明，实现全面建成小康社会的目标，走新型城镇化道路是必然的选择。其次，加快经济转型和转变经济发展方式战略的实施，需要新型城镇化建设保驾护航。一方面，新型城镇化建设进程必然会带来基础设施建设、消费品市场扩张等效益，从而可以扩大投资需求；另一方面，新型城镇化建设能够带来人口聚集效应，大量的农村人口涌入城市，投入服务行业中，促进服务行业的发展，进而促进产业转型升级。可见，新型城镇化建设是实现我国经济转型和加快我国经济发展的重要抓手。最后，能源安全和气候变暖已经变为全球性问题，这给全人类提出了新的挑战。在这种情况下，发展"低碳经济"已经在全世界范围内达成共识。然而，随着城镇化建设进程的深入，城镇环境也遭到了严重的破坏，这将会严重降低居民的生活质量，甚至会威胁人类的生存。中国需要不断改变传统的城镇化发展模式，在保持经济以较高速度发展的前提下，走资源节约型、环境友好型、可持续发展的新型城镇化建设道路。

现代物流业是融合了运输、存储、加工配送与信息等职能的综合性现代服务产业，是国民经济发展的基础性行业，其发展水平是反映一个国家、地区和城市核心竞争力的重要指标。进入 21 世纪以来，中国政府高度重视和支持现代物流业的发展，出台了一系列促进国家物流业发展的方针政策。2001 年，国家经济贸易委员会等六部委联合颁布了《关于加快我国现代物流发展的若干意见》；2003 年，国务院总理温家宝对《关于我国现代物流情况的调研报告》做出重要批示，要求各部门加大力度推动物流业的发展；2004 年，国家发展和改革委员会等部委联合发布《关于促进我国现代物流业发展的意见》；2006 年，中央人民政府发布了《国民经济和社会发展"十一五"规划纲要》，首次将现代物流的发展纳入国家总体规划纲要之中，并明确了物流业是国民经济中的一个重要产业，属于生产性服务业；2007 年，政府工作报告中再次重申大力发展服务业，并将物流业置于发展现代服务业的首位，这是我国物流业发展的一个新起点，表明物流业的重要地位得到了国家的认可；2009 年，国务院印发了《物流业调整和振兴规划》，将物流业列为需要调整振兴的十大产业之一，标志着物流业作为我国现代服务业的重要组成部分，进入了全面、快速、持续发展阶段；2011 年，国务院办公厅出台《关于促进物流业健康发展政策措施的意见》（"物流国九条"），同年，中央人民政府出台的《国民经济与社会发展"十二五"规划纲要》提出，要"培育和发展战略性新兴产业，加快形成流通业等先导性产业"；2012 年，国家 11 个部委联合印发《关于鼓励和引导民间投资进入物流领域的实施意见》；2014 年，国家颁布了《物流业发展中长期规划（2014—2020 年)》，将物流业界定为推动国民经济发展的战略性和基础性产业；2015 年，国家相关部门分别印发了《物流标准化中长期发展规划（2015—2020 年)》和《国务院关于促进快递发展的若干意见》，这对于促进我国物流业健康发展、增强国际竞争力具有重要意义。

新型城镇化的建设过程实际上是通过工业化的不断发展，使居民的生产和生活逐步向城市聚集。新型城镇化的主要原因实际是人们通过向城市聚集来产生所期望的规模经济效应。因此，大量农村人口转移到城镇，城市规模逐渐扩大，产业逐步聚集产生产业集群效应，区域的产业结构升级优化，商品经济越来越繁荣，居民的生活水平不断提高，形成了一个协同发展的有机系统。该有机系统各部分发展都需要现代物流业的支撑。因此，现代物流业的发展与新型城镇化建设息息相关，它们之间相互依存、相互促进、相互影响，共同推动着当地经济和社会的发展（双海军和王长春，2015）。传统城镇化存在重经济轻文化、重生产轻生活、重建设轻管理的倾向，导致城镇基础支撑体系建设乏力，从而造成城镇功能单一或不足、功能的专业化程度不高、辐射力不强等弊端。新型城镇化克服了传统城镇化的弊端，通过突出以人为核心，走集约、智能、绿色、低碳发展道路，促进城乡一体化发展，带动工业转型升级，推进区域均衡持续发展。而现代物流业作为经济发展的重要组成部分，摒弃了传统物流业中运输、仓储和加工等物流功能各自独立、效能单一的方式，以供应链为基础，通过应用大数据、云计算、物联网感知技术，建设智能仓储体系、智能物流配送调配体系，优化物流运作流程，着力发挥物流功能整合效应和一体化效能，对于促进新型城镇化功能建设、促进社会分工、降低交易成本、优化产业布局具有重要意义。

国家新型城镇化战略的重要目标之一是逐步消除城乡二元结构，消除城乡差别。在城乡一体化战略实施过程中，现代物流业是城乡生活品质提升和商品顺畅交流的重要保障（赵松岭，2015）。因此，新型城镇化建设离不开现代物流业，需要现代物流业的强有力支撑；现代物流业也离不开新型城镇化进程的牵引，借助其推动发展。首先，城镇作为社会体系的重要组成部分，是人员、商贸和工业企业相对集聚的中心，也是全国物流网络重要的节点。新型城镇化建设水平的提高，意味着城镇人员的进一步集聚，经济、文化活动的增强，线上线下对各种商品需求增加，导致对物流需求加大，促进城市配送、区域物流、快递企业布局、商贸物流等现代物流业大力发展。同时，新型城镇化建设突出了人的需求和城市的可持续发展，城市道路、通信、电力、网络等基础设施的日益完善，极大地推动物流企业通过发展电子商务、智慧物流平台、"互联网+"等举措向信息化、现代化发展。其次，现代物流业通过供应链将物流企业、商贸企业、制造企业、金融企业等紧密相连，不仅能促进交通运输、信息等各行业的发展，还能促进包括城市配送、物流加工、物流中心等在内的物流环节的共同发展，对于合理配置城市各项经济资源，促进经济活动高效运转，减轻新型城镇化建设进程中所带来的交通、环境等社会压力方面的作用明显。最后，现代物流业发展还可以吸收新型城镇化建设进程中大量剩余劳动力在城际、同城、城乡三级城市配送，快递企业，物流加工企业等物流领域就业，促进城镇产业布局、维护社会稳定、促进新型城镇化建设有序健康发展。

河北省地处我国东部经济发达地区的中心地带，现辖 11 个市、42 个市辖区、20 个县级市、102 个县，总面积 18.88 万平方千米，2016 年，总人口达到 7470 万人，石家庄是河北省的省会。河北省地理区位优势明显，位于首都北京的周围，并与天津市紧密相连，不仅是北京、天津两市与全国各地联系的必经之路，还是东北三省入关的交通枢纽，拥有秦皇岛港、黄骅港、曹妃甸港等天然良港，是华北、西北等广大内陆腹地的便捷出海口。图 1-1 给出了河北省行政区划图。

图 1-1 河北省行政区划图

自 20 世纪 90 年代河北省大力发展物流业以来，交通运输、邮政配送、电子商务、商业储运等得到快速发展。河北省运用港口群和沿海综合物流体系，为西北、华北等区域提供了快捷、便利的出海路径，同时，与豫北、鲁北、内蒙古、陕西、山西、京津等地区有很好的贸易协作关系，建立了连接西北、华北乃至东北、华东地区的物流枢纽，大大推进了河北省物流业的发展。现在物流业已经成为河北省第二大支柱产业，也是增长速度最快的产业。2015 年出台的《京津冀协同发展规划纲要》确定了河北省在京津冀协同发展中"三区一基地"的功能定位，其中，"三区"是指将河北省建为产业转型升级试验区、新型城镇化与城乡统筹示范区和京津冀生态环境支撑区；"一基地"是指将河北省建为全国现代商贸物流重要基地。这一政策的实施为河北省物流业发展与新型城镇化建设提供了重要的发展契机。

在京津冀协同发展过程中，河北省要想发挥其战略定位功能，急需加快新型城镇化建设的步伐，逐步缩小与京津之间的差距，实现城乡一体化。现代物流业在新型城镇化进程中具有纽带、带动与提升作用，通过影响劳动力增长、资本、自然资源、技术进步、产业结构、基础设施等经济要素，推动城市群发展，是拉动城乡经济快速增长的"助推器"。河北省现代物流业的发展对于提升城市核心竞争力、缩小城乡差距、促进区域协调均衡发展、推进新型城镇化建设进程具有重要意义。因此，发展现代物流业不仅是河北省新型城镇化建设的重要任务，而且是解决新型城镇化所面临问题的重要手段。物流业作为河北省经济发展的重要支撑行业，在新型城镇化建设进程中的机遇与挑战并存。河北省城镇化建设的不断深入，各行各业均得到发展，使社会物流需求不断增加，为河北省整体物流业的发展提供动力。但是，如果现阶段河北省物流业发展规模与新型城镇化建设水平不相适应，物流业不仅不能服务于新型城镇化的建设，而且有可能阻碍新型城镇化的建设进程。因此，以国家发展新型城镇化为依托，研究河北省在新型城镇化建设道路上的物流业发展问题，对于加快河北省物流业发展与新型城镇化建设意义重大。

1.1.2 研究意义

近年来，河北省新型城镇化建设进程不断加快，城镇化水平与规模都有了一定提高，带动了省内物流需求的增大，进而加快了河北省物流业的发展速度。但是，在城镇化水平快速发展的同时，河北省新型城镇化建设过程中还存在不足之处，在一定程度上制约了河北省物流业的健康、快速发展。国家大力倡导的"京津冀协同发展"和"推进新型城镇化发展"为河北省物流业的发展提供了前所未有的发展机遇，也提出了更高的要求。为此，在新型城镇化建设背景下，深入研究河北省物流业发展与新型城镇化建设水平的内在关系，并提出新型城镇化建设过程中合理发展河北省物流业的调控对策，对于科学制定新型城镇化建设背景下的河北省物流业发展规模、推进河北省新型城镇化建设与物流业协调发展、促进河北省经济发展具有重要理论与现实意义。

1. 理论意义

本书运用新型城镇化、物流业、区域物流等相关理论，通过实证研究的方法，深入揭示了河北省物流业发展与新型城镇化建设之间的内在关系，构建新型智能预测模型对河北省物流发展规模进行预测，这在新型城镇化建设背景下的区域物流理论与方法研究中是较为创新的，能够进一步丰富和完善区域物流理论体系的研究领域与思路。此外，通过分析河北省物流业发展与新型城镇化建设之间的内在关系，本书不仅印证了新型城镇化建设与物流业发展的相互作用，而且进一步阐述了两者之间的协调发展程度，较为直观地展示出物流业发展与新型城镇化之间的密切关系，这对于制定区域物流业发展与新型城镇化建设协调战略具有一定的理论指导意义。

2. 现实意义

本书以河北省为研究对象，通过分析河北省物流业发展与新型城镇化建设水平的现状，利用实证分析计算河北省物流业发展与新型城镇化建设水平的内在关系，揭示近年来河北省新型城镇化建设对物流业发展的影响程度、两者的协调发展关系，提出基于新型城镇化建设的河北省物流业发展调控对策，为河北省转型跨越发展的顺利进行与相关政策的制定提供了必要的数据支撑和理论依据。同时，根据河北省新型城镇化建设对物流业发展的影响程度，剖析河北省物流业发展与新型城镇化建设水平的互动关系，这对于加快河北省新型城镇化建设进程、以新型城镇化建设促进河北省物流业发展，从而带动整个河北省社会经济持续协调发展具有重要的现实意义。

1.2　　国内外研究现状

1.2.1　　城镇化研究现状

1. 国外研究现状

城镇化源于城市化，最早是由西班牙工程师 Serda 于 17 世纪 50 年代提出的（Knox and McCarthy，2005），随后相继有学者对城镇化进行了研究。国外的城镇化建设主要经历了三个阶段（张瑞英，2016）。第一阶段，18 世纪初至 19 世纪中叶，城市化处于兴起和逐步扩散阶段，英国在"蒸汽机"的推动下，率先走向城市化，随后产业革命不断发展，城市化在欧洲大陆和北美地区开展起来，西方国家先后步入城市化的进程潮流中。第二阶段，19 世纪到 20 世纪中叶，城市化全面推进，并且基本实现。在此阶段，西方发达国家的城市化速度逐步加快，大部分地区基本实现了城市化。然而，城市化水平的上升，并没有从根本上解决贫民窟和各种社会问题，同时还带来了新的问题。针对这一现象，西方国家采取了相应的解决措施，纷纷颁布相应的法律、法规。第三阶段，20 世纪中叶至今，为信息化推动现代城市化阶段。第三次科技革命的发生，导致高科技信息的技术产业成为主导，信息经济时代的到来对城市化的发展产生了巨大的影响，随之各种弊端也开始显现，这个阶段的城市化开始走向"新型城镇化"，坚持"绿色""生态"

的可持续发展观点。

经过多年的发展，国外关于城镇化的研究相当成熟，研究内容主要涉及城镇化作用、城镇化动力机制、城镇化发展规律、城镇化发展模式、城乡一体化、城市体系等方面。

1）城镇化作用研究

国外关于城镇化作用的研究主要有两种观点。一种观点认为，城镇化能够为经济发展带来一系列的正能量，从而促进经济的发展，最终会带动整个国家迈向现代化。Chenery（1957）分析了世界各国人均国内生产总值（GDP）与城镇化水平的关系，发现城镇化能促进人均国内生产总值（GDP）的增长，即城镇化能够在一定程度上促进经济增长。Berry（1971）利用主成分分析方法研究了城镇化与国家经济增长之间的关系，结果显示，国家经济增长与城镇化之间呈正相关关系。Lucas（1988）运用内生经济增长模型，分析了城镇化与国民经济增长的内在关系，得出两者之间存在明显正向性的结论。Dhakal 等（2010）以南亚五个国家为例，研究了城镇化水平与经济增长之间的关系，结果显示，城镇化发展对经济增长起到了积极的促进作用；反过来，经济增长又加快了城镇化建设进程。Moomaw 和 Shatter（1996）研究发现，城镇化水平随着人均国内生产总值的增加、工业化程度的强化而逐步提高，但随着农业生产水平的提高而降低，城镇化水平与经济增长及工业化之间存在正向关系，工业化是城镇化的根本动力。此外，有学者认为，城镇化的和谐健康快速发展有利于转移农村剩余劳动力、带来集聚效应、促进产业集聚、产生外溢效应、提高生产效率、促进创新等（Ortega，2000；Peres et al.，2010；Castells and Royuela，2012；Farahmand et al.，2012；Kawsar，2012）。另一种观点认为，城镇化在发展过程中会产生各种各样的问题，没有达到城镇化本质内涵的要求，是发展中国家持续贫困的根源。城镇化的过快发展会带来如人口过度拥堵、交通堵塞、房价高涨及环境污染等问题（Copeland and Taylor，1995；Henderson，2002；Downs，2005；Leones，2006；McDonald et al.，2008）。

2）城镇化动力机制研究

Gottmann（1957）在研究美国东北部城市绵延区基础上，提出了"大城市连绵带"的概念，认为交通运输和信息产业的高度发达成为促使大城市连绵带形成的重要动力机制。Mabogunje（1970）提出了"推-拉"力机制，认为在农村人口向城市转移的过程中，有两种力量在起作用：一个是来自城市的牵引力，另一个是来自农村的推动力，这两种力量相互协同，共同实现农村人口到城市的转移。Seeborg 等（2000）提出了城乡政策的动力机制，认为城乡政策的实施有助于通过鼓励劳动力的迁移而完成城镇化的过程，避免城乡劳动力市场的割裂现象。Henderson 和 Wang（2007）提出制度对城镇化的推动作用，指出民主化程度和技术进步对城镇化发展有着直接的影响。此外，有部分学者从工资收入、集聚经济、受教育程度及全球化等方面对城镇化动力机制进行了研究（Gibbs and Bernat，1997；Lo and Marcotullio，2000；Hutton，2003；Andersson et al.，2009）。

3）城镇化发展规律研究

国外学者对城镇化发展规律进行了较为深入的研究，认为城镇化发展进程通常具有自身阶段性发展规律。Zipf（1949）发现了城市规模及其在所有城市区域中排序之间的"等级-规模规则"。Lewis（1954）认为，城镇化过程是农村剩余劳动力从低生产率的农业部门转移到高生产率的城市工业部门的过程。Northam（1979）将各国城市化规律轨迹概括为一条稍被拉平的"S"形曲线，并分为三个阶段：第一阶段是城市化的初级阶段，农业经济占主导地位，农业人口占有绝对优势，城市人口增长缓慢，当城市人口超过 10%，城市化逐渐加快。第二阶段是城市化的加速阶段，当城市化水平达到 30%后进入加速阶段，即随着现代工业基础的逐步建立，经济得到相当程度的发展，农村剩余劳动开始转向城市，城市人口比重大幅度上升；这种趋势要一直持续到城市人口比重达到 70%才会有减缓，此后进入城市化进程的第三阶段。Williamson（1988）研究了城镇化发展的三种主要形式（乡城人口的净迁移、城市人口的净增长及行政建制的再划分），他认为，迁入人口在城镇人口的增加中扮演着关键的角色。Chenery 和 Syrquin（1988）对城市化和工业化之间的内在联系进行了研究，并提出了"多国发展模型"，认为工业化对城市化具有推动作用，但是这种推动作用呈现由弱到强，再由强到弱的规律性。Friedman（1966）将城市化进程分为城市化 I 和城市化 II 两个阶段，城市化 I 是指物质上的或实体上的直接城镇化过程，包括人口和非农业活动在不同规模城市环境中的地域集中过程、非城镇型景观转化为城镇型景观的地域推进过程；城市化 II 是指精神上的、抽象层面的间接城镇化过程，包括城镇文化、城镇生活方式和价值观在农村的地域扩散过程。

4）城镇化发展模式研究

城镇化发展模式与各国的政治体制、经济发展水平、工业化程度及土地利用状况等紧密联系。从宏观层面来看，目前国外主要有两种城镇化发展模式（孙振华，2014）：一是以美国为代表的自由放任式的城镇化，在其城镇化和城镇发展过程中，市场发挥着至关重要的作用。这种城镇化模式虽然有着明显的功效，但当时政府没有及时对以资本为导向的城镇化发展加以有效引导，造成城镇化发展的自由放任，并为此付出了高昂的代价，其突出表现就是过度郊区化（杨仪青，2013）。二是以西欧为代表的发达市场经济国家政府调控下的市场主导型城镇化，市场机制在这些国家的城镇化进程中发挥了主导作用，政府则通过法律、行政和经济手段，引导城镇化健康发展。总体上，城镇化与市场化、工业化是一种比较协调互动的关系，是一种同步型城镇化。相比于美国的完全市场化城镇化发展模式，西欧国家的城镇化以政府调控更好地处理了城镇化与经济、社会、环境等各方面协调发展的关系。从微观层面来看，有学者对城镇化发展模式与城镇化发展某一方面的关系进行了研究。比如，Kang 等（2012）基于城镇土地利用情况，分析了城镇化发展模式与交通拥堵的内在关系；Michaels 等（2012）对城镇化模式与结构转型的关系进行了探讨，指出结构合理转换对促进城镇化模式的合理性具有一定的促进作用。

5）城乡一体化研究

城乡一体化理论最早可追溯到空想社会主义者的乌托邦构想，如"没有城乡分异的理想社会""新和谐社会"等。这些城乡融合设想为后来城乡关系的彼此融合研究提供思路。斯密（2002）系统阐述了城乡发展的顺序与演变，认为城镇规模的扩大与财富的增长均是乡村耕作和改良发展的结果，而且按照耕作与改良发展比例的增大而扩大，该思想成为城乡统筹理论的研究典范，也是对城乡关系理论的系统研究。马克思、恩格斯提出的"乡村城市化"理论及"城乡融合"概念，认为城乡关系一般经历"一体、分离、联系和融合"的过程，将由对立逐渐融合于一体，但城乡融合的实现必须经过长期的社会历史过程（Douglass，1998；Tacoli，1998；Murnford，2005；Tacoli and Mabala，2010；张改素等，2013）。受其影响，学者们在 20 世纪初至 80 年代逐渐孕育并提出了城乡统筹发展的思想，形成了很多理论成果，比较有代表性的有城乡田园理论、区域统一体论、城乡相互作用与区域发展模式等。加拿大地理学家 Magee 通过对亚洲部分国家的长时间研究，提出了城乡一体化区域理论，认为城市化进程中存在着城乡联系空间区域，这一区域或位于大城市之间的交通走廊，或位于城市外围，或位于人口稠密的农村地区，区内人流与物流频繁，农业活动与非农业活动并存（Lee and Yang，2003；尹鹏，2016）。

6）城市体系研究

Duncan 等（1961）首次明确提出"城市体系"（urban system）一词，认为城市体系是一个区域内各种类型、不同等级、空间相互作用关系密切的城市群体组织，是经济区、大都市区的"骨骼系统"。Berry（1964）首次利用系统化的观点研究了城市人口分布与服务中心等级体系的关系，并结合城市地理学与一般系统论，开创了城市体系研究的先河。Bourne 和 Simmons（1978）则认为，城市体系是包括一定地区甚至一个国家内相互间彼此依赖的一组城市。Jefferson（1989）提出了"城市首位度"的概念，即一个相对独立区域（国家、省、区）内，首位城市与第二位城市的人口规模之比。Scott（2002）提出了"全球城市区域"（global city-region，GCR）的概念，认为全球城市区域既不同于普通意义上的城市范畴，也不同于仅有地域联系形成的城市连绵带，而是在全球化高度发展的前提下，以经济联系为基础，由全球城市及其腹地内经济实力较为雄厚的二级大中城市扩展联合而形成的一种独特空间现象。

2. 国内研究现状

我国的城镇化相比于国外开始较晚，可以划分为五个阶段（高鹏凌，2012）。第一阶段，1949～1957 年，城镇化短暂正常发展阶段。在这一阶段，国家将工业建设的重点由沿海转向内地，城市发展的重心也随之转向内地，涌现出一大批新兴的工矿城市。第二阶段，1958～1965 年，城镇化波动发展阶段。在这一阶段，国务院颁布了《中华人民共和国户口登记条例》，严格划分出农业户口与非农业户口，以此控制农业人口向城镇转移的速度。但是，1958～1960 年，"大跃进"运动助长了工业项目建设的盲目性和随意性，促使农村人口大量涌入城市就业，城镇人口比重在短短三年内增长迅速。第三阶段，1966～1978 年，城镇化停滞发展阶段。在这一阶段，"文化大革命"的发生对我国经济社会的发展造成了严重影响，城镇建制工作基本陷入停顿局面，城市建设速度放缓，建制镇在调整中继续减少。尽管城市人口仍在不断增加，但城镇化水平基本没有发生变化。第四阶段，1979～1992 年，城镇化稳定发展阶段。改革开放以后，国家回到了以经济建设为中心的正确轨道上来，为支持城镇化建设出台了一系列新的政策，城镇化建设重新焕发活力。第五阶段，1992 年至今，城镇化加速发展阶段。在这一阶段，城镇化建设逐渐上升为国家的重大发展战略，战略重点逐渐从加快小城镇建设转变为促进大中小城市与小城镇协调发展，并且强调要走出一条中国特色的城镇化道路。

综合相关文献资料，国内关于城镇化方面的研究主要侧重于城镇化动力机制、城镇化政策建议、城镇化道路选择、新型城镇化等方面。

1）城镇化动力机制研究

国内学者对城镇化动力机制进行了大量研究，研究成果主要集中于六个方面。第一，主体行为动力机制。许学强等（1998）根据主体的不同类型，将城镇化的推动力分为由政府主导的自上而下型和由市场主导的自下而上型。在自上而下型中，政府主体是城镇化发展方向、模式等的决定性因素（辜胜阻和刘传江，2000），而在自下而上型中，政府、企业、个人三者共同作用，推动城镇化发展（宁越敏，1998）。第二，产业结构转换动力机制。张培刚（2001）提出，工业化是城镇化的内生动力，缺乏工业化的城镇化是难以想象的，缺乏农业的城镇化也是不可持续的。陈柳钦（2005）认为，农业是城镇化的基础动力，工业化是根本动力，第三产业是后续动力。汪冬梅（2010）将城镇化发展的动力分为三个层面：宏观层面的经济增长动力、中观层面的产业结构转换动力和微观层面的生产要素流动动力。第三，制度变迁的动力机制。陆永忠和陈波翀（2005）认为，制度变迁和创新有助于降低城镇化的交易成本和系统风险，减少城镇化势能的损失。罗小龙和张京祥（2011）提出，行政管理体制创新、财政体制和有关制度的创新成为苏南城镇化的第三次突围。王放（2012）认为，现行户籍管理制度的彻底改革有助于实现完全的城镇化。第四，比较利益动力机制。曹宗平（2009）指出，城乡之间在收入水平、受教育程度、交通便利度等方面存在着较大的差距，导致大多数人口理性地选择到城镇发展，在这种比较利益的动力机制下，城镇化也会获得快速发展。第五，产业集聚的动力机制。葛立成（2004）认为，产业集聚是城镇化的基础，第二、第三产业的空间集中及农业人口向非农业人口的转移直接推动浙江省的城市化进程，对城市化的推进方式和扩张形态产生了重要影响。赵玮等（2006）认为，造成中国东、中、西部及内部城市化差异除了工业化的原因之外，还在于产业的集聚水平，并提出通过转移人口集聚、形成产业集聚、发展产业集群等措施来缩小城市化推进的区域差异。第六，农业剩余的动力机制。翟书斌和张全红（2009）认为，农业发展是城市化的原始动力，主要表现为农业剩余的贡献，并为城市化的发生和发展奠定基础。

2）城镇化政策建议研究

国内关于城镇化政策建议的研究主要是从户籍改革制度、土地管理制度、财税体制改革、城乡一体化体制建设等方面开展的。康银劳和袁兰兰（2001）研究了西部地区的城镇化发展，提出改革户籍管理制度、建立合理的土地流转制度、缩减小城镇试点战线、有选择地发展小城镇等措施来促进西部地区城镇化的发展。阎坤和鄢晓发提出了促进城镇化健康发展的财税政策，包括解决失地农民和进城务工农民的社会保障问题、发挥财政杠杆作用、提高地方政府公共投资效率及促进城乡居民公共福利水平均等化等方面。刘波（2008）认为，要想化解城镇化过程中出现的问题，应在加深城镇化认识的基础上，提高应对问题的各种能力、消除人口自由流动的政策障碍、倡导灵活的就业方式、推进社区服务产业化、加大对小城镇建设的资金投入等。周元和孙新章（2012）探讨了中国城镇化道路，并从城镇化带来的可持续发展问题出发，提出坚持积极发展小城市和小城镇、缓解地域中心城市人口压力等政策思路。赵峥和倪鹏飞（2012）阐释了我国城镇化发展的特征和存在的问题，并从提升人口城镇化发展质量、提升产业城镇化发展质量、提升空间城镇化发展质量等方面提出推进中国城镇化发展的措施。

3）城镇化道路选择研究

在有关政策指引下，国内学者对中国的城镇化道路选择问题进行了大量有益探索，形成了两种主要的观点：一是应当走大城市的发展道路。饶会林和曲炳全（1990）认为，大城市具有远大于小城市的规模效益；马春辉（2003）也指出，我国应该坚持走大城市化的发展道路，大城市化发展道路是我国城镇化发展的必由之路，有着特定的经济含义。二是应当走中国特色的城镇化道路。蒋国平（2006）指出，我国应走资源节约型城镇化道路，坚持新型工业化带动城镇化发展。张明斗和王雅莉（2012）认为，应走包容型的、民生型的和均衡型的城镇化发展道路，体现城镇化"以人为本"的思想内核。辜胜阻等（2009）认为，中国的城镇化不能照搬别国的模式，必须从自己的国情出发，走中国特色的城镇化道路，要在产业转型与体制转型的背景下，将人口城市化与农村城镇化、"政府推动"和"市场拉动"的城镇化机制结合起来，并积极多渠道地解决农民工市民化问题。孙久文和叶振宇（2009）认为，我国城镇化应以科学发展观为指导，实现从速度型向"又好又快"的质量型转变，走集约型城镇化道路，而马凯（2012）提出，中国未来的城镇化发展必须转变城镇化发展方式，提高城镇化发展质量，走出一条中国特色的城镇化发展道路。

4）新型城镇化研究

新型城镇化是城镇化的衍生，是结合我国现阶段基本国情和城镇化发展实践经验得出的，同时借鉴了外国城镇化的发展经验教训，扬弃了传统城镇化模式，对城镇化的相关理论进行了创新。新型城镇化作为中国城镇化的未来发展趋势，对中国经济发展和社会进步具有重大的促进作用。国内学者对新型城镇化进行了大量的分析与探讨，研究内容重点集中于新型城镇化的概念与内涵、新型城镇化指标体系构建与水平测度、新型城镇化中的地方政府行为、新型城镇化发展的财税政策、区域层面的新型城镇化研究、新型城镇化与经济发展关系研究六个方面。

（1）新型城镇化的概念与内涵。彭红碧和杨峰（2010）指出，构建社会主义和谐社会的战略目标要求我国必须走一条符合中国国情、中国特色的新型城镇化道路，这条道路的科学内涵是：以科学发展观为引领，发展集约化和生态化模式，增强多元的城镇功能，构建合理的城镇体系，最终实现城乡一体化发展。单卓然和黄亚平（2013）认为，新型城镇化主要包括民生性、可持续性和质量性三大内涵，平等、幸福、绿色等六大核心目标及区域统筹及协调一体等四大内容。王素斋（2013）认为，新型城镇化是基于统筹城乡、布局合理、节约土地、工程完善、以大带小的原则，由市场主导、政府引导的城镇化机制推动，实现城镇化与工业化、信息化、农业现代化良性互动，大、中、小城市和小城镇合理布局与协调发展，形成资源节约、环境友好、经济高效、社会和谐、城乡一体的集约、智慧、低碳、绿色城镇化道路。魏后凯（2013）提出，新型城镇化是人本城镇化、市场城镇化、文明城镇化、特色城镇化、绿色城镇化、城乡统筹城镇化、集群城镇化和智慧城镇化等的统一，应高度关注农民市民化，着力解决城乡二元结构体制。许青云（2014）指出，新型城镇化是对过去传统城镇化的反思、对路径的选择，新型城镇化建设具有以人为本、优化布局、生态文明、传承文化四方面的特征。

（2）新型城镇化指标体系构建与水平测度。牛文元和刘怡君（2009）认为，新型城镇化的科学度量应包括城乡发展的动力表征、质量表征和公平表征三个有机统一的本质元素，以此为基础，建立了包括城乡基础实力、统筹能力、竞争能力、自然质量、人文质量、社会保障、一体化水平和制度建设在内的指标体系。

吴江（2010）从经济发展、产业发展、人口转移、科技创新、基础设施和制度环境方面构建了重庆新型城镇化指标体系。刘静玉等（2012）从经济发展、社会发展和环境资源方面测度河南省辖市新型城镇化时空分异特征。曾志伟等（2012）从新型环境保护、经济发展和社会建设方面构建了环长株潭城市群新型城镇化评价模型。陈映雪等（2013）以张家口怀来县为例，构建"经济—社会—环境—科技创新"中小城市新型城镇化评价模型。牛晓春等（2013）从人口城镇化、经济城镇化、居民生活质量和基础设施建设方面分析陕西 10 个省辖市的新型城镇化水平。王新越等（2014）从人口、空间、经济、社会、生活方式、生态环境、创新与研发、城乡一体化方面测度山东 17 个地级市新型城镇化水平。杜忠潮和杨云（2014）从人口城镇化、居民生活质量、经济城镇化、环境建设和基础设施方面构建新型城镇化评价体系。王博宇等（2013）以经济动力、人口转移、基础设施、人居环境为一级指标，构建江西省新型城镇化评价指标体系，并根据这一指标体系对江西省各设区市新型城镇化状况进行实证分析，发现各设区市城镇化发展并不均衡，存在较大的差异。李致平和李菁菁（2015）针对安徽省发展现状，设计了包括社会发展、经济发展、生态保护三个维度的安徽省新型城镇化评价指标体系，并对安徽省各地区 2012 年的新型城镇化发展水平进行了综合评价，发现安徽省内城市间发展差异明显。王冬年等（2016）从经济发展质量、生态环境质量、城乡统筹、公共服务质量等四个维度构建了河北省新型城镇化质量评价指标体系并进行了实证研究，结果显示，河北省新型城镇化质量极不平衡。

（3）新型城镇化中的地方政府行为。吴江等（2009）分析了地方政府在传统城镇化发展中的行为偏差，阐述了地方政府行为在新型城镇化中的定位与要求，并提出优化地方政府行为的可行路径。刘嘉汉和罗蓉（2011）结合地方政府行为，通过比较传统城镇化和新型城镇化，提出了以发展权为核心的新型城镇化道路。吴若冰（2013）认为，新型城镇化进程中地方政府行为优化的路径包括更新管理观念，梳理科学的城镇化发展观；转变政府职能，建立覆盖城乡居民的基本公共服务体系；完善城镇规划编制体系，强化城镇规划约束力；推动产业集聚，夯实城镇化跨越发展的产业基础。何源（2017）分析了新型城镇化发展中地方政府治理行为创新的必要性与内在功效，并提出地方政府的创新治理政策：创新地方政府治理理念，提升城镇化发展质量；创新地方政府的引导作用，走内生型城镇化道路；创新地方政府的体制机制，推动地方政府职能转变。

（4）新型城镇化发展的财税政策。黄艳芬和陆俊（2013）探讨了新型城镇化过程中的财税制度取向问题，并提出彻底打破"土地财政"的利益格局、扩大房产税试点等配套改革措施。李勇（2013）从财政分配体制、融资渠道和失地农民权益保护三方面分析了新型城镇化建设中的障碍性因素，并提出了有针对性的政策建议，包括：建立财力与事权动态匹配机制，完善政策间转移支付制度；拓宽融资渠道，创新融资方式；创新保障制度，完善失地农民的权益保障机制。王正明和吕艾芳（2013）从税收视角提出了支持乡镇工业化、支持改善民生工程等新型城镇化发展的政策建议。张明斗和王雅莉（2013）通过全面阐释财税政策支持新型城镇化发展中的现存问题及动力机制，认为改革与完善分税制财税体制、公共财政框架及服务机制等是促进我国新型城镇化健康发展的财税政策选择。马向梅（2014）认为，新型城镇化过程中的财税政策改革应从加强预算管理、加大财政投入力度、调整资金投入模式、培育地方主体税种、加强财政资金审计监督体制五方面入手。梁倩（2014）指出，新型城镇化建设的阻碍在于我国财税体制无法适应现行经济体制，完善财税政策的关键在于城镇化建设中的财税体制改革，相关的措施有建立完善财税体制，实行改革试点；加强财政预算管理，提高城镇化建设能力；对融资渠道进行扩张，充分发挥财税引导机制；完善税制体系，发展特色主体税种，加强财税的监督体制，保证专项资金的合理使用；加大财税的优惠政策，建设服务型城镇。

（5）区域层面的新型城镇化研究。张占仓（2010）和王发曾（2010）分别以河南省与中原经济区为研究对象，分析了新型城镇化的发展战略，并提出打造城市特色、实现城乡一体化及统筹发展等新型城镇化发展推进策略。吴江和申丽娟（2012）实证检验与判断了重庆新型城镇化路径选择的主要影响因素，结果表明，产业提升和充分稳定的非农产业就业机会是重要条件与保障，经济发展、城乡居民收入差距、劳动力素质与城乡基础设施虽具有重要意义，但在一定程度上可能成为阻碍因素；城乡分离的户籍制度、就业政策、市场体制及经济社会失衡发展等为重要屏障。李优树等（2013）以康定县为例，研究了藏区新型城镇化的发展路径，认为藏区城镇化发展水平显著滞后，应以交通网络带为依托，以生态景观带为保障，以发展高原特征中小城市为主导，立足资源优势，壮大支柱产业，采取集约型城镇化的模式。何文杰（2015）针对湖北省新型城镇化建设过程中存在的问题，提出了科学制订并严格实施城镇规划、提高城镇资源利用率、加快物流示范县建设、打造物流型特色城镇、加强物流基础设施建设等新型城镇化发展措施。钱存和赵爽（2016）分析了河北省在发展新型城镇化过程中所遇到的困难与挑战，并依托京津冀协同发展背景，从生态环境保护、户籍制度改革、城市基础设施提升、城镇格局优化等方面提出了加快河北省新型城镇化发展的对策建议。

（6）新型城镇化与经济发展关系研究。陈甫军和景普秋（2008）认为，我国的新型城镇化建设道路应处理好城市与农村、农村与工业及城镇化与工业化之间的关系，在进行新型城镇化建设时，应重视资源、环境与人口的协调发展，走资源节约型、发展可持续型的新型城镇化建设的道路。程正伟（2010）选取城镇化、非农产业产值结构、非农产业就业结构三个指标，分析了重庆市城镇化与产业结构之间的关系，指出城镇化水平与产业结构之间不存在短期的均衡关系，但存在长期稳定的关系。朱孔来等（2011）运用风险价值模型（value at risk，VAR）研究了城镇化与经济增长的动态关系，发现我国城镇化水平与经济发展之间存在长期稳定的均衡关系，城镇率的增长可以推动经济水平的提高。马妹婷和韩延玲（2011）研究了新疆地区产业结构对城镇化进程的影响，认为新疆的第二、第三产业就业比重与城镇化水平均呈正相关关系，尤其第三产业对城镇化发展的推动作用更强劲。罗建玲（2012）采用熵值法和时序多指标综合评价法，结合隶属度函数，测算了我国不同区域的城镇化与经济发展水平综合动态协调系数，结果表明，我国不同区域间城镇化建设与经济发展协调程度差异较大，但两者发展的协调性具有随时间推移而不断增强的趋势。魏人民（2013）认为，新型城镇化的协调发展必须解决城乡发展失衡等问题，同时需要处理好新型城镇化与城乡一体化发展关系问题、新型城镇化与新型工业化互动发展关系。王昕（2014）提出，新型城镇化建设和新型工业化建设是相互促进、相互补充的，新型工业化建设能够为新型城镇化建设提供产业支持，而新型城镇化建设是发展新型工业的内在要求。

1.2.2　物流业发展研究现状

1. 国外研究现状

1）物流业发展阶段

物流业发展不仅与区域生产方式的改进、产业结构的升级密切相关，而且与居民生活水平、生活指标密切相关。国外对于物流这一领域的研究最早可追溯到19世纪中叶。第二次世界大战后，随着社会经济的发展，物流业发展的界限在不断扩充，物流理论也不断向深层次演进（王跃婷，2010）。国外有关物流业的发展大致可分为五个阶段（帅斌，2006）：物流思想的启蒙阶段；后勤管理思想的兴起阶段；商业物流及其价值的发掘阶段；一体化物流管理思想与"战略物流管理"理论的兴起阶段；基于供应链的物流管理理论发展阶段。表 1-1 列出了国外物流业发展的五个阶段。

表 1-1　国外物流业发展的五个阶段

阶段	时间	内容
物流思想的启蒙阶段	1984 年至第二次世界大战爆发前夕	物流（physical distribution）开始被企业重视，是因为通过实践发现物流有助于销售，重视物流的目的在于保证销售活动的顺利进行，不过在当时物流仅仅被看作是流通业的一个附属功能
后勤管理思想的兴起阶段	第二次世界大战期间	后勤管理（logistics management）被用来指代物流，其含义为"军事科学的分支，包括物资、人员和设备的获取、维护与运输"

续表

阶段	时间	内容
商业物流及其价值的发掘阶段	第二次世界大战结束至20世纪80年代初期	形成了有别于军队后勤管理学的"商业物流"（business logistics）理论，商业物流侧重指合理、有效地组织商品的供应、保管、运输、配送等
一体化物流管理思想与"战略物流管理"理论的兴起阶段	20世纪80年代中期至90年代初期	改变了从前把产品的流动视为一系列独立活动的思路，把从原材料到消费者的商品流动作为整体系统进行计划与协调
基于供应链的物流管理理论发展阶段	20世纪90年代中期至今	以实现顾客满意为首要目标，重视整个流通渠道的商品流送，是一种以信息为中心的对应型商品供应体系，其终极目标是在原材料供应商、生产企业、批发商、零售商和最终用户之间，通过业务伙伴间的密切合作，以相对节约的成本为用户提供更加优质的服务

2）物流业发展研究

物流业在国外发达国家的起步时间较早，发展相对比较成熟，更侧重于企业这一微观层面的研究，相关研究成果主要包括城市物流、区域物流系统、区域物流与区域经济关系等方面，很好地解决了供应链管理、信息技术、先进的管理模式等物流业发展过程中遇到的问题。

（1）城市物流研究。Taniguchi 等（1999）首先提出了城市物流的概念，认为城市物流是指物品在城市内部的实体流动，城市与外部区域的货物集散及城市废弃物清理的过程，并存在不同的模式、体系和形态，和其他形式的物流有一定区别，而且城市公共物流节点对交通堵塞具有一定的缓解作用，可以利用各个物流节点的功能来降低成本、节约能源，进而促进城市经济的发展。Ross 和 Rogers（1996）深入研究了城市物流系统的管理运营模式，认为城市物流体系的构建虽然重要，但是之后的运营管理则是体现城市物流体系是否有价值的重要方面，合理有效的管理运营模式能够使现有的物流体系发挥最大的效益，为城市物流乃至整个城市经济的发展起到促进作用。Tilanus（1997）分析了物流中心的城市布局，提出物流中心是城市物流体系中的重要部分，其合理选址布局对城市物流体系的构建具有促进作用。Meade 和 Sarkis（1998）采用网络分析法，调查和研究了包括交通网络和配送网络在内的城市物流网络，提出城市物流管理的决策支持体系构建。Rogers 和 Tibben-Lembke（1999）对城市物流中逆向物流网络的管理进行了系统的分析，提出在发展物流的同时也应注重环境的保护，逆向物流网络的完善将回收城市废弃物，在减少浪费的同时也加强了对环境的保护。Ramokgopa（2004）论述了城市物流系统对城市经济产生的重要作用，并且从定性角度分析和评价了区域物流与区域经济协调发展的影响因素，得出城市物流系统在城市经济发展中起到重要作用的结论。Muñuzuri 等（2005）探讨了政府在构建城市物流体系中的指导作用，提出政府在城市物流体系构建中扮演着重要的角色，其中包括政府政策法规的支持、政府经济支持等。Raicu 等（2005）认为，城市道路交通运输网络是城市物流发展的重要载体，并运用可靠性矩阵仿真模型分析了城市道路交通运输网络的可靠性与城市物流业运作可靠性的关系。Benjelloun 和 Gabrriel（2008）对城市物流的模型、概念、规划问题进行了论述分析，基于城市中大量成功的项目，预测了城市物流的发展方向，并提出了解决城市物流"瓶颈"的合理途径。Witkowski 和 Kiba-Janiak（2014）以波兰为例，运用协同过程模型研究了地方政府在城市物流发展中的作用，结果表明，政府如果对城市物流缺乏研究，则难以对物流建设提供有效的帮助。

（2）区域物流系统研究。Meléndez（2001）研究了拉丁美洲物流基础设施的发展与区域经济的发展，指出拉丁美洲区域内部经济活动发展缓慢、物流效率低下的主要原因并不在于物流基础设施的水平低、数量少，而在于陈旧过时的区域经济制度环境。一个国家或地区在制订其发展规划时需认真考虑物流和交通基础设施的重要与深刻影响。Skjøtt-Larsen 等（2003）分析了丹麦政府和瑞典政府共同建立 Öresund 大桥对改善地区基础设施、促进两国经济文化交流及地区经济带的发展所产生的作用，认为桥梁的修建可使运输系统与活动系统两大基础设施网络层联系更加紧密，从而获得规模效益、聚集效益及专业化优势。Trunick（1999）分析了美国俄亥俄州物流业的影响因素，认为一个地区能否成为区域物流中心主要取决于高科技产业，区域经济全球化，集中物流配送，以及小规模、多频率的航运等四个因素。Hesse 和 Rodrigue（2004）针对柏林市兰登堡的交通货运等物流问题进行了研究，认为出现这些物流问题的主要原因是区域经济发展，并从区域货运中心建设、物流中心建设、物流服务水平提升、区域物流政策等方面提出了相应的对策。Kanter 和 Pittinsky（1995）认为，政府保持当地控制权的最好方式是积极参与全球竞争，从而达到提高当地与全球经济联系的能力。这些能力可以总结为观念（知识及基于知识的产品）、能力（高效低耗生产所必需的技能、基础）和联系（提供运输和交易衔接的能力）。Bish（1999）对加拿大、美国两国的多式联运进行了案例分析，指出内陆集装箱集散中心若要更好地发挥物流集散功能，必须进行集中化布局。Morash（2001）研究了供应链战略、物流能力和企业绩效之间的关系，认为供应链物流能力包括客户服务能力、质量、信息、物流成本和生产力、配送柔性及物流速度。Bowersox 等（2002）指出，物流能力是对厂商能否在尽可能低的总成本下提供有竞争优势的顾客服务的一种相对评估，从战略意义上来看，物流重要程度常取决于是否强调积极地利用这种能力去获得竞争优势，所有的厂商都必须实现的通用过程就是创造顾客价值。Daugherty 和 Pittman（1995）指出，企业的物流能力是企业资源的一部分，企业资源包括所有的资产、能力、组织过程、企业标志、信息、知识等，它们是由企业控制的、使企业能够构想与执行改进其效率和效果的战略，是对厂商能否在尽可能低的总成本下提供有竞争优势的客户服务的一种相对评估，信息技术和弹性是最重要的物流能力。

（3）区域物流与区域经济关系研究。Debbage（1999）研究了航空运输与区域经济发展之间的关系，得出它们之间具有重要联系的结论。Talley（1996）构建了区域交通基础设施投资与区域经济生产的关系模型，并利用该模型研究了两者之间的作用关系，结果表明，区域交通基础设施投资所产生的空间可达性和服务质量对区域经济生产与运输服务有重要影响。Leonard（2003）和Akombe（2005）研究发现，物流设施网络和物流区域一体化的建设对区域经济增长具有显著的促进作用，但是，区域经济一体化整合的过程需要政府有效加强相关政策的引导与扶持作用，更需要借助于现代物流业的发展来强化市场配置生产要素的功能，共同促进区域经济的增长和产业结构的优化。Mačiulis 等（2009）从定性角度分析了物流基础设施投入与区域经济增长的关系，认为物流基础设施投入与区域经济增长之间存在正向推动效应和负向阻碍效应。Padeiro（2013）利用层次回归模型研究了巴黎的物流基础设施建设对地区经济及就业的作用，得出物流基础设施建设可以实现高就业与高经济增长的结论。Bowersox 等（1999）研究了区域经济一体化与物流业发展之间的关系，认为区域经济的稳定发展在带动区域物流业发展的同时，其增长方式和产业结构的优化也在一定程度上受到物流业发展的影响。Carruthers 和 Bajpai（2002）研究了中国香港与新加坡物流业分别对两地区经济发展的推动作用，认为增加对物流业的投资力度可以提高物流活动效率，最终可以促进区域经济快速发展。Tongzono 和 Nguyen（2009）利用可计算的一般均衡模型对中国经济增长与澳大利亚物流业发展的关系进行研究，指出中国经济的增长能够带动中国国家贸易的增长，进而对促进澳大利亚物流业的发展有积极作用，这种积极的促进作用在航空物流和海运物流的发展过程中体现得尤其明显。物流业与区域经济协调发展的研究主要是通过向量自相关方法和计量经济学方法等进行定量分析。Larson 等（2010）以美国东南部地区为例，选取储存、运输、配送等物流环节所产生的物流成本为研究对象，分析了物流成本对区域经济的影响，得出物流成本在一定程度上阻碍区域经济发展的结论。

2. 国内研究现状

1）物流业发展阶段

国内关于物流业的研究起步于 20 世纪 90 年代中期。随着我国国民经济的不断推进，物流业的发展也相应地发生了改变，人们对物流业的理解与认识随着经济发展阶段的演进而发生变化。我国物流业的发展过程经历了初级发展阶段、较快发展阶段、物流业形成初期、物流业形成后期四个阶段（马静漪，2016）。表 1-2 列出了我国物流业的四个发展阶段。

表 1-2 我国物流业的四个发展阶段

阶段	时间	主要特征
初级发展阶段	1949~1977年	物流的基础设施比较落后，初步建立了物资流通网络系统，物流管理得到改进
较快发展阶段	1978~1990年	改革开放期间，增加了物流设施，提高了物流技术装备水平，成立了有关的物流学术团体
物流业形成初期	1990~2000年	改革开放深化时期，我国开始重视物流业的发展，鼓励物流企业发展，开发物流技术
物流业形成后期	2001年至今	加入世界贸易组织（World Trade Organization，WTO）以后，国家对物流业的扶持力度不断加大，物流业也开始信息化和标准化

2）物流业发展研究

国内有关物流业发展的研究是在借鉴国外的物流经验与理论基础上展开的，由于受到我国行政区划等因素的影响，大多数研究偏重于宏观层面与区域层面的物流问题研究。目前，国内有关区域物流业发展的研究可概括为区域物流规划、区域物流发展、区域物流能力、区域物流竞争力、区域物流与区域经济关系等五方面。

（1）区域物流规划研究。刘秉镰（2006）指出，天津建设区域物流中心的对策应包括加快建设东疆保税港区，积极向自由贸易区（自由港）方向发展；加快临港工业区和滨海新区加工制造业基地建设；开放物流市场、引入多元化投资和竞争主体；建立全国首个物流信用试点城市；协调有关部门，切实推进公共物流信息平台的建设；推进城市物流配送体系的完善。董千里等（2006）分析了区域物流信息化涉及的主要因素及其在区域物流高级化发展中的作用，以陕西省为研究对象，论证了区域物流信息化战略规划和实施重点，基于模块化设计原则，提出对不同层次区划、产业和企业物流信息化进行规划、建设，逐步形成区域物流信息平台与系统的整合思路。刘明菲和张君（2007）、孙朝苑（2003）从地区的交通基础设施、商业经济环境等方面出发，阐述了在该地区发展物流的必要性和可能性，并分别对地区现代物流的发展提出了对策与建议。王敏（2011）对河南省区域物流中心规划进行实证分析，将河南省17个地市分为五个类别和三级中心，并构建了郑州、豫西、豫北、豫东、豫西南五大物流圈，形成布局合理、高效便捷、功能完善的区域物流体系。

（2）区域物流发展研究。谈毅（2004）认为，我国区域物流发展主要存在物流发展的政策法规还不完善、物流基础设施相对落后、盲目扩张、人才稀缺等问题，为解决这些问题，应在创新物流发展环境、建立推荐现代物流发展的统一协同机制基础上，积极引入国际顶级第三方物流服务供应商，提升国内第三方物流服务水平，同时要加快人才培养和引进。梁春梅（2011）指出，物流业虽已成为长江三角洲区域服务业发展的亮点与突破口，但在发展过程中仍存在核心竞争力、信息化建设、物流人才等方面的问题；长江三角洲区域的相关部门应该建立统一的物流市场；建设长江三角洲综合运输体系；加快长江三角洲物流业的信息化建设；实现交通运输的科学发展与和谐发展；加强对现代物流人才的培养。潘双利等（2011）对区域物流的低碳化发展进行了研究，认为区域物流的碳排放源主要集中于"点"和"线"两个方面，需要明确各参与主体的角色与作用、找准节能减排的切入点和重点，并转变区域物流发展模式，出台更多鼓励性减排政策，构建区域物流低碳化发展的服务平台，"点线"结合减少碳排放。海峰等（2005）认为，经济区位、物流基础设施、产业结构与规模、产业组织及其关联度、产业布局、区际产业联系、区域市场等方面的差异，决定了不同区域的物流发展模式的不同，并提出四种不同类型的区域物流模式。汪波等（2005）运用模糊综合评判法对天津区域物流发展水平进行研究评价，结果表明，天津市物流发展总体上处于起步后的发展阶段，还有较大的发展空间。何剑等（2015）采用全局主成分分析方法，综合比较了丝绸之路经济带中国段九个省（自治区、直辖市）的物流发展水平，结果显示，丝绸之路经济带上四川省物流发展水平上升趋势比较明显，但经济带整体物流水平不高而且不均衡，在战略上缺乏协调性；各省（自治区、直辖市）物流发展情况呈现集聚效应，四川省、陕西省和重庆市物流发展水平较高，新疆维吾尔自治区、云南省、广西壮族自治区物流发展水平一般，青海省、甘肃省、宁夏回族自治区物流发展水平较低。刘彩霞（2012）对太原市物流发展水平进行了评价，指出太原市物流发展水平相对较低，与其他物流相对发达的城市相比还有一定差距。

（3）区域物流能力研究。徐文彦（2009）定性分析了区域物流能力与区域经济的关系，认为区域物流能力的规划和建设应适应、适当超前于区域经济发展，从而起到促进、拉动区域经济发展的作用而不致出现资源浪费。陈虎和杨勇攀（2010）探讨了攀枝花区域物流能力与地区生产总值之间的关系，认为攀枝花区域经济发展与区域物流能力之间的因果关系是单向的，区域经济发展是区域物流能力发展的原因，区域物流能力与地区生产总值之间存在长期的均衡关系，当期物流能力的发展会强烈受到上一期区域经济发展的影响。周泰和王亚玲（2011）分析了优化区域产业投资结构能增强区域物流能力的原因，进而建立了有约束条件限制的非线性规划投资结构优化模型，基于四川省产业投资实际数据，证实该模型对产业投资结构的优化是合理、有效的。李丽等（2011）采用梯度系数法评估京津冀地区产业梯度，并运用模糊物元理论评估京津冀地区的物流能力，结果表明，京津冀物流能力还无法适应产业转移的需要，仍要大力发展京津冀地区物流能力，发挥产业转移与物流能力间的相互作用。刘林和吴金南（2012）实证检验了我国区域物流能力促进区域经济增长的过程机制,指出区域物流资源通过区域物流效率促进区域经济增长,物流资源、物流效率和经济增长之间存在显著的正相关关系,卓越的区域物流能力会导致卓越的经济增长。王小丽(2013)对河南省各地市的区域物流能力进行了评价,认为河南省区域物流发展整体水平还较弱、物流能力发展呈现不均衡态势,并提出通过整合区域物流资源、建立高效的物流网络共享平台、提升物流企业核心竞争力等策略提升区域物流能力。张广胜(2013)从物流经济环境、供给、发展水平及发展潜力等四个方面构建了区域物流能力指标体系并进行了实证研究,发现我国各省份的物流能力发展水平各异,不同地域之间物流要素差距明显,总体呈现由东向西递减的趋势。

(4)区域物流竞争力研究。王圣云和沈玉芳(2007)应用主成分分析法和因子分析方法综合评价我国区域物流竞争力,发现强竞争力省份主要分布在东部沿海地区的珠江三角洲、长江三角洲和环渤海地区,弱竞争力省份主要分布在西部地区。蒋明琳等(2015)从政府能力、物流需求、物流资源、物流企业、区域经济发展水平和信息化水平等六方面实证分析了中部六省与我国其他各省份的区域物流竞争力水平,指出中部六省区域物流整体竞争力在全国处于中等水平;六省之间的区域物流竞争力差异较大;除山西省以外,各省的区域物流供需水平严重失衡。邹书利和王亚芳(2009)利用主成分分析法评价了珠江三角洲内部区域物流竞争力,结果发现,在珠江三角洲地区,深圳市、广州市、东莞市的区域物流竞争力名列前茅,惠州市、肇庆市、江门市的区域物流竞争力排在后面。

(5)区域物流与区域经济关系研究。区域物流与区域经济关系研究主要集中于区域物流与区域经济的协调关系和协同关系的研究。首先,区域物流与区域经济协调关系研究方面,张文杰(2002)阐述了区域物流发展的原因及区域物流和区域经济发展的关系,认为经济全球化、区域经济一体化、区域中的企业对利润和核心竞争能力的追求,以及我国经济发展促进了现代物流的发展;现代物流的发展也改变着区域经济的增长方式、促进新产业形态的形成、优化区域产业结构、促进以城市为中心的区域市场繁荣形成和发展。徐杰和鞠颂东(2003)探讨了长江经济区区域经济系统空间结构及运行、产业结构变动导向、区域经济一体化战略的推进对安徽省物流需求的影响,指出长江经济区的区域经济运行决定了安徽省地区基本物流服务需求,产业结构升级改变了安徽省地区物流需求结构,经济一休化战略的推进带动了安徽省物流服务需求的变化。明小波(2006)研究认为,现代物流程度改变着区域经济的产业价值结构,同时控制着区域经济范围达到某一极限;在电子商务和现代物流的共同作用下最终将形成一个合理的区域经济范围。朱坤萍(2007)基于区域经济理论和区域交易理论,研究了区域经济与区域物流之间的关系,结果表明,区域经济的发展水平、发展层次和结构决定了区域物流的发展水平、发展层次和结构,而现代物流业又促进了区域产业机构的升级。

陈涛（2012）从整体角度研究了浙江省物流业对区域经济的影响，并从产业角度分析了物流业与其他产业之间的关联效应，认为浙江省区域经济与现代物流之间存在极为密切的联系，而且两者之间存在互推效应。廖迎和阮陆宁（2008）实证分析了区域物流与区域经济增长的关系，结果表明，两者存在长期均衡的正相关关系。高秀丽等（2012）分析了广东省经济增长与物流业的长期关系和因果关系，发现广东省物流业与经济增长之间保持着长期协整关系，物流业的发展会促进经济增长，广东省经济增长也带动了物流业的快速发展，但由于物流业仍然处于发展的初期阶段，对经济增长的促进作用不是很显著。其次，区域物流与区域经济协同关系研究方面，郭湖斌（2008）认为，区域经济与区域物流呈现相互促进的协同发展关系，区域经济的快速发展对区域物流产生巨大的需求，同时促进了与现代物流相关的交通运输、仓储配送和邮电通信业等行业与部门的快速发展；反之，区域物流业的发展也促进了地区经济的增长。张诚和周敏（2010）从定量角度揭示了中部地区的区域物流与区域经济的协同关系，并提出促进中部地区区域物流发展的建议，包括建立统一协调的政府管理机制，合理规划物流体系；加快物流信息化建设，提高区域物流发展水平；转变传统物流企业，培养并促进区域物流主体；重视物流技术的研发与应用，培养现代物流人才。任伟等（2013）运用灰色关联分析法研究了河北省港口物流与区域经济的协同发展关系，结果显示，河北省港口物流和经济发展指标有高度关联性，应从发展河北省特色物流业务、完善港口物流信息化建设、提升港口物流服务能力、增加固定资产投入及落实协同发展资金保障等五个方面促进两者的进一步协调发展。张中强和宋学峰（2013）构建了徐州地区区域经济与区域物流协同发展状态和调控模型，并指出徐州地区应将区域物流的货运量、客运量、等级公路里程、交通运输仓储和邮电投资、交通运输仓储和邮电产业总值五个指标放在首要位置进行发展。贺玉德和马祖军（2014）构建了区域物流-经济系统协同发展指标和模型，并以四川省为例进行实证分析，结果表明，四川省在产业转移后区域物流-经济系统协同中具有阶段特点，其协同度在融合冲突中有所提高。傅为忠和李孟雨（2016）以东部地区为例，研究了区域物流与区域经济协同发展的影响因素，发现区域物流与区域经济协同发展的直接影响因素涉及公路运营里程、货运量、货物周转量和经济结构等，根本影响因素包括物流业固定资产投资、邮政业务总量、地区生产总值。

1.2.3　新型城镇化建设与物流业发展关系研究现状

国外对于新型城镇化建设与物流业发展关系的研究很少。而当前我国新型城镇化建设已经成为各方面关注的焦点，同时物流业也是蓬勃发展的行业，因此大量的学者对新型城镇化建设与物流业发展之间的关系进行了有益的探索，并取得了一定的研究成果。樊纲（2011）研究认为，物流和供应链管理有助于中国未来的发展，物流将成为中国城市化进程的支撑手段，物流业将会成为促进产业转型升级、推动城乡经济一体化和提升城市核心竞争力的重要支撑产业；构建以城市为单元的城市基础设施和物流体系、减少交通拥堵、降低排放，是建设和谐、幸福、可持续城市的重要举措。杨军等（2011）实证研究了城镇化对农产品物流效率的影响，结果表明，我国农村城镇化与农产品物流效率存在长期协整关系，短期关系存在波动，而且无论是长期还是短期，农村城镇化均对农产品物流效率的提升具有明显促进作用。高鹏凌（2012）指出，新型城镇化建设与物流业发展具有相互促进、相互补充的良性关系，城镇化可以带来人口与工业的聚集效应，这种聚集效应会大大增加社会物流的需要，从而产生巨大的物流需求聚集效应。若想满足这些物流需求，必须有一个健全的物流体系作为支撑；反过来，物流体系的构建又会为新型城镇化建设带来就业需求、产业聚集等方面的效益。陈超和李斌（2013）研究发现，在城镇化背景下，我国农产品物流发展存在基础设施薄弱、物流成本高、物流主体发展不完善、供应链不连续和信息化程度低等问题；为克服这些问题，相关部门应构建城镇化、农业产业化、农产品物流现代化三方协同促进的机制。翟荣兵（2013）运用普通最小二乘法确定了城镇化率与县域商贸物流业的正相关性和程度，并针对县域商贸物流业存在的不足之处，从城乡市场流通体系、资金投入和基础设施建设、节能降耗、农村商品流通网络建设等方面提出新型城镇化背景下促进县域商贸物流业的发展对策。齐卫军（2013）认为，商业物流是与人民生活息息相关的物流体系，农村商业物流和其他物流体系有较大的差异，具有相对的独立性；相关部门应在新型城镇化理论指导下，重视中国西北地区商业物流的规划建设，整合改造现有西北地区农村商业物流设施、建设商业物流信息技术，同时为农村商业物流发展提供人才保障。王之泰（2014）提出，在新型城镇化建设进程中，物流业是重要的支撑产业，但当前中国的物流行业还处于粗放的、相对落后的阶段，无法满足中国新型城镇化建设的需求，只有将信息化引入物流行业，建设现代化的、高水平的"智慧物流"才能满足新型城镇化建设的需求，并且发挥支撑手段的作用，不断促进新型城镇化建设的发展。徐春祥和韩召龙（2014）指出，现代物流业与新型城镇化均是经济社会发展的重要组成部分，两者相互制约、相互促进，城镇化的发展提升了物流业水平，同时城镇化的发展也需要物流系统的有力支撑，两者的协调性直接影响各自对经济发展促进作用的发挥。贺兴东（2014）研究了物流业在新型城镇化发展中的带动作用，结果表明，物流业的发展能够促进区域产业合理分工、产生产业聚集效应、促进城市经济增长、提供更多的就业岗位、为居民生活带来便捷等，这一系列效应会给新型城镇化建设带来巨大的推动作用。李茜（2014）和魏洪茂（2014）分别研究发现，城镇化建设与物流业发展具有很强的关联度，新型城镇化对物流业发展有明显的带动作用。叶乔等（2015）认为，物流业的发展与城镇化息息相关，两者之间相互促进、相互影响，共同推动着经济的发展。城镇化建设通过影响基础设施建设、资源的优化配置、消费需求和人才流动等方式间接改变着物流业的发展环境，最终为物流业的发展带来巨大的改变与机会。王富忠（2015）研究证实，封闭经济体和现代开放经济体两种情况下，物流发展与能源消费、对外贸易、城镇化之间均存在协整关系；城镇化、对外贸易的发展能够促进物流业的发展，因此，应该加强对外贸易与物流的协同发展，以合理推进城镇化建设。王水平（2012）和杨水根（2015）分别研究了城镇化与中国流通产业的关系，结果表明，城镇化发展水平与流通业紧密相连，城镇化通过聚集与扩散作用影响流通产业经济效应的释放；夯实城镇化发展基础平台，促进城镇化空间协同发展，将为流通业的发展带来极大的发展空间和机遇。舒建玲和张晔（2015）运用向量自回归模型分析了新型城镇化对农村流通产业发展的影响，结果显示，新型城镇化建设水平对于农村流通产业有明显的促进作用，新型城镇化的分工效应、集聚效应和需求效应将对农村流通产业的发展产生一系列积极影响。弓宪文（2015）以重庆市为例，分析了新型城镇化与物流业的相关性和协调程度，结果表明，新型城镇化为物流业的发展带来了良好的机遇和环境，同时物流业的发展也加快了新型城镇化建设的步伐。双海军和王长春（2015）指出，现代物流业的发展与新型城镇化建设相互依存、相互作用、相互促进，共同推动经济和社会的发展；现代物流业能在新型城镇合理布局、经济发展、居民安居乐业、就业发展、新型城镇化进程可持续均衡发展方面起到积极的促进作用；我国物流业整体水平还不够高，物流基础设施还不够完善，政策扶持力度还不够大，普遍存在缺资金、缺技术、低组织化、低标准化、低信息化水平现象；应从城镇物流总体规划、基础设施建设、物流网点布局、物流规模化、专业化、人才培养、信息化建设，以及政策、法律体系方面加以解决。何章磊（2016）通过计量经济模型测评了安徽省城镇化率与物流业增加值之间的相关性和程度，发现安徽省物流业增加值区位熵波动性显著，产业集聚程度与城镇化建设缺乏互动关联，同时从政策路径、基础路径、主体路径、推动路径四方面提出产业聚集视角下安徽省物流业与新型城镇化协同发展路径研究。胡红军（2016）认为，当前现代物流的发展存在整体水平不高、规划布局不合理、发展环境不完善、企业实力不强的问题。面对这些问题，需要充分发挥政府引导和企业主体作用，努力营造现代物流发展的良好环境，不断提高现代物流发展的质量与水平，大力加快新型城镇化进程，夯实现代物流业发展的基础。张利和刘娜（2016）从农村居民实际收入水平及城乡收入差距两个角度定量分析了新型城镇化、现代物流发展与农村居民增收的关系，认为新型城镇化有助于增加农民收入，但不利于城乡收入差距减小；现代物流发展在直接增加农村居民收入、缩小城乡差异的同时,还通过促进新型城镇化发展进一步提高农村居民收入水平;经济增长、物价水平和政府干预也是农村居民增收的影响因素。梁雯和陈广强(2016)研究了安徽省新型城镇化对物流业发展的影响,结果显示,新型城镇化的不断深化催生了大量的物流需求,进而促进了安徽省物流业的发展。安徽省发展物流业应该把握新型城镇化建设的发展机遇,将物流业与新型工业化、城镇化、信息化、农业现代化和绿色化相结合,提供高质、高效的物流服务。颜双波(2017)运用因子分析法研究了福建省现代物流与新型城镇化的协调发展问题,结果表明,福建省现代物流与新型城镇化发展水平具有逐年上升的良好发展态势,两者的协调程度比较高;福建省应从城乡规划、城镇物流市场、信息化建设和人才队伍建设等方面入手,进一步促进全省现代物流与新型城镇化的协调发展。

1.2.4　现有研究存在的主要问题

纵观已有研究成果,国外学者对于城镇化、物流业发展方面开展了大量的研究,并取得了较丰富的研究成果。新型城镇化是基于我国特殊国情而提出的,国外并没有新型城镇化建设的需求,因此,国外学者对于新型城镇化建设、新型城镇化建设与物流业发展关系的研究也相对较少。而在我国,由于新型城镇化建设的提出年限相对较短,国内学者在新型城镇化建设作用及其与物流业发展之间关系方面一直在进行积极的研究,并得出了一些有益的结论,但也存在一定的问题。

在研究角度上,大部分文献仅研究了新型城镇化与物流业发展某一方面的关系,很少有文献完整、系统地揭示新型城镇化建设与物流业发展的内在关系,几乎没有文献从关联关系、互动关系、协调关系等方面测定新型城镇化建设对物流业发展的影响。

在研究方法上,有关新型城镇化建设与物流业发展关系研究的理论探讨比较多,主要集中于新型城镇化建设对物流业发展的影响机理、新型城镇化建设促进物流业发展过程中存在的问题与对策建议上;从定量角度研究两者之间关系的相对较少,且采用的方法比较简单,没有运用较先进的定量研究方法测度新型城镇化建设对物流业发展的影响程度,难以深入反映新型城镇化建设与物流业发展之间的内在关系。

在研究结论上,由于所使用的数据样本及选取的方法不同,不同学者得出的结果也不完全相同。在新型城镇化建设与物流业发展关系方面,大多数研究仅简单地得出新型城镇化建设与物流业发展具有相互促进作用的结论,但对于促进作用的大小未深入展开研究。

河北省的新型城镇化建设相比于我国其他省市较为落后,因此新型城镇化建设具有较大的发展潜力,在河北省的物流规划中,加快物流业的发展也是现阶段工作的重点。有关新型城镇化建设对河北省物流业发展的作用关系、影响程度，以及两者是否存在协调关系的研究还未见报道。

1.3 研究目标与研究思路

1.3.1 研究目标

本书研究的总体目标是，在总结国内外关于城镇化、物流业发展、新型城镇化建设与物流业发展关系研究现状基础上，运用新型城镇化建设、物流业发展、区域物流等相关理论，在新型城镇化建设背景下探讨河北省物流业的发展问题，从河北省物流业发展与新型城镇化建设水平的发展现状、内在关系、对策建议等方面展开深入研究，力求使其成为加快河北省物流业健康、快速、可持续发展的推动力之一。

本书具体的研究目标如下所述。

（1）明确河北省物流业发展与新型城镇化建设水平的关联关系。

（2）构建河北省物流业发展与新型城镇化建设水平的互动关系模型，分析两者的互动关系。

（3）计算河北省物流业发展与新型城镇化建设水平的协调度和协调发展度，分析两者的协调发展关系。

（4）构建最小二乘支持向量机-自适应动态粒子群优化算法模型，用于预测河北省物流业发展规模。

（5）提出基于新型城镇化建设的河北省物流业发展调控对策。

1.3.2 研究思路

本书沿着"河北省物流业发展与新型城镇化建设水平现状研究—河北省物流业发展与新型城镇化建设水平关系研究—河北省物流业发展规模预测研究—基于新型城镇化建设的河北省物流业发展调控对策研究"的基本思路，全面、系统研究新型城镇化建设下的河北省物流业发展。首先，在分析和总结国内外有关城镇化、物流业发展、区域物流的研究成果基础上，从理论上分析新型城镇化建设与物流业发展的关系，结合河北省实际情况，分析河北省物流业发展与新型城镇化建设水平现状；其次，在构建河北省物流业发展与新型城镇化建设水平量化指标体系基础上，综合运用各种相关学科理论与方法，从定量角度分析及论证河北省物流业发展与新型城镇化建设水平的关联关系、互动关系和协调关系；再次，构建最小二乘支持向量机-自适应动态粒子群优化算法模型,预测河北省物流业发展规模;最后,运用一元线性回归模型分析河北省物流业发展与物流需求水平、经济发展的关系,提出新型城镇化建设下促进河北省物流业发展的调控对策。技术路线如图 1-2 所示。

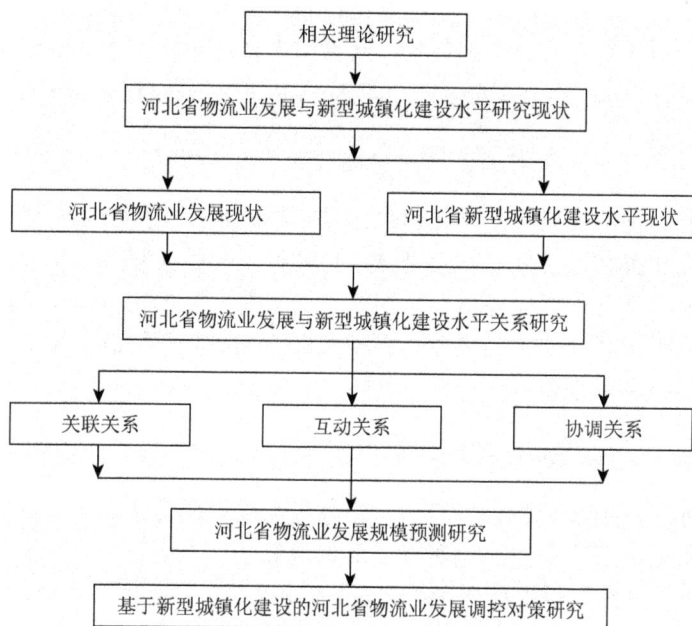

图 1-2 技术路线图

1.4 研究内容与研究方法

1.4.1 研究内容

本书综合运用新型城镇化建设、物流业发展、区域物流、协调理论、灰色系统理论等众多理论与方法,分析河北省物流业发展与新型城镇化建设水平的关系,通过改进智能算法优化的最小二乘支持向量机,预测河北省物流业的发展规模,并提出新型城镇化建设过程中合理发展河北省物流业的调控对策。主要内容包括以下五个方面。

1. 相关理论研究

给出新型城镇化、物流业、区域物流的内涵;归纳新型城镇化建设的特征、影响因素及内容、物流业的特征及其作用、区域物流的特征及其发展的影响因素,阐述新型城镇化建设、物流业发展、区域物流发展等相关理论；从理论上分析新型城镇化建设与物流业发展的关系。

2. 河北省物流业发展与新型城镇化建设水平现状研究

从物流业政策环境、物流业运输基础设施、物流园区与物流企业、物流业规模等方面分析河北省物流业发展现状；从城镇人口比重、城市基础设施建设、基本公共服务建设、居民收支等方面分析河北省新型城镇化建设水平现状。

3. 河北省物流业发展与新型城镇化建设水平关系研究

构建河北省物流发展与新型城镇化建设水平的量化指标体系，通过灰色关联分析法探讨河北省物流业发展与新型城镇化建设水平的关联关系；以线性回归模型为框架，构建互动作用模型，分析河北省物流业发展与新型城镇化建设水平的互动关系；基于主成分分析与灰色预测模型，研究河北省物流业发展与新型城镇化建设水平的协调关系。

4. 河北省物流业发展规模预测研究

阐述最小二乘支持向量机、自适应惯性权重粒子群优化算法、动态加速系数粒子群优化算法的原理；基于两种粒子群优化算法，提出自适应动态粒子群优化算法，进而建立最小二乘支持向量机-自适应动态粒子群优化算法模型，将该模型用于预测河北省物流业发展规模。

5. 基于新型城镇化建设的河北省物流业发展调控对策研究

运用一元线性回归模型分析河北省物流业发展规模与物流需求、经济发展的关系，并提出新型城镇化建设背景下河北省物流业合理发展的调控对策，包括统筹合理规划、大力培育市场主体、完善相关扶持政策、拓宽投融资渠道、健全法律法规体系、加强高素质人才培养。

1.4.2 研究方法

1. 文献研究方法

在阅读大量国内外有关新型城镇化建设、物流业发展、区域物流、新型城镇化建设与物流业发展的关系、河北省物流业发展规模与新型城镇化建设水平等相关文献资料的基础上，归纳总结了新型城镇化基本理论、物流业发展学说、区域物流发展理论，新型城镇化建设与物流业发展关系、协调理论等，作为理论分析与实证研究的基础。

2. 多学科理论与技术相结合

运用新型城镇化建设、物流业发展、区域物流等相关理论，结合协调理论、灰色系统理论、智能预测理论、计算智能技术等多学科理论进行综合研究与分析。其中，基于新型城镇化、物流业发展、区域物流等相关理论，分析河北省物流业发展与新型城镇化建设水平；将灰色系统理论与协调理论相结合，分析河北省物流业发展与新型城镇化建设水平的关系；将智能预测理论与计算智能技术相结合，预测河北省物流业发展规模。

3. 定性分析与定量研究相结合

在定性分析新型城镇化建设与物流业发展相互作用基础上，结合河北省物流业发展与新型城镇化水平的相关数据，采用多种方法定量研究河北省物流业发展与新型城镇化建设的关系，具体方法如下。

1）广义灰色关联分析法

在构建河北省物流业发展与新型城镇化建设水平量化指标体系基础上，利用广义灰色关联分析法研究河北省物流业发展与新型城镇化建设水平的关联关系。

2）线性回归模型

基于线性回归模型框架，构建河北省物流业发展与新型城镇化建设水平的互动作用模型，分析两者之间的互动关系；利用一元线性回归模型分析河北省物流业发展规模与物流需求、经济发展的关系。

3）主成分分析法

基于河北省物流业发展与新型城镇化建设水平量化指标数据，运用主成分分析法计算河北省物流业发展与新型城镇化建设水平的综合发展指数。

4）GM(1, 1)模型

根据 2011～2015 年河北省物流业发展与新型城镇化建设水平协调度和协调发展度，利用 GM(1, 1)模型分别预测两者 2016～2020 年的协调度与协调发展度。

5）最小二乘支持向量机-自适应动态粒子群优化算法模型

将最小二乘支持向量机与自适应动态粒子群优化算法相结合，构建最小二乘支持向量机-自适应动态粒子群优化算法模型，用于预测河北省物流业发展规模。

4. 理论分析与实证研究相结合

先从理论上分析新型城镇化建设、物流业发展、区域物流相关理论及新型城镇化建设与物流业发展的关系；然后基于河北省的相关数据，实证研究河北省物流业发展与新型城镇化建设的内在关系、预测河北省物流业发展规模。理论与实证相印证，以提高研究成果的实用性和应用价值。

1.5 创 新 点

本书的创新点主要体现在以下七个方面。

(1) 在国内外现有研究成果的基础上,对新型城镇化、物流业、区域物流等概念的内涵及特征进行了规范,同时对新型城镇化建设与物流业发展的关系进行了较为全面的分析和探讨。

(2) 从物流业政策环境、物流业运输基础设施建设、物流园区与物流企业、物流业规模共四方面分析河北省物流业发展现状;从城镇人口比重、城市基础设施建设、基本公共服务建设、居民收支共四方面分析河北省新型城镇化建设水平现状。

(3) 从物流供给能力、物流需求水平和物流发展规模三方面构建河北省物流业发展量化指标体系;从人口城镇化、经济城镇化、生活质量、社会进步、生态环境、城乡统筹六方面构建河北省新型城镇化建设水平量化指标体系;基于三种广义灰色关联度,分析河北省物流业发展与新型城镇化建设水平的关联关系。

(4) 在线性回归模型框架下,构建不同的互动作用模型,分别研究河北省物流业发展中的物流供给能力、物流需求水平、物流发展规模与关系最紧密的新型城镇化建设水平量化指标之间的互动关系。

(5) 将主成分分析与协调理论相结合,计算河北省物流业发展与新型城镇化建设水平之间协调度和协调发展度,据此分析两者之间的协调关系;利用 GM(1, 1) 模型预测河北省物流业发展与新型城镇化建设水平的协调度和协调发展度。

(6) 针对自适应惯性权重粒子群优化算法和动态加速系数粒子群优化算法的局限性,提出自适应动态粒子群优化算法,并构建河北省物流业发展规模的最小二乘支持向量机-自适应动态粒子群优化算法模型,最小二乘支持向量机用于预测河北省物流业发展规模,自适应动态粒子群优化算法用于调整最小二乘支持向量机的参数向量。

(7) 在分析河北省物流业发展规模与物流需求水平、经济发展的关系基础上,提出基于新型城镇化建设的河北省物流业发展调控对策,认为在新型城镇化建设背景下,要想推进河北省物流业的发展,应该做到统筹合理规划、大力培育市场主体、完善相关扶持政策、拓宽投融资渠道、健全法律法规体系,同时应加强高素质人才培养。

1.6 本 章 小 结

本章阐述了本书的研究背景与研究意义、国内外研究现状及研究目标、研究思路、研究内容、研究方法与创新之处。国家大力倡导的"京津冀协同发展"和"推进新型城镇化发展"为河北省物流业提供了前所未有的发展机遇，也提出了更高的要求。以国家发展新型城镇化为依托，研究河北省在新型城镇化建设道路上的物流业发展问题，对于推进河北省新型城镇化建设与物流业协调发展、促进河北省经济发展具有重要的理论与现实意义。本书基于国内外现有研究成果，以新型城镇化建设、物流业发展、区域物流等相关理论为指导，采用多学科理论与技术相结合、定性分析与定量研究相结合、理论分析与实证研究相结合的研究方法，运用广义灰色关联分析法、线性回归模型、主成分分析法、GM(1, 1)模型、最小二乘支持向量机-自适应动态粒子群优化算法模型等多种技术手段，研究河北省物流业发展与新型城镇化建设水平的关联关系、互动关系和协调关系，通过改进智能算法优化的最小二乘支持向量机预测河北省物流业的发展规模，在分析河北省物流业发展与物流需求水平、经济发展关系的基础上，提出新型城镇化建设过程中合理发展河北省物流业的调控对策。

参 考 文 献

曹宗平. 2009. 中国城镇化之路：基于聚集经济理论的一个新视角[M]. 北京：人民出版社.

陈超，李斌. 2013. 城镇化背景下我国农产品物流发展现状和问题及对策[J]. 农业现代化研究, 34（3）：328.

陈虎，杨勇攀. 2010. 区域经济发展与物流能力因果关系的实证检验[J]. 统计与决策,（9）：90-91.

陈柳钦. 2005. 论城市化发展的动力机制——从产业结构转移与发展的视角来研究[J]. 现代经济探讨,（1）：10-15.

陈涛. 2012. 浙江省区域经济与现代物流关系的投入产出分析[J]. 中国商贸,（15）：153-154.

陈映雪，甄峰，翟青，等. 2013. 环首都中小城市新型城镇化路径研究——以张家口怀来县为例[J]. 城市发展研究, 20（7）：110-116.

陈甬军，景普秋. 2008. 中国新型城市化道路的理论及发展目标预测[J]. 经济学动态,（9）：4-15.

程正伟. 2010. 城乡统筹下的重庆市城镇化与产业结构协调发展研究[D]. 重庆：重庆大学硕士学位论文.

董千里，路春涛，张凯. 2006. 陕西省区域物流信息化战略及其实施[J]. 长安大学学报（社会科学版）, 8（3）：8-11, 16.

杜忠潮，杨云. 2014. 区域新型城镇化水平及其空间差异综合测度分析——以陕西省咸阳市为例[J]. 西北大学学报（自然科学版）, 44（1）：141-149.

樊纲. 2011. 物流与中国城市化[J]. 开放导报,（5）：7-9.

傅为忠，李孟雨. 2016. 基于改进ISM模型的区域物流与区域经济协同发展影响因素分析[J]. 管理现代化, 36（3）：23-25.

高鹏凌. 2012. 四川省新型城镇化进程中的物流体系构建与规划[D]. 成都：西南交通大学硕士学位论文.

高秀丽，王耀虎，房兴超. 2012. 广东省区域物流与区域经济增长关系的实证研究[J]. 工业工程,（1）：60-65.

葛立成. 2004. 产业集聚与城市化的地域模式——以浙江省为例[J]. 中国工业经济,（1）：56-62.

弓宪文. 2015. 城市化与物流业协调发展模型及实证研究——以重庆为例[J]. 工业工程与管理, 20（2）：152-159.

辜胜阻，刘传江. 2000. 人口流动与农村城镇化战略管理[M]. 武汉：华中理工大学出版社.

辜胜阻，易善策，李华. 2009. 中国特色城镇化道路研究[J]. 中国人口·资源与环境, 19（1）：47-51.

郭湖斌. 2008. 区域物流与区域经济协同发展研究[J]. 物流科技, 31（7）：83-86.

海峰，张丽立，孙淑生. 2005. 区域现代物流模式探讨[J]. 经济管理,（20）：44-50.

何剑，董春风，董丹丹. 2015. 丝绸之路经济带区域物流发展水平评价研究[J]. 铁道运输与经济, 37（9）：7-12.

何文杰. 2015. 湖北省新型城镇化建设与物流发展问题探析[J]. 中国市场，（11）：10-11，29.

何源. 2017. 新型城镇化发展中的地方政府治理创新研究[J]. 财经问题研究，（2）：112-116.

何章磊. 2016. 产业集聚视角下区域物流与新型城镇化协同发展路径研究——以安徽省为例[J]. 安阳工学院学报，
　　15（6）：70-73.

贺兴东. 2014. 物流业在新型城镇化发展中的带动作用[J]. 综合运输，（5）：31-37.

贺玉德，马祖军. 2014. 产业转移下区域物流与区域经济协同度分析——基于四川省的实证研究[J]. 管理现代化，
　　（1）：99-101.

胡红军. 2016. 新型城镇化进程中现代物流发展研究[J]. 河南财政税务高等专科学校学报，30（3）：18-20.

黄艳芬，陆俊. 2013. 新型城镇化过程中的财税制度取向与配套改革[J]. 税务研究，（9）：20-24.

蒋国平. 2006. 资源节约型城镇化发展道路探析[J]. 改革与战略，（8）：39-41.

蒋明琳，舒辉，林晓伟. 2015. 基于钻石模型的中部六省物流竞争力评价研究[J]. 价格月刊，（4）：43-48.

康银劳，袁兰兰. 2001. 促进西部地区城镇化发展的政策建议[J]. 宏观经济管理，（3）：44-45.

李丽，黄超，刘琦杰. 2011. 产业转移与区域物流能力的相互作用机理分析[J]. 北京工商大学学报（社会科学版），
　　26（6）：41-47.

李茜. 2014. 物流业发展与城镇化率的关系研究——基于 2000~2012 年的面板数据分析[J]. 物流技术，33（11）：
　　305-307.

李勇. 2013. 新型城镇化建设中的障碍性因素及财税对策[J]. 天津行政学院学报，15（5）：83-87.

李优树，苗书迪，陈丹，等. 2013. 藏区新型城镇化的发展路径探讨——以康定县为例[J].经济地理，33（5）：67-71.

李致平，李菁菁. 2015. 安徽省新型城镇化评价指标体系构建及水平测度[J]. 安徽工业大学学报（社会科学版），
　　32（5）：31-35.

梁春梅. 2011. 长三角区域物流发展的对策研究[J]. 生产力研究，（9）：122-123.

梁倩. 2014. 推进新型城镇化建设的财税政策[J]. 合作经济与科技，（12x）：182-183.

梁雯，陈广强. 2016. 新型城镇化对物流业发展的影响研究——以安徽省为例[J]. 南京财经大学学报，（3）：43-48.

廖迎，阮陆宁. 2008. 区域物流与区域经济增长的实证研究——基于面板单位根与面板协整分析[J]. 南昌大学学报
　　（人文社会科学版），39（3）：64-69.

刘秉镰. 2006. 建立天津区域物流中心的对策研究[J]. 港口经济，（5）：40-42.

刘波. 2008. 我国城镇化发展趋势研究及相关政策建议[J]. 城市发展研究，15（5）：17-21.

刘彩霞. 2012. 区域物流发展水平评价体系构建及实证研究[D]. 西安：长安大学硕士学位论文.

刘嘉汉，罗蓉. 2011. 以发展权为核心的新型城镇化道路研究[J]. 经济学家，（5）：82-88.

刘静玉，刘玉振，邵宁宁，等. 2012. 河南省新型城镇化的空间格局演变研究[J]. 地域研究与开发，31（5）：143-147.

刘林，吴金南. 2012. 区域物流能力影响经济增长的过程机制研究[J]. 统计与决策，（12）：46-49.

刘明菲，张君. 2007. 基于武汉城市圈发展的区域物流节点规划研究[J]. 物流技术，26（3）：59-60，92.

陆永忠，陈波翀. 2005. 中国快速城市化发展的机制研究[J]. 经济地理，（4）：78-82.

罗建玲. 2012. 我国城镇化水平与经济发展的协调性研究[D]. 西安：西北农林科技大学硕士学位论文.

罗小龙，张京祥. 2011. 制度创新：苏南城镇化的"第三次突围"[J]. 城市规划，（5）：51-55.

马春辉. 2003. 还是应走大城市化道路[J]. 开放导报，（4）：39-40.

马静漪. 2016. 京津冀物流业发展与产业结构升级的关系研究[D]. 天津：天津商业大学硕士学位论文.

马凯. 2012. 转变城镇化发展方式提高城镇化发展质量 走出一条中国特色城镇化道路[J]. 国家行政学院学报，（5）：
　　4-12.

马妹婷，韩延玲. 2011. 新疆城镇化发展与产业结构关系的实证分析[J]. 新疆财经，（4）：16-22.

马向梅. 2014. 促进新型城镇化发展的财税政策研究[J]. 产业与科技论坛, 13 (2): 58-59.

明小波. 2006. 电子商务与现代物流对区域经济结构和范围的影响[J]. 企业经济, (3): 132-133.

宁越敏. 1998. 新城市化进程——90 年代中国城市化动力机制和特点探讨[J]. 地理学报, 53 (5): 470-477.

牛文元, 刘怡君. 2009. 中国新型城市化报告 2009[M]. 北京: 科学出版社.

牛晓春, 杜忠潮, 李同昇. 2013. 基于新型城镇化视角的区域城镇化水平评价——以陕西省 10 个省辖市为例[J]. 干旱区地理, 36 (2): 354-363.

潘双利, 祝海波, 郑贵军. 2011. 区域物流低碳化发展的思路与对策[J]. 特区经济, (12): 243-245.

彭红碧, 杨峰. 2010. 新型城镇化道路的科学内涵[J]. 理论探索, (4): 75-78.

齐卫军. 2013. 基于新型城镇化视野的西北地区农村商业物流发展研究[J]. 湖北农业科学, 52 (18): 4546-4550.

钱存, 赵爽. 2016. 河北省新型城镇化发展现状及对策研究[J]. 经济研究导刊, (29): 50-76.

饶会林, 曲炳全. 1990. 集中型与集约化: 中国城市化道路的最佳选择[J]. 财经问题研究, (4): 1-6.

任伟, 阚连合, 张忠鹏. 2013. 河北港口物流与区域经济协同发展浅析[J]. 物流技术, 32 (1): 166-168, 207.

单卓然, 黄亚平. 2013. 新型城镇化概念内涵、目标内容、规划策略及认知误区解析[J]. 城市规划学刊, (2): 16-22.

舒建玲, 张晔. 2015. 新型城镇化对农村流通产业的影响分析——基于 VAR 模型[J]. 改革与战略, 31 (2): 91-95.

帅斌. 2006. 物流业经济学[M]. 北京: 科学出版社.

双海军, 王长春. 2015. 现代物流业发展对新型城镇化进程影响分析[J]. 物流技术, 34 (11): 80-84.

斯密 A. 2002. 国民财富的性质及其原因的研究[M]. 郭大力, 王亚南译. 北京: 商务印书馆.

孙朝苑. 2003. 构建四川省区域物流体系的改革设想[J]. 物流技术, (3): 12-14.

孙久文, 叶振宇. 2009. 走中国特色城镇化道路的若干问题探讨[J]. 中州学刊, (3): 50-54.

孙振华. 2014. 新型城镇化发展的动力机制及其空间效应[D]. 大连: 东北财经大学博士学位论文.

谈毅. 2004. 我国区域物流发展与对策研究[J]. 特区经济, (10): 147-148.

汪波, 杨天剑, 赵艳彬. 2005. 区域物流发展水平的综合评价[J]. 工业工程, 8 (1): 83-87.

汪冬梅. 2010. 我国城镇化的制度支撑体系: 一个系统分析框架[J]. 工业技术经济, 29 (8): 22-25.

王博宇, 谢奉军, 黄新建. 2013. 新型城镇化评价指标体系构建——以江西为例[J]. 江西社会科学, (8): 72-76.

王冬年, 盛静, 王欢. 2016. 新型城镇化质量评价指标体系构建及实证研究——以河北省为例[J]. 经济与管理, 30 (5): 67-71.

王发曾. 2010. 中原经济区的新型城镇化之路[J]. 经济地理, 30 (12): 1972-1977.

王放. 2012. 彻底改革户籍管理制度, 实现完全的城镇化[J]. 人口与发展, (2): 22.

王富忠. 2015. 城镇化发展视角下物流发展与能源消费研究[J]. 技术经济与管理研究, (3): 100-103.

王敏. 2011. 河南省区域物流体系规划研究——基于模糊聚类理论[J]. 河南科技大学学报 (社会科学版), 29 (5): 67-69.

王圣云, 沈玉芳. 2007. 我国省级区域物流竞争力评价及特征研究[J]. 中国软科学, (10): 104-110.

王水平. 2012. 基于城镇化视角的中国流通产业发展空间研究[J]. 财贸研究, 23 (6): 29-34.

王素斋. 2013. 新型城镇化科学发展的内涵、目标与路径[J]. 理论月刊, (4): 165-168.

王小丽. 2013. 河南省区域物流能力评价及实证研究[J]. 物流技术, 32 (2): 12-14.

王昕. 2014. 四川新型工业化与新型城镇化互动研究[D]. 成都: 西南财经大学硕士学位论文.

王新越, 宋飏, 宋斐红, 等. 2014. 山东省新型城镇化的测度与空间分异研究[J]. 地理科学, 34 (9): 1069-1076.

王跃婷. 2010. 基于产业结构优化的山西省物流业发展研究[D]. 太原: 山西大学硕士学位论文.

王正明, 吕艾芳. 2013. 推进新型城镇化的税收政策选择[J]. 税务研究, (9): 40-42.

王之泰. 2014. 城镇化需要"智慧物流"[J]. 中国流通经济, 28 (3): 4-8.

魏洪茂. 2014. 城镇化对物流业发展的影响与对策[J]. 物流技术，33（12）：256-259.

魏后凯. 2013-06-21. 多角度聚焦"走新型城镇化道路"[N]. 社会科学报.

魏人民. 2013. 新型城镇化建设应解决七个失衡问题[J]. 经济纵横，（9）：12-15.

吴江. 2010. 重庆新型城镇化推进路径研究网[D]. 重庆：西南大学博士学位论文.

吴江，申丽娟. 2012. 重庆新型城镇化路径选择影响因素的实证分析[J]. 西南大学学报（社会科学版），38（2）：151-155.

吴江，王斌，申丽娟. 2009. 中国新型城镇化进程中的地方政府行为研究[J]. 中国行政管理，（3）：88-91.

吴若冰. 2013. 新型城镇化进程中的地方政府行为优化路径研究[J]. 学术论坛，（10）：40-43.

徐春祥，韩召龙. 2014. 现代物流与新型城镇化协调性评价——基于辽宁1985～2012年数据的实证研究[J]. 江汉学术，33（5）：33-39.

徐杰，鞠颂东. 2003. 区域经济的发展对地区物流需求的影响——长江经济区发展对安徽地区物流需求影响的实证分析[J]. 数量经济技术经济研究，（4）：130-133.

徐文彦. 2009. 区域物流能力与区域经济关系研究[J]. 物流科技，（10）：14-15.

许青云. 2014. 新型城镇化的内涵、问题及对策[J]. 经济研究导刊，（12）：143-144，172.

许学强，薛凤旋，阎小培. 1998. 中国乡村—城市转型与协调发展[M]. 北京：科学出版社.

颜双波. 2017. 福建现代物流与新型城镇化协调发展评价[J]. 商业经济研究，（2）：107-109.

杨军，王厚俊，杨春. 2011. 我国城镇化对农产品物流效率的影响[J]. 农业技术经济，（10）：63-68.

杨水根. 2015. 流通产业经济效应的城镇化门槛研究[J]. 经济地理，（7）：128-133.

杨仪青. 2013. 新型城镇化发展的国外经验和模式及中国的路径选择[J]. 农业现代化研究，34（4）：385-389.

叶乔，双海军，孙瑞者. 2015. 重庆市城镇化发展对物流业的影响及对策研究[J]. 物流科技，38（6）：52-55.

尹鹏. 2016. 吉林省新型城镇化发展的特征、机制与路径研究[D]. 长春：东北师范大学博士学位论文.

曾小春，钟世和. 2017. 我国新型城镇化建设资金供需矛盾及解决对策[J]. 管理学刊，30（2）：26-39.

曾志伟，汤放华，易纯，等. 2012. 新型城镇化新型度评价研究——以环长株潭城市群为例[J]. 城市发展研究，19（3）：131-134.

翟荣兵. 2013. 新型城镇化背景下的县域商贸物流业研究——以安徽为例[J]. 铜陵学院学报，（5）：21-25.

翟书斌，张全红. 2009. 发展经济学[M]. 武汉：武汉理工大学出版社.

张诚，周敏. 2010. 中部区域物流与区域经济协同发展研究[J]. 物流工程与管理，32（10）：76-78.

张改素，王发曾，丁志伟. 2013. 河南省城乡统筹发展的时空特征与定位推进[J]. 人文地理，28（4）：89-95.

张广胜. 2013. 区域物流能力发展差异研究[J]. 价格月刊，（11）：8-11.

张利，刘娜. 2016. 新型城镇化、现代物流发展与农村居民增收——基于省级面板数据的空间计量检验价[J]. 商业经济研究，（10）：72-74.

张明斗，王雅莉. 2012. 中国新型城市化道路的包容性发展研究[J]. 城市发展研究，19（10）：6-11.

张明斗，王雅莉. 2013. 中国新型城镇化发展中的财税政策研究[J]. 现代经济探讨，（11）：32-36.

张培刚. 2001. 发展经济学教程[M]. 北京：经济科学出版社.

张瑞英. 2016. 新型城镇化视域下河北省农村物流发展综合评价及对策研究[D]. 邯郸：河北工程大学硕士学位论文.

张文杰. 2002. 区域经济发展与物流[J]. 物流技术，21（3）：7-9.

张占仓. 2010. 河南省新型城镇化战略研究[J]. 经济地理，30（9）：1462-1467.

张喆. 2014. 新型城镇化中的地方政府行为优化[J]. 经营与管理，（12）：16-17.

张中强，宋学锋. 2013. 区域经济与区域物流协同发展状态与调控模型研究[J]. 数学的实践与认识，43（14）：224-230.

赵松岭. 2015. 河北省城乡物流业包容性发展对策研究[J]. 合作经济与科技，（5s）：40-42.

赵玮，王韬，李德功. 2006. 论中部地区产业集聚与城市化之互动[J]. 地域研究与开发，25（4）：43-47.

赵峥，倪鹏飞. 2012. 当前城镇化发展的特征、问题及政策建议[J]. 中国国情国力，（2）：10-13.

周泰，王亚玲. 2011. 基于径向基函数网络的区域物流能力投资结构优化[J]. 数学的实践与认识，41（9）：49-55.

周元，孙新章. 2012. 中国城镇化道路的反思与对策[J]. 中国人口·资源与环境，22（4）：56-59.

朱孔来，李静静，乐菲菲. 2011. 中国城镇化进程与经济增长关系的实证研究[J]. 统计研究，28（9）：80-87.

朱坤萍. 2007. 区域物流与区域经济发展的互动机理[J]. 河北学刊，27（2）：168-171.

邹书利，王亚芳. 2009. 区域物流竞争力研究——以珠江三角洲为例[J]. 科技和产业，9（4）：30-32.

Chenery H B，Syrquin M. 1988. 发展的型式：1950—1970 [M]. 李新华译. 北京：经济科学出版社.

Murnford L. 2005. 城市发展史[M]. 宋俊岭，倪文彦译. 北京：中国建筑工业出版社.

Akombe R K. 2005. Regional integration and the challenge of economic development: the case of the common market for Eastern and Southern Africa（COMESA）[J]. Dissertation International，66（4）：56-59.

Andersson R，Quigley J M，Wilhelmsson M. 2009. Urbanization，productivity，and innovation: evidence from investment in higher education[J]. Journal of Urban Economics，66（1）：2-15.

Benjelloun A，Gabrriel T. 2008. Trends，challenges and perspectives in city logistics[C]. Bucharest: Proceedings of Transportation and Land Use Interaction，Editura Politecnica Press.

Berry B J L. 1964. Cities as systems within systems of cities[J]. Papers in Regional Science，13（1）：147-163.

Berry B J L. 1971. City Classification Handbook: Methods and Applications [M]. New York: John Wiley and Sons，Inc.

Bish E K. 1999. Theoretical analysis and practical algorithms for operational problems in container terminals[D]. Evanston: Northwestern University.

Bourne L S，Simmons J W. 1978. Systems of Cities: Readings on Structure，Growth and Policy[M]. New York: Oxford University Press.

Bowersox D J，Closs D J，Cooper M B. 2002. Logistics Management: The Integrated Supply Chain Process[M]. 2nd ed. New York: McGraw-Hill.

Bowersox D J，Closs D J，Stank T P. 1999. 21st Century Logistics: Making Supply Chain Integration A Reality[M]. Oak Brook: Council of Logistics Management.

Carruthers R，Bajpai J N. 2002. Trends in trade and logistics: an East Asian perspective[R]. Washington D C: East Asia Region Transport Sector（EASTR）Working Paper，no.2，World Bank.

Castells D，Royuela V. 2012. Agglomeration，inequality and economic growth: cross-section and panel data analysis[C]. Bratislava: Proceedings of 52nd Congress of the European Regional Science Association.

Chenery H B. 1957. Patterns of Development: 1950—1970[M]. New York: Oxford University Press.

Copeland B R，Taylor M S. 1995. Trade and transboundary pollution[J]. The American Economic Review，716-737.

Daugherty P J，Pittman P H. 1995. Utilization of time-based strategies: creating distribution flexibility/responsiveness[J]. International Journal of Operations & Production Management，15（2）：54-60.

Debbage K G. 1999. Air transportation and urban-economic restructuring: competitive advantage in the US Carolinas[J]. Journal of Air Transport Management，5（4）：211-221.

Dhakal D，Mensz P，Upadhyaya K P. 2010. Urbanization and economic growth in south Asia[J]. SCMS Journal of Indian Management，7（3）：27-34.

Douglass M. 1998. A regional network strategy for reciprocal rural-urban linkages: an agenda for policy research with reference to Indonesia[J].Third World Planning Review，20（1）：1-33.

Downs A. 2005. Still Stuck in Traffic: Coping with Peak-Hour Traffic Congestion[M]. Washington D C: Brookings

Institution Press.

Duncan O D，Scott W R，Lieberson S，et al. 1961. Metropolis and Region[M]. Baltimore：Johns Hopkins Press.

Farahmand S，Akbari N，Abootalebi M. 2012. Spatial effects of localization and urbanization economies on urban employment growth in Iran[J]. Journal of Geography and Regional Planning，5（4）：115-121.

Friedman J. 1966. Regional Development Policy：A Case Study of Venezuela[M]. Cambridge：MIT Press.

Gibbs R M，Bernat G A. 1997. Rural industry clusters raise local earnings[J]. Rural Development Perspectives，（12）：18-25.

Gottmann J. 1957. Megalopolis or the urbanization of the northeastern seaboard[J]. Economic Geography，33（3）：189-200.

Henderson J V，Wang H G. 2007. Urbanization and city growth：the role of institutions[J]. Regional Science and Urban Economics，37（3）：283-313.

Henderson V. 2002. Urbanization in developing countries[J]. The World Bank Research Observer，17（1）：89-112.

Hesse M，Rodrigue J P. 2004. The transport geography of logistics and freight distribution[J]. Journal of Transport Geography，12（3）：171-184.

Hutton T A. 2003. Service industries，globalization，and urban restructuring within the Asia-Pacific：new development trajectories and planning responses[J]. Progress in Planning，61（1）：1-74.

Jefferson M. 1989. Why geography？ The law of the primate city[J]. Geographical Review，79（2）：226-232.

Kang S，Spiller M，Jang K，et al. 2012. Spatiotemporal analysis of macroscopic patterns of urbanization and traffic safety：case study in Sacramento County，California[J]. Transportation Research Record：Journal of the Transportation Research Board，（2318）：45-51.

Kanter R M，Pittinsky T L. 1995. Globalization：new worlds for social inquiry[J]. Berkeley Journal of Sociology，40：1-20.

Kawsar M A. 2012. Urbanization，economic development and inequality[J]. Bangladesh Research Publications Journal，（4）：440-448.

Knox P L，McCarthy L. 2005. Urbanization：An Introduction to Urban Geography[M]. 2nd ed. Upper Saddle River：Pearson Prentice Hall.

Larson J A，Yu T H，English B C，et al. 2010. Cost evaluation of alternative switchgrass producing，harvesting，storing，and transporting systems and their logistics in the Southeastern USA[J]. Agricultural Finance Review，70（2）：184-200.

Lee H，Yang H M. 2003. Strategies for a global logistics and economic hub：incheon international airport[J]. Journal of Air Transport Management，9（2）：113-121.

Leonard D R. 2003. Regional integration and development：a study of the European Union，the transformation of Spain and the pursuit of regional development[J]. Masters International，42（3）：234-239.

Leones C. 2006. The current situation of crime associated with urbanization：problems experienced and counter measures initiated in the Philippines[J]. Resource Material Series，（8）：133-150.

Lewis W A. 1954. Economic development with unlimited supplies of labour[J]. The Manchester School，22（2）：139-191.

Lo F，Marcotullio P J. 2000. Globalisation and urban transformations in the Asia-Pacific region：a review[J]. Urban Studies，37（1）：77-111.

Lucas R E. 1988. On the mechanics of economic development[J]. Journal of Monetary Economics，22（1）：3-42.

Mabogunje A L. 1970. Systems approach to a theory of rural-urban migration[J]. Geographical Analysis，2（1）：1-18.

Mačiulis A，Vasiliauskas A V，Jakubauskas G. 2009. The impact of transport on the competitiveness of national economy[J]. Transport，24（2）：93-99.

McDonald R I，Kareiva P，Forman R T T. 2008. The implications of current and future urbanization for global protected areas and biodiversity Conservation[J]. Biological Conservation，141（6）：1695-1703.

Meade L，Sarkis J. 1998. Strategic analysis of logistics and supply chain management systems using the analytical network process[J]. Transportation Research Part E：Logistics and Transportation Review，34（3）：201-215.

Meléndez M F. 2001. The logistics and transportation problems of Latin American integration efforts：the Andean Pact：a case of study[D]. Knoxville：The University of Tennessee.

Michaels G，Rauch F，Redding S J. 2012. Urbanization and structural transformation[J]. The Quarterly Journal of Economics，127（2）：535-586.

Moomaw R L，Shatter A M. 1996. Urbanization and economic development：a bias toward large cities？[J]. Journal of Urban Economics，40（1）：13-37.

Morash E A. 2001. Supply chain strategies，capabilities，and performance[J]. Transportation Journal，41（1）：37-54.

Muñuzuri J，Larrañeta J，Onieva L，et al. 2005. Solutions applicable by local administrations for urban logistics improvement[J]. Cities，22（1）：15-28.

Northam R M. 1979. Urban Geography[M]. New York：John Wiley and Sons，Inc.

Ortega J. 2000. Pareto-improving immigration in an economy with equilibrium unemployment[J]. The Economic Journal，110（460）：92-112.

Padeiro M. 2013. Transport infrastructures and employment growth in the Paris metropolitan margins[J]. Journal of Transport Geography，31：44-53.

Peres R，Muller E，Mahajan V. 2010. Innovation diffusion and new product growth models：a critical review and research directions[J]. International Journal of Research in Marketing，27（2）：91-106.

Raicu R，Raicu S，Popa M. 2005. The influence of transportation network reliability on city logistics[C]. Langkawi：Proceedings of the 4th International Conference on City Logistics.

Ramokgopa L N. 2004. City logistics：changing how we supply[C]. Pretoria：Proceedings of the 23rd Southern African Transport Conference.

Rogers D S，Tibben-Lembke R S. 1999. Going Backwards：Reverse Logistics Trends and Practice[R]. Reverse Logistics Executive Council.

Ross D F，Rogers J. 1996. Distribution Planning and Control[M]. New York：Springer USA.

Scott A J. 2002. Global City-Regions：Trends，Theory，Policy[M]. New York：Oxford University Press.

Seeborg M C，Jin Z，Zhu Y. 2000. The new rural-urban labor mobility in China：causes and implications[J]. The Journal of Socio-Economics，29（1）：39-56.

Skjøtt-Larsen T，Paulsson U，Wandel S. 2003. Logistics in the Öresund region after the bridge[J]. European Journal of Operational Research，144（2）：247-256.

Tacoli C. 1998. Beyond the rural-urban divide[J]. Environment and Urbanization，10（1）：3-4.

Tacoli C，Mabala R. 2010. Exploring mobility and migration in the context of rural-urban linkages：why gender and generation matter[J]. Environment and Urbanization，22（2）：389-395.

Talley W. 1996. Linkages between transportation infrastructure investment and economic production[J]. Logistics and Transportation Review，32（1）：145-154.

Taniguchi E，Noritake M，Yamada T，et al. 1999. Optimal size and location planning of public logistics terminals[J].

Transportation Research Part E，35（3）：207-222.

Tilanus B. 1997. Information Systems in Logistics and Transportation[M]. New York：Pergamon.

Tongzono J，Nguyen H O. 2009. China's economic rise and its implications for logistics：the Australian case[J]. Transport Policy，（16）：224-231.

Trunick P A. 1999. Is your region logistics friendly？[J]. Transportation & Distribution，40（5）：55-65.

Williamson J G. 1988. Migration and urbanization[J]. Handbook of Development Economics，1：425-465.

Witkowski J，Kiba-Janiak M. 2014. The role of local governments in the development of city logistics[J]. Procedia-Social and Behavioral Sciences，125：373-385.

Zipf G K. 1949. Human，Behaviour and the Principle of Least-Effort[M]. Cambridge：Addison-Wesley.

第2章 相关理论研究

本章在对已有关于新型城镇化、物流业和区域物流的内涵进行比较与分析，在对它们的特征、影响因素等进行深刻把握与理解的基础上，论述新型城镇化建设、物流业发展、区域物流发展等相关理论与学说，分析探讨新型城镇化建设与物流业发展的关系。

2.1 新型城镇化建设相关理论

2.1.1 新型城镇化的内涵与特征

1. 新型城镇化的内涵

新型城镇化是一个相对的概念，是相对于传统城镇化来说的。城镇化是人类的生产、生活等行为方式从农村型向城市型转变、农村人口向城市人口转型和城市持续发展与完善的历史演变进程。城镇化进程主要表现为两个方面，一方面是提高城镇的数目；另一方面是大、中、小各层级城市人口数量的增多及城市规模的扩大。城镇化演进过程表现为：农业人口转移为城市工业或第三产业人口；第一产业占经济总比重的比例缩小，第二、第三产业扩大；农村形态过渡为城市文明。城镇化过程既能够推动国家各项事业的发展，同时也会带来诸多突出的社会问题（易鹏，2014）。随着城镇化的发展，人口在一个特定区域内大规模集聚，使这一区域内的资源、服务、保障需求激增，若超越了这一地区的综合承载能力，就会导致人类、资源、环境不和谐发展，甚至引发超越现实的、不真实性的、不完全的城镇化，从而导致更加严重的社会问题。

新型城镇化是针对我国城镇化发展过程中出现的新问题而提出的全新城镇化理论，是传统城镇化内涵的进一步丰富和深化；新型城镇化是从经济社会发展的实际出发，对传统城镇化发展的新认识，并对传统城镇化概念做出的新思考。新型城镇化的科学内涵（王千和赵俊俊，2013）是以科学发展观为引领，发展集约化和生态化模式，增强多元的城镇功能，构建合理的城镇体系，最终实现城乡一体化发展，即新型城镇化是可持续发展的城镇化，是城乡统筹、城乡一体的城镇化，是以人为本的城镇化。

从以上内涵可以看出，新型城镇化包含三方面的含义。首先，新型城镇化是可持续发展的城镇化。可持续发展的城镇化是指提高城镇化水平的同时，还要解决城市发展中的一些其他问题，如社会问题、生态问题和环境问题等。一些国家的城市化进程给我们深刻的教训。由于城市化快速发展，出现了过度城市化的现象，由此产生了大量的"城市病"。新型城镇化也应当注重对生态环境的保护，建造宜居城市，同时要妥善解决居民住房、交通、垃圾围城问题等。其次，新型城镇化是城乡统筹、城乡一体的城镇化。与传统城镇化相比，新型城镇化的一个重要特点在于提出新型农村社区、城乡统筹和城乡一体。新型城镇化不是人口城镇化率的简单提高，而是将城乡看成一个整体，统筹兼顾地发展，深化城乡一体化，城乡要素和公共资源要平等交换和均衡配置。最后，新型城镇化是"以人为本"的城镇化，"为民"是新型城镇化的出发点与落脚点，其目的在于服务于人民的安居乐业。新型城镇化中的一个重要问题是农民工问题，要解决好进城农民的就业问题与基本生活保障，同时处理好农村土地流转问题，使其进得来、留得住、住得下、过得好；也要使生活在农村的农民能享受道路、供水等基础设施，教育、卫生等公共服务设施，以全面改善农民的生活。

2. 新型城镇化与传统城镇化的差别

新型城镇化并不是对传统城镇化的全盘否定，而是吸收传统城镇化的优点并弥补其缺陷，其目标是提高城镇化的水平与质量，促进城镇化更好、更快地发展。新型城镇化与传统城镇化存在发展理念、发展目标、推进主体、推进机制四方面的差别（董哲，2014）。

1）发展理念的差别

传统城镇化的发展只注重城镇化发展的速度，而忽视城镇化发展的质量与效益，"以物为本、不全面、不协调、不可持续"的发展理念导致城镇化发展的片面性。新型城镇化是对传统城镇化的扬弃，继承了传统城镇化发展优点的同时摒弃了传统城镇化过程中的不足，即新型城镇化在注重城镇数量与规模的同时，更注重提升城镇化发展质量。新型城镇化强调"以人为本"，以全面、协调、可持续的发展观为原则，促使城镇化道路在发展形态、发展动力、价值取向、发展方式等多个方面实现新的突破。新型城镇化能够真实反映从传统社会向现代文明社会全面转型和变迁过程的衡量标准与要求，不仅体现为农业人口向城镇集中和聚集，而且是广大农村物质文明和精神文明的高度协调发展，逐步实现城乡统筹发展，最终消除城乡差别和工农差别的过程（于澄，2011）。因此，新型城镇化在关注规模的同时，更注重城镇化发展的质量，协调人口、资源、经济与环境的关系，促进新型城镇化水平的提高。

2）发展目标的差别

传统城镇化发展的目标是"人口非农户化"，即减少农业人口、提高非农户人口的比例。传统城镇化的目标仅仅从数量上提要求，而忽视了农业转移人口的彻底市民化。推进新型城镇化经济社会发展的根本目标是实现人的城镇化，促进人的全面发展，使进城务工的农民与城市居民享受平等的待遇，扩大公共服务范围，实现基本公共服务的均等化。新型城镇化统筹区域、城乡的协调互动发展，在推动城镇建设的同时，加快新农村建设步伐，逐步缩小城乡居民的差异，城镇和农村的居民都能够享有政府基本公共服务，逐渐在义务教育、公共卫生、基础设施、社会保障等方面实现均等化。新型城镇化不是简单的城镇人口增加和城镇规模扩张，而是使进城务工农民的生活与生产方式发生根本性的变化，完全转向城市型的方式。

3）推进主体的差别

20 世纪中叶，我国曾出现了两种不同的城镇化发展模式：一种是国家计划管理体制下，政府主导的"自上而下"的城镇化；另一种则是以市场主导的"自下而上"的城镇化，是由个人、社会团体、外商等社会力量得到政府支持并发起的城镇化建设（杨虹和刘传江，2000）。

在"自上而下"的模式中，城镇化发展主体是政府机构，是在政府的总体政策约束下单方面强制要求社会"模式"化地促进城镇化发展；在"自下而上"的模式中，发展主体是社会群众和团体，但这一发展主体在城镇化建设中处于被动状态，没有更好地发挥其积极性。这两种模式是传统城镇化的两个极端，当一种模式失效就会立刻实施另一种模式，都是从单方面进行城镇化建设。而新型城镇化建设则是以"自上而下"模式为主，将"自上而下"与"自下而上"两种模式相结合的发展方式。新型城镇化的建设主体不仅包括政府，还包括企业、居民、社会组织等社会力量，政府发挥宏观调控作用，以市场利益作为驱动机制，促进投资主体的多元化，发挥企业和个人的力量，加快建设投资和产业发展。

4）推进机制的差别

城镇化的发展需要充分发挥各方面的促进作用，而使这些力量最大限度地激发出来，就要有相应的推进机制加以协调促进。传统城镇化是政府处于主导地位、以提高经济总量为目标、以加快重工业发展为出发点的城镇化。城镇化的建设是建立在资源大量消耗的基础上，追求城镇发展的规模与数量，是一种粗放型的增长模式，导致了城镇化发展效益低下。推进新型城镇化建设必须解放思想、大胆尝试，创新现有的体制机制，破除阻碍城镇化发展的体制机制束缚，为新型城镇化建设提供有力的体制机制保障（甘露和马振涛，2012）。

新型城镇化发展是以市场为导向，以市场利益作为驱动力，政府规划引导，并且实施一系列促进新型城镇化发展的政策，从制度上保证新型城镇化的顺利进行。在市场经济体制逐步完善的今天，市场在资源配置中起着基础性作用，经济活动主要由市场竞争和利益机制来调节。市场对城镇化要素资源也起着基础作用，获得收益是生产要素所有者的内在动力，充分发挥市场机制的作用，使城镇化水平在经济发展的基础上得到更大的提高，实现城镇化发展水平与经济发展水平相协调。城镇化的发展既要靠市场调节手段发挥基础性作用，又要靠政府的宏观引导和规划。这就要求政府转变职能，以经济手段和法律手段为主、必要的行政手段为辅，对城镇化加以管理和规划。在这种方式下，充分发挥市场的推动作用，保证城镇化的稳步和健康发展（简新华和刘传江，1998）；政策实施与制度保障是最直接的城镇化促进机制，也是政府规划、引导城镇化发展的具体体现。通过政策机制与制度保障激发市场主体的积极性，协调各方面社会主体的利益分配，促进城镇化的发展，根据具体情况制定并颁布适应城镇化发展的制度政策，使新型城镇化的发展沿着正确的道路前进。

3. 新型城镇化的特征

相比传统城镇化，新型城镇化的一个重要特点是强调城乡统筹发展。在传统城镇化建设过程中，政策的制定明显偏向城市，在发展城市的时候，一定程度上牺牲了农村和农民的部分利益，从而导致了农村和城市发展的差距日益扩大，产生了城乡二元制的矛盾局面（贺瑞雪，2009）。新型城镇化建设的基本出发点则是着力追求城市和农村在城乡规划、基础设施建设和公共服务水平等方面的均衡、合理发展，逐步实现城乡一体化建设。逐步推进城市与农村之间要素的平等交换及公共资源的合理均衡配置，逐步缩小城乡发展差距，实现"以工促农、以城带乡、工农互惠、城乡一体"的新型工农城乡关系，发展成果由广大人民共享。从新型城镇化的内涵看，新型城镇化的特征可概括为以下六个方面。

1）新型城镇化建设注重可持续发展

传统城镇化建设往往是求快、求大的粗放型发展方式。从长远来看，这种发展方式是不可持续的。近年来，我国的环境污染问题越来越严重，已经给人们的健康带来了严重的威胁，也给我国敲响了转变发展方式的警钟。要想寻求长久的发展，就必须由"外延式扩张"的发展模式向"内聚式发展"转变，走资源节约型、环境友好型、智能化的、绿色低碳型的新型城镇化建设道路（马凯，2012）。

2）新型城镇化建设强调生态文明发展

在新型城镇化建设过程中，要将生态文明发展的理念渗透产业结构优化升级、能源结构调整和消费模式转变的方方面面。要注重生态文明建设，提高城市生态环境的承载能力，为新型城镇化建设的发展提供保障，实现环境与经济的统筹协调发展，建设资源节约型、环境友好型的社会。

3）新型城镇化建设能够有效拉动内需

传统城镇化建设往往比较偏重城市，把广大农村排除在城市体系之外，这极大地抑制了农村的消费需求，进而大大削弱了整个社会的消费需求。现阶段，我国仍然处于战略机遇期，在全球经济低迷、增长乏力的大环境下，要想确保经济又好又快发展，必须从拉动内需着手。从当前的形势来看，新型城镇化建设是扩大内需行之有效的手段。

4）新型城镇化建设强调利用市场机制

传统城镇化建设采取的往往是以政府为主导的、低成本粗放型扩张的发展道路。而新型城镇化建设强调尊重市场规律，合理利用市场机制，让市场充分发挥调节和资源配置的作用，保障广大农民群众的财产权利、交易自由权利、择业自由权利和迁徙自由权利，营造公平合理的市场竞争环境，确保生产要素和人口能够在城市和乡村之间自由流动。政府只是起到宏观调控的作用，如合理规划城乡建设、提高公共服务水平和维护良好的生活生产秩序等。坚决杜绝地方政府"公司化"来过度干预新型城镇化建设的进程，地方政府按照职能分工在其职责范围内行使职权。

5）新型城镇化建设提倡发展的质量与内涵

传统城镇化建设过程往往追求速度而忽略质量，重视外延而忽略内涵，长期下去，这种发展模式会带来各种弊病。而新型城镇化建设倡导的是又好又快发展，提倡发展的同时更加重视发展的质量和发展的内涵。尽管我国城镇化率已经超过50%，但这只是一种数字上的直观追求，城镇化发展的质量并不高。因此，如何提高新型城镇化建设发展的质量已经成为当前需要解决的一个问题。

6）新型城镇化建设突出以人为本

传统城镇化建设一直存在重物轻人的误区，只注重城市建设而忽略城市发展的产业支撑。在传统的概念里，城镇化建设就是人口由农村转移到城市，兴建基础设施，实现实物上的城市化，很少关注人的发展。新型城镇化建设更加注重人的发展，着力改变城镇环境，创造就业机会来吸引人们来到城市，使改革发展的成果由人民共享。

2.1.2 新型城镇化建设的影响因素

新型城镇化建设受到多种因素的共同影响，主要包括经济发展、人口转移、科学教育水平、基础设施建设、制度环境五个方面（张丽琴和陈烈，2013）。

1）经济发展

城镇化作为经济发展的产物，是资源集聚、规模经济发挥作用的自然结果。没有经济发展水平的提高，就不可能发生城镇化过程，城镇化水平与经济发展水平呈高度相关性（陈昌兵等，2009）。产业转换升级会导致生产要素流动，生产要素在城乡之间发生转移和重新配置，推动城镇化的发展。产业结构升级调整可以带来城镇生产性服务和消费性服务不断增加，产生大量就业机会，吸引农村人口向城镇不断转移（张雷和朱守先，2008）。

2）人口转移

城镇化发展受到农业发展所产生的"推力"和非农产业发展所产生的"拉力"的双重作用。一方面，农村剩余劳动力转移，为城镇提供源源不断的劳动力；另一方面，产业结构调整优化，创造了大量城镇就业岗位。人口在城乡之间流动，推进城镇化发展。人口转移推动新型城镇化的发展，主要受到城乡收入差距、城镇就业率及社会保障等影响（刘小翠，2007）。

3）科技教育水平

科技创新是经济发展的重要推动力，先进的技术改变着人们的生产、生活方式，推动人口由农村转向城市。教育是科技创新的基础，只有劳动力接受教育的水平越高，科技进步的贡献才会越大，市场竞争力会越强，经济发展水平会越高，城镇化水平也越高（程开明，2009）。

4）基础设施建设

基础设施是城镇内部相互联系的枢纽，基础设施建设完善与否，决定着城镇布局是否合理、城镇功能是否完善、综合承载能力是否充足，进而影响城乡之间资源和要素能否顺利流动（蒋时节等，2009）。

5）制度环境

政府的推动作用作为特殊动力也是影响新型城镇化发展的主要因素之一（景春梅，2010）。合理的制度安排，有助于提高城镇化的资源配置效率，政府关于户籍、土地流转、社会保障等制度的制定安排直接影响城镇化进程。

2.1.3　新型城镇化建设的内容

新型城镇化建设的内容包括农村人口城镇化、城市空间布局合理优化、发展模式持续化和提高居民生活质量四个方面。

1）农村人口城镇化

农村人口城镇化的两项主要工作是促进农村人口向城镇人口转化，以及促进城镇基本公共服务均衡发展，避免差距过大。一方面，农村人口转化为城镇人口并从事相应的就业岗位，这意味着农村的务农人口减少，耕地资源相对增多，农民可以以承包的方式，采用机械化手段来从事农业劳动，从而有利于从传统农业向现代化农业的转型发展。另一方面，城镇人口增多了，势必会提高城镇的总体消费能力，有效拉动国内的消费需求，促进服务行业的发展。城镇公共服务和产品的均衡发展能够提高城镇对常住人口的吸引力，强化城镇化建设的成果，对城镇化发展产生推动力。

2）城市空间布局合理优化

新型城镇化建设的主要任务是合理优化各城市群的总体布局和城市群内部城市的发展问题。城市群总体布局方面，主要是合理优化东部和中西部地区的城市群分布。其中，东部地区城市群的重点工作是通过合理优化空间布局结构和加快经济发展的转型升级，最终建成京津冀、长江三角洲和珠江三角洲三个世界级水平的城市群；中西部地区的主要任务是加快培育新的经济增长极，重点发展成渝、中原、长江中游、哈长等地区的城市群，从而能够吸引更多的就近转移和从东部返乡回来的农民工，促进发展产业集群效应和人口聚集效应，最终形成以"两横三纵"的城镇化战略格局。城市群内部各城市的协调发展方面，特大城市和中心城市应该发挥中心城市的辐射带动作用，并以加快产业结构转型升级为抓手，不断增强自身实力，辐射带动周边城市的发展；中小城市应当利用自身的资源优势来发展特色产业，以此作为产业支撑来吸引更多的人口转移。

3）发展模式持续化

新型城镇化建设过程一定要倡导和遵循发展模式持续化的原则。因此，在新型城镇化建设过程中，应重点做好两方面的工作。一是发展支撑产业，重点强调城市之间的专业分工与协作，强化中小城市的产业承接能力，构建大城市引领、中小城市特色鲜明，大、中、小城市优势互补、合理分工协作的产业发展格局；要大力培育创新意识，利用政策、制度、环境和文化氛围等一切可以利用的手段来培育创新意识，全面激发整个社会的活力，使科技和创新成为促进产业发展的核心驱动力，实现技术、管理和商业模式等多方面的创新。二是转换城镇化发展的模式，促进城镇发展模式转型升级，遵循"绿色城市"、"人文城市"和"智慧城市"的理念，努力建设资源节约型、环境友好型、信息技术利用型、城市发展人文化、有品质、有内涵的新型城镇（赵玲，2011）。

4）提高居民生活质量

新型城镇化建设的核心原则是以人为本，最终目标是提高居民生活质量和幸福指数。提高居民生活质量和幸福指数可以从两方面实现：一是为城镇居民的日常生活提供便利，完善交通基础设施建设和物流配送服务，开设便民超市、便民菜市场，建立家庭服务中心，完善和扩大基础网络设施、通信设施的覆盖范围；二是提高城镇居民的公共服务水平，保障居民住房，建设公共就业服务平台、提高就业率，完善城乡社会保证服务体系，合理优化配置教育资源，实现公共服务均等化等，从而逐步开创全新的新型城镇化建设局面（郭荣朝，2004）。

2.1.4　新型城镇化建设基本理论

1. 产业结构理论

产业结构理论指出，产业结构的全面转换是现代经济增长的本质特征，经济的高增长导致了生产结构的高变换。一个国家的经济发展到一定阶段后将出现产业的高级化，即由第一产业向第二、第三产业转变，劳动密集型产业占优势阶段向资本和技术密集型占优势的阶段演进，表现为资产结构高级化、产值高级化、劳动结构高级化、技术结构高级化等特征。城镇化与产业结构优化有着密切的联系，产业结构优化的过程能够促进城镇化的发展，即第二、第三产业产值在整个国民经济结构中所占的比例越高，则城镇化水平越高（胡际权，2005）。第三产业的发展是社会分工细化的产物，也是社会分工发达程度的标志。当城市发展进入服务经济时，城市服务业就会作为一个独立的第三产业进行不断自我完善与发展。从工业经济到服务经济的转换是城镇化进程的第二次重要转折，可以带动城镇化第二次加速和城镇功能的全面发展。

2. 城镇体系理论

城镇体系也称为城市体系或城市系统，是指在一个相对完整的区域中，由不同职能分工、不同等级规模的联系密切、相互依存的城镇的有机整合。城镇体系中存在区域内的经济活动，城镇体系不是把一座城市孤立开来研究，而是研究一个区域内的城镇群体，合理组织体系内各城镇之间、城镇与体系之间及体系与其外部环境之间各种社会经济方面的相互联系。在开放体系下，城镇化发展应加强城镇体系与外界的沟通与交流，引导城镇的发展方向，确定城镇的智能分工，控制城镇的规模等级，架构城镇的空间布局，促进体系走向有序化，达到社会效益、经济效益、环境效益最佳的总体发展目标（张沛，2009）。

3. 城乡一体化理论

城乡一体化理论认为，城镇化发展应在城乡相互作用与相互联系的基础上达到整合状态时，产生的"灰色区域"内创造出一种独特的城乡联系模式，其实质是城乡之间的统筹协调和一体化发展。城乡一体化区域是一种既非城市又非农村，同时既是城市又是农村的各种城乡构成要素在一定地域空间内高度混合而形成的特殊结构与形态。城乡一体化区域内的人口高度密集，城乡联系紧密，能够为城乡经济联系创造条件（任庆焕，2013）。城乡一体化区域内的农业活动和非农业活动混杂，既存在传统农业，又有劳动密集型工业、服务业及其他非农产业，而且非农产业增长很快，是一种农村及城市经济行为在同一空间高密度的混合区域；城乡一体化区域内的各种用地方式高度混杂，使农产品具有便利的加工场所和消费市场，但也将造成环境的污染与破坏；城乡一体化区域内的基础设施条件较好，人流、物流频繁，城乡一体化区域跨越了行政区划界限，使其成为行政管理的"灰色区域"，与周围地区的联系极为方便。

4. 城市再生理论

城市再生是指随着城市化的推进，通过制定相关的城市政策，解决当前城市存在的问题，并对其实施政策的过程。城市再生基于空间与社会相互影响的关系，强调从空间角度入手处理城市的社会问题，以及从社会角度入手处理城市空间问题。就实行体制而言，城市再生是内、外力一起作用的结果，即强调"从上到下"和"从下到上"两种方式相结合。服务于人类的发展是城市再生的最终目标，包括城市社会职能、经济效力和物质空间三个方面的再生；就社会职能再生而言，城市再生要求通过原住居民的加入来增强居民对变革的顺应能力，进而营造包容性的社会氛围；就经济效力再生而言，城市再生强调的是改革、优化城市现有产业，使之再次充满勃勃生机（佘高红和朱晨，2009）；就物质空间再生而言，城市再生强调的是对现有社会与生态环境进行修复与发展，从而使之适应社会与经济发展的需求。

2.2　物流业发展相关理论

2.2.1　物流业的内涵与特征

1. 物流的内涵

物流是一种古老且平常的现象，自从人类有了商品交换，就有了如运输、仓储、装卸搬运等物流活动。现代物流起源于第二次世界大战期间，最初用于军事物流的配给和保障。由于每个国家引入物流的时间不同，各自对物流的理解也存在差别。随着时间的推移和经济的发展，物流的内涵不断得到丰富与拓展。关于物流的内涵，美国物流管理类协会先后多次进行界定，形成了不同定义："物流就是把完成品从生产线的终点有效地移动到消费者手里的广范围的活动，有时也包括从原材料的供给源到生产线始点的移动"；"物流是为迎合顾客需求而对原材料、半成品、产成品及相关信息从产地到消费地高效率、低成本流动和储存而进行的规划、实施和控制过程"；"物流是以对原材料、半成品及成品从产地到消费地的有效移动进行计划、实施和统管为目的而将两种或三种以上活动的集成。这些活动包括但不局限于顾客服务、需求预测、流通信息、库存管理、装卸、接受订货、零件供应并提供服务、工厂及仓库选址、采购、包装、废弃物回收处理、退货业务、搬运和运输、仓库保管等；物流是为满足消费者需求而进行的对原材料、中间库存、最终产品及相关信息从起始地到消费地的有效流动与存储的计划、实施与控制的过程。物流管理活动包括：客户服务、需求预测、交通和运输、仓储和保管、物料搬运、包装、存货控制、工厂和仓库选址、订单处理、分销联络、物料采购、零配件和技术服务支持、退货处理、废弃物和报废产品的回收处理。物流是供应链流程的一部分，是为了满足客户需求而对商品、服务及相关信息从原产地到消费地的高效率、高效益的正向和反向流动及储存进行的计划、实施与控制过程；物流是企业供应链运作中，以满足客户要求为目的，对货物、服务和相关的信息从产出地到消费者之间实现高效率低成本的正向和反向的流动与储存所进行的计划、协调、执行和控制的过程"。1981 年，日本日通综合研究所将物流定义为"把货物从供应者向需求者之间的物理位移，在这样转移的经济活动中创造了时间价值和场所价值。从物流的领域来看，包括包装、装卸、存储、库存管理、流通加工、配送和其他活动"（日本日通综合研究所，1986）。1994 年，欧洲物流协会给出的物流定义是"在一个系统内对人员或商品的运输、安排及与此相关的支持活动的计划、执行和控制，以达到特定的目的"（徐勇谋，2003）。

物流的概念被引入中国后，我国学者也展开了对物流的研究，目前比较具有代表性的物流定义有：李京文和徐寿涛（1987）提出，"物流是物质资料在生产过程中各个生产阶段之间的流动和从生产场所到消费场所之间的全部运动过程"。王加林和张蕾丽（1987）将物流定义为"物资实体的场所（或位置）转移和时间占用，即物资实体的物理移动过程（有形的与无形的）。狭义地讲，物流包括从生产企业内部原材料、协作件的采购开始，经过生产制造过程中半成品的存放、装卸、搬运和成品包装，到流通部门或直达客户后的入库验收、分类、储存、保管、配送，最后送达顾客手中的全过程，以及贯穿于物流全过程的信息传递和顾客服务工作的各种机能的整合"。王之泰（1995）提出，物流是"按用户要求，将物的实体从供给地向需要地转移的过程，这过程涉及运输、储存、保管、搬运、装卸、货物处置和拣选、包装、流通加工、信息处理等许多相关活动"。何明坷（1997）认为，物流是"物质实体从供应者向需要者的物理性转移，它由一系列创造时间和空间效用的经济活动组成，包括运输（配送）、保管、包装、装卸、流通加工及物流信息处理等多项基本活动，是这些活动的统一"。吴清一（2000）指出，物流是"实物从供给方向需求方的转移，这种转移既要通过运输或搬运来解决空间位置的变化，又要通过储存保管来调节双方在时间节奏方面的差别"。宋华（2000）认为，物流是"为了实现顾客满意，连接供给主体和需求主体，克服空间和时间阻碍的有效、快速的商品、服务流动经济活动过程"。我国国家标准《物流术语》

（GB/T 18354—2006）将物流定义为"物品从供应地向接收地的实体流动过程。根据实际需要，将运输、储存、装卸、搬运、包装、流通加工、配送、回收、信息处理等基本功能实施有机结合"。

2. 物流业的内涵

物流业，又称为物流业，是物流发展到一定阶段和社会化分工不断深化的产物。目前，国内外学者对于物流业的概念还未达成一致的意见，不同的学者和机构对物流业的概念有着不同的观点。关于物流业的典型定义有：美国物流协会指出"物流业包括上游供货业、运输代理业、铁路行业、物流咨询行业、水运行业、航空业、海运业、小包裹运输业、仓储业、港口业、第三方物流业、多式联运业、包装业等"（Smith，1991）。王国华（2004）将物流业定义为"以公路、铁路、航空、水路等为基础，商业批发零售、工业生产、综合物流企业、第三方仓储运输等为完成货物位置的改变而形成的产业"。李学工（2003）将物流业定义为"以专门从事将商品或服务由起始地到消费地发生空间位移，对其进行高效率与高效益流动及储存为经营（活动）内容的营利性事业组织的集群"。丁俊发（2005）指出，"物流业是物流资源产业化而形成的一种复合型或聚合型行业，其中，物流资源包括运输、仓储、装卸、搬运、流通加工、配送、信息平台等，从而形成了运输业、仓储业，装卸业、包装业、加工配送业、物流信息业等物流业态。这些物流业态的资源分散在我国的制造业、农业等相关领域"。史金虎（2008）认为，"物流业是包括配送、流通加工包装等行业在内，并且具有新型服务、科学技术交通运输、信息、仓储、运卸搬运现代管理特征的产业形态"。田青等（2010）认为，"物流业指的是专门从事将商品或服务由起始地到消费地发生空间移动，对其进行高效率、低成本、高效益流动及储存为经营（活动）内容的以营利为目的的事业组织的集群。物流业包括交通运输业、邮电通信业、国内国外贸易业、物资供销业及仓储业等"。赵莉（2013）指出"物流业是由专门提供物流服务的企业所构成的集合，在产业融合的基础上，将运输、仓储、装卸、加工、整理、配送、信息等方面有机结合，形成完整的供应链，为用户提供多功能、一体化的综合性服务的新型跨行业、跨部门、跨区域、渗透性强的复合型产业。具体包括：铁路运输、道路运输、水上运输、装卸搬运及其他运输服务业、仓储业、批发业、零售业"。

从以上内涵可知，物流业是将产业化的物流业态资源加以整合而形成一种新兴的服务业，是以各类物流企业为主体的综合经济业态。物流业是产业体系中最特殊的一个产业，它本身既是一个独立的重要产业，又是所有其他产业发展的基础和保障（杨莉群，2015）。首先，物流业是一个由铁路运输、公路运输、航空货运、仓储、装卸、搬运等行业共同构成的独立产业，它采用专门的设备、作业工具、处理流程，通过提供专业的物流服务而获得收入，属于第三产业中的一个具体组成部分。在当前经济全球化和信息技术化的推动下，现代物流业已发展成为以现代科技、现代管理理念和信息技术为支撑的综合性服务行业，并将逐步发展成为对社会经济发展有突出贡献的重要支柱产业。其次，物流业又是一个为整个区域其他产业服务的基础性产业，物流业会渗透到第一、第二、第三产业中去，特别是制造业和服务业，为它们降低流通成本、提高流通效率、提供便捷的服务支持，从而最终提升该区域所有产业的整体竞争力；公路、铁路、机场等物流基础设施的建设，可提升整个地区的产业发展环境、扩大区域的影响力。

3. 物流业的特征

1）物流业的复合型特征

物流业是服务业中的新兴产业，是社会、经济及技术水平发展到一定阶段的产物。物流业在现代社会经济发展中具有独特的产业特征，这是其他产业无法比拟和代替的。物流业的复合型特征主要体现在以下三个方面。

（1）物流业是各种物流的服务方式之间的融合。物流业是运输业、仓储业、货代业、信息业、包装业及物流金融等服务方式与相关的产业密切联系，是多个环节综合管理运作的一种服务方式。

（2）物流业是与服务对象之间的融合。物流业正在向供应链物流的方向迈进，物流业通过供应链一体化发展模式与制造业、流通业等不同业态之间建立了非常紧密的联系，因此是一种与服务对象形成供应链物流系统的新型产业，其复合型特征应包括与服务对象之间的融合。

（3）物流业是管理与政策之间的融合。物流业的发展不是单个部门就能完成的，需要多部门协同响应。为更好地创造物流业发展所需要的环境和条件，实现管理手段和管理方法的变革（这种变革主要解决政府之间的协调问题，这种协调也称为融合），就必须依靠良好的政府管理与政策环境的融合服务。

基于这种高度的融合，从物流运作本身的角度来看，物流业是一体化的管理，是将运输、仓储、配送及相关的信息管理作为一个系统进行综合控制与协调，以达到资源共享并在更高的水平上获取更大的企业效益和社会效益。

2）物流业的发展特征

物流业作为我国国民经济的支柱产业和重要的现代服务业，得到越来越广泛的重视与应用，伴随着经济全球化进程的不断加快，现代物流业正在朝着信息化、标准化、集成化、绿色化等方向发展（段然，2016）。

（1）信息化。信息管理是现代物流业发展的技术支撑，也是物流业发展的必然要求。物流业的信息化是指物流企业利用现代信息技术对物流活动中的信息进行查询、识别、跟踪、采集、分类、传递、录入、汇总等一系列处理活动，旨在为物流服务提供更快捷方便的有效支持，以及实现对物流活动的控制，以此降低物流成本，提高物流服务效率和效益。

（2）标准化。物流业的标准化是指将物流作为一个大的系统，拟订系统内运输、包装、仓储等各个分领域的工作标准；拟订各个分系统内专用器具、机械设施、内部装备等的技术标准；研究系统中各部分的工作标准与技术标准的协同性，再根据协同性的需求统一物流系统标准；研究物流系统与其他关联系统的协同性，最终实现物流大系统的标准统一。

（3）集成化。现代物流业不仅能提供单一的运输活动，还可以提供信息处理、流通加工、包装等一系列专业化物流服务，实现了物流服务各个环节的有效对接及与产品制造企业供应链的高度耦合，从而减少物流成本，提升物流效率。

（4）绿色化。物流业的绿色化是指在物流服务中，运用先进的管理手段与物流技术，抑制物流活动对环境造成危害，实现对物流环境的净化，使物流资源得到最大限度的优化配置，包括物流管理过程与物流作业环节的绿色化，最终实现可持续性发展。

2.2.2　物流业的作用

1. 集成物流活动

无论是企业内部的物流管理、物流外包，还是物流企业开展的物流服务，都是将原材料采购、半成品及产成品的库存管理、运输、仓储、配送、包装等物流活动进行科学合理的集成，实现一体化运作与管理。而集成的动力来自对成本、效率与服务目标的追求（汪鸣，2009）。换句话说，为了通过物流管理来控制成本，进而达到提高效益和创新服务的目标，必须完成物流各项活动之间的集成，没有这种集成，很难产生规模化效应下低成本的服务目标。

2. 整合物流资源

物流活动的集成有利于对相关物流资源（仓库、运输设施、装备、人力、信息、资金等）在不同企业、不同地区及不同经济活动之间重新整合，以优化企业对资源的管理和控制，节约资源，提高资源利用效率。

3. 提供信息服务

物流业的作用还在于及时为经济发展和企业活动提供最新信息。现代物流是以信息化手段为支撑的系统，物流的信息化特征及对各种物流活动进行系统管理的特点，使之可以在第一时间提供原材料、半成品及产成品各个环节、各种状态下的相关信息，为企业根据市场需求进行生产计划制订、存量管理、市场开发等方面的决策提供信息支持和服务，使企业可以按照物流在各活动环节体现出来的信息，在生产和流通过程中进行及时、精确的配送服务。

4. 实现资本增值

物流通过降低企业综合物流成本、实现存货合理控制、优化资金流等途径，实现节约企业经营成本进而创造更高价值的资本增值活动。也可以通过物流在更大范围内生产销售产品、提高资本回报水平而实现资本增值。这是发展物流的终极目标。

2.2.3 物流业发展学说

随着物流的逐步发展和完善，国内外关于物流的学说不断涌现，这些先进的理论学说不断促进物流业向前发展。根据思想流派和研究视角的不同，物流理论学说可以归纳为以下七个方面（舒辉，2005；邵扬，2009；李瑞君，2014）。

1. 物流成本中心说

物流成本中心说认为，在整个企业发展战略中，物流只对企业营销活动的成本产生影响，是企业成本的重要组成部分。因此，解决物流问题的重点并不在于物流的合理化和现代化，而应该是通过物流管理的方式来控制和降低成本。物流成本中心说意味着物流既是主要的成本产生点，又是降低成本的关注点。物流成本中心说引起了人们对物流成本的关注，推动了企业物流的发展。但是，它过分地强调了物流的成本机理，认为改进物流的目标就是降低成本，使物流在企业发展战略中的主体地位无法得到认可，进而限制了物流本身的进一步发展。

2. 物流利润中心说

通常，物质资源的节约（依靠技术进步降低原材料的消耗）被称为"第一利润源泉"，劳动消耗的降低（依靠技术革新提高劳动生产率）被称为"第二利润源泉"。20 世纪中期以后，由于受科技发展和管理水平等客观条件的限制，依靠廉价原材料和劳动力两个利润源泉的发掘潜力已经越来越小。这种情况下，人们将注意力转移到物流领域，强调要实现物流合理化和节约流通费用。物流合理化主要强调的是改变以往将物流作为商品蓄水池的观念，提出将物流领域看作是降低成本、增加利润的新源泉，这就是物流利润中心说的理论基础，即"物流到目前为止并没有进入管理范畴，从而成为流通过程的'黑暗大陆'，阻碍因素很多。只有取出这些阻碍因素，才能实现成本降低，为利益增加做出贡献"。与物流成本中心说不同，物流利润中心说是对物流价值或物流职能的理论评价，可以从另一个侧面反映出当时人们重视物流管理、深化物流理论研究的实际情况。但是，物流利润中心说过分强调物流的获利能力，忽视了物流对经济的基础作用，会造成公共的物流基础设施滞后，从而阻碍物流的进一步发展。

3. 物流服务中心说

物流服务中心说认为，物流活动的最大作用不在于为企业节约成本或增加利润，而在于提高企业对顾客的服务水平。物流服务中心说主要强调物流的服务保障功能，借助于物流的服务保障功能，企业可以通过整体能力的增强来压缩企业生产经营总成本，拓展企业的获利空间，增加企业的利润；顾客服务是发展物流战略的关键要素，当物流活动发展到顾客合作的程度时，就能以增值服务的形式开发更高水准的服务。物流服务中心说过分强调了物流的服务水平，忽略物流成本，企业的可持续发展应兼顾服务与成本，达到服务和成本的最优，才能提高企业的核心竞争力。

4. 物流效益背反说

物流效益背反说指出，物流的若干功能要素之间存在着交互损益的矛盾，即物流系统中的某一个功能要素的优化和利益发生的同时，必然存在系统中的另一个或另几个功能要素的利益损失。比如，运输成本与库存成本；包装成本与运输成本、库存成本之间均存在"效益背反"现象。这种此涨彼消、此盈彼亏的现象往往导致整个物流系统效率的低下，最终损害物流系统功能要素的利益。物流效益背反说提出之后，物流科学开始向着认识物流功能要素、寻求解决和克服物流各功能要素"效益背反"现象的方向发展。在系统科学已普及其他领域的时代，科学的思维促使人们寻求物流的总体最优化。人们不仅可以将物流系统细分为运输、储存、包装、装卸搬运、流通加工、物流信息处理等若干功能要素，还可以将这些功能要素的有机联系寻找出来，作为一个整体来认识，进而有效解决"效益背反"现象，追求总体的发展效果。

5. 物流战略中心说

物流战略中心说是当前非常盛行的一种说法，这一学说将物流提升到了相当高的位置，认为物流是企业发展的战略而不是一项具体操作性任务，物流会影响企业总体的生存与发展，而不是哪一个或哪几个环节，节省了多少费用的问题，应该站在战略的高度看待物流对企业长期发展所带来的深远影响。将物流与企业的生存和发展直接联系起来，对促进物流的发展具有十分重要的意义。物流的战略整合是一个企业成功的基础，为实现领先优势，管理重点应该从预估为基础转移到以反应为基础的运作理念。领先优势的地位成就通常意味着一个公司能够同时使用各种物流战略去满足特定主要客户的要求。

6. 供应链学说

供应链学说的研究具有多样性，不同的学者从不同角度进行了研究。从流通企业发展和物流运动的组织形式、组织模式等角度来看，供应链学说主要形成了三种观点：①供应链管理是物流管理的超集。其思想的出发点是整条供应链上所有企业总成本最低，运用系统论的观点对链中所有企业的物流活动进行管理与优化（王岳峰和谢如鹤，2002）。②供应链物流。供应链物流以用户满意度最大化为目标，以供应链一体化为基础，进行充分及时的信息共享，通过及时快速地响应市场需求来达到减少不必要的物流活动，降低库存从而降低成本，实现用户的价值对应。同时，提出了供应链管理架构的三个要点：基于原材料供应商、生产商、销售商和顾客的供应链体系；信息的及时共享；生产对需求的快速响应（姚跃光等，2003）。③物流是供应链管理的一部分。物流管理与供应链管理是不同层次的企业经营管理理念。供应链管理是企业的生产和营销组织方式，而物流管理则是为企业的生产和营销提供支持服务的。企业可以有物流管理而没有供应链管理，但只要企业采取供应链管理方式来组织生产和营销，就一定要有物流管理的支持（王佐，2003）。

7. 绿色物流学说

绿色物流学说是一种新兴物流学说，以可持续发展、生态经济学、生态伦理学和循环经济等理论为基础。绿色物流学说认为，物流系统与外界环境之间存在密切关系，是生态系统与经济系统的重要联系纽带。一个完整的物流系统横跨生产、分配、消费三大领域，为了更好地协调这三大领域，绿色物流要克服物流研究中的"阻塞"现象，即将原来开环型物质单向流动模式（资源—产品—废气物排放）改变为闭环型物质流动系统（资源—产品—再生资源），从而出现了逆向物流，即在废弃物回收利用过程中产生的物流活动。尽管绿色物流学说的理念非常新颖，但是，这方面的研究进展不是很大，仅局限于物流系统某些环节的单项技术，缺乏整体思想的指导。

2.3　区域物流相关理论

2.3.1　区域物流的内涵与特征

1. 区域物流的内涵

区域物流是一个经济区域中的物流，服务于本区域的经济发展。相比于国内物流与国际物流，区域物流的作用范围更小，是在一定的区域范围内，以核心经济区域为中心，以该区域一定的经济规模和经济发达程度为基础，根据该区域物流服务的有效范围，将区域中或区域外的物品从供应地向接收地的运输过程。由于每个区域的经济发展速度、发达程度不同，每个地区的区域物流均有其各自的特点。

从行政区划看，区域物流是在区域范围内从事的物流活动，主要研究的是物流与区域经济发展的关系。区域物流是区域规划与管理的重要内容，是区域功能得以发挥的有力支柱，是区域资源合理配置与有效利用的基础。区域物流的任务是为该区域中的零售商、工商企业和家庭，以区域可以承受的方式，经济高效地进行物资供应和废弃物清理，以减轻区域的交通和环境负担。同时，区域物流是一个很大的系统，其发展已不局限于个别的单一产业，而是与区域内其他系统之间存在广泛的联系和较强的相互影响关系。

从区域物流所涉及的服务范围看，随着区域经济实力的提高及其对周边区域影响能力(辐射能力)的逐步增强，区域物流逐渐突破了"区域"的地理和行政区划局限性，服务于整个经济协作区域。尽管经济区域和行政区域可能出现某种重合或一致，但经济区域不像行政区域划分有明确具体的界限，经济区域的界限是模糊的，是一条过渡带，并随着离中心区域距离的远近存在明显的辐射级差特点，这形成了物流系统在区域上的开放性和同一性。

2. 区域物流的特征

区域物流是物流按照地域划分的一种类型，也是供应链的一种特殊表现形式，贯穿于生产、消费和流通三大领域。在区域物流流通的过程中，除了物流活动外，还伴随着大量的信息流，并且通常具有涉及领域范围广、资金数目大、参与人员多等特点。从地域角度，区域物流指的是地区物流、地方物流，其具有以下特征（阮俊虎，2010）。

1）空间资源分布的差异性

空间资源分布的差异是形成区域物流的经济基础。空间资源包括自然资源和社会资源，其中，自然资源涉及土地、山脉、河流、湖泊、海洋、森林、矿产、耕地、水源、光照、风雨、雷电等，不是人力所能轻易改变的；而社会资源包括劳动力、资金、科技教育、各种知识、经营管理、专门人才、工艺技能、文化习俗、风土人情甚至思想观念等，是在长期历史过程中形成的，各自都有自身的特征，不同区域都存在由特定的自然资源和社会资源所构成的空间资源。任何一个国家或地区的空间资源分布都不可能完全相同，因此在现实生活中，区域物流表现出巨大的差异性和多样性。此外，在一个物流区域内部，空间资源分布也是有差异的，但总体上是相同的。

2）物流发展程度的差异性

物流发展程度的差异性是划分物流区域的重要标准。物流服务水平的高低与社会经济发展程度相适应，因此，物流区域的划分主要根据经济发展程度来确定，而经济发展程度主要依据国内生产总值、人均国内生产总值、财政收入、固定资产投资规模、社会消费水平、劳动生产率等经济指标。在现实经济生活中，经济发展程度相差悬殊的地区将形成各自不同的物流区域，即在一个物流区域内部，物流在不同地方的发展程度是相近的，而不同物流区域的物流发展程度往往差距很大。物流发展程度与空间资源分布状况联系紧密，丰富的自然资源是物流得以发展的必要条件，而充足的社会资源则是提高物流发展程度的经济基础。

3）物流利益的相对独立性

区域物流尤其是地区物流、地方物流，作为区域经济大系统的子系统，都是相对独立的经济利益主体，每个区域和地区都有其自身的经济利益。区域物流的形成与物流水平的提高是区域或地区经济利益的反映，因此，区域或地区之间的物流竞争是合理的，符合市场经济发展要求，有利于提高整个国民经济发展水平，应当受到鼓励、保护和正确引导。但在一国之内，区域物流应当接受国家宏观调控，相互之间的支持帮助也是必要的。即使经济发达地区，长期以来也得到了经济落后地区在自然资源、劳动力、资金等多方面的帮助，其发展起来之后对落后地区的支持和帮助也是义不容辞的；另外，经济发达地区发展到一定水平后，在市场经济规律的作用下，也会产生生产要素由发达地区向相对落后地区流动的需要。只有这样，才能实现区域经济的共同、协调与可持续发展。

4）物流系统的完整性

在当今信息时代，区域物流内部由于自然资源基础和社会资源现实的不同，都形成了自身的物流系统，而且具有一定的完整性。每一个区域物流都追求区域内各种物流活动结构上的合理组合与功能上的互补配套，对区域内外资源进行调剂余缺、优化配置，从而推动区域整体物流的增长与发展，产生任何单一经济组织都无法取得的物流效果。因此，尽管不同区域物流系统内涵和完整性有所不同，区域物流实际上是由区域内各种物流活动相互联系、相互制约而形成的具有自身结构和功能特色的物流系统。也就是说，有的区域物流系统完整性可能高一些，有的区域物流系统完整性可能低一些，但都有一定的物流系统。

2.3.2　区域物流发展的影响因素

区域物流在发展过程中会受到多种因素的共同影响，根据相关文献，影响区域物流发展的因素可划分为内在影响因素和外在影响因素，其中，内在影响因素是指区域物流发展的内部环境，包括供给因素和需求因素；外在影响因素是指区域物流发展的外部环境，包括地理位置与资源分布、政府调控、城市化率和市场开放度（王健和刘荷，2014）。

1. 内在影响因素

1）供给因素

物流供给决定了物流业的建立与运行状况，反映了区域提供物流服务的能力。从物流服务供应链的角度来看，物流供给主要包括物流平台服务供给和物流运作服务供给（王之泰，2009）。物流平台服务的供给方是各类交通运输线路和物流节点等单位，各类物流平台构成区域物流网络，布局合理的物流网络对于区域物流发展的作用在于为相关企业提供相应的物流设施设备和信息服务，支撑区域物流过程中的各项作业，减少物流活动的障碍，降低物流成本，从而提高区域物流活动的效率、促进区域物流业的发展。物流网络相对完善的区域，物流活动的空间联系更为密切，区位优势明显（彭永芳等，2011）。优良的物流网络建设是实现物流主要功能的保障，而物流网络密度是对物流网络的量化，能够反映一个区域物质实体的通路状况（张建升，2011），物流网络密度越高的区域，其物流业发展水平越高。

物流运作服务的供给方是各类物流企业，以物质资本和人力资本为主的生产要素投入则是影响其发展状况和供给服务水平的关键因素，从而影响区域物流业的发展。区域社会经济和人民生活水平的提高将导致客户对物流企业服务的要求进一步提高，现有的生产要素可能无法满足区域物流业的长远发展，物流企业需要适当的生产要素投入，以适应市场需求。因此，生产要素投入将会影响区域物流业的发展潜力，只有适当的资本投入和人才储备才能推动区域物流业持续稳定的发展。

2）需求因素

物流市场需求由社会经济活动在物流各环节产生的有支付能力的需要构成，并通过各种物流需求量反映出来（高秀丽等，2012），物流市场需求的数量和结构均会对物流业发展产生影响。区域物流市场需求数量决定了区域物流发展规模，与区域经济发展密切相关。区域经济发展水平的提高一方面可以促进企业扩大生产规模、提高专业化程度、加速社会分工的细化和深化、促使企业将非核心的物流业务外包；另一方面，区域经济的发展也可以通过提高居民收入水平影响居民消费，居民消费的增长带动企业生产，从而产生更多的社会物流需求。因此，区域经济发展能够正向影响区域物流业的发展。

当区域物流需求增长到一定阶段，其结构也会发生变化，这与区域产业结构变化密切相关。随着区域第二、第三产业占社会经济比重的提高，市场对物流增值服务的需求大大增加，对物流服务的要求是保证物流服务质量和效率并且提供多样化的物流服务，这将加剧区域物流业的竞争，提高对物流设施设备的要求，促使物流服务供给方转变服务方式和内容，并加强服务的个性化、准确性和及时性。物流需求也将呈现专业化和综合化特点，产业结构的变化、调整能够促使物流业的发展更加合理化。

2. 外在影响因素

1）地理位置与资源分布

区域物流受地理位置、资源分布等因素的影响相对较大。在我国，各种能源和其他自然资源的分布不甚均衡，多数自然资源分布在生产力相对较低的东北、西北、西南等地区，这些地区的物流发展较快，而人口众多、生产水平较高的中部和沿海地区的资源相对贫乏，区域物流发展相对较慢。

2）政府调控

物流业在我国还处于成长阶段，市场机制存在一定的缺陷，政府的作用尤为重要。物流业发展所需的基础设施建设具备较强的公共性，私人企业难以参与，物流活动的外部不经济降低了市场资源配置的效率、产生负向外部效应，我国物流企业存在过度竞争等问题，这些都有赖于政府部门的调控。现代物流业成为我国战略性新兴产业之一，许多省市都将物流业列为地区经济发展的支柱产业，并且在土地使用、税收税率等方面也给予优惠的政策支持，无形中促进了区域物流的发展。因此，区域物流政策是影响一个地区物流发展的重要因素。

3）城市化率

城市化是劳动力和资本空间集聚的过程，城市化率的提高对于促进区域物流网络系统的优化、物流资源整合、成本的降低和效率的提高都有非常重要的作用。

4）市场开放度

市场开放度越高，越有利于市场竞争，从而迫使越来越多的企业将有限的资源集中于自己的核心竞争力，将非核心的物流业务从企业剥离出来，外包给专业的物流企业，从而实现资源的整合，这有利于物流企业的发展和区域物流水平的提高。

2.3.3　区域物流发展理论

区域物流发展理论主要包括区域物流可持续发展理论、产业经济理论和区域物流系统理论（田慧丽，2014）。

1. 区域物流可持续发展理论

区域物流可持续发展理论涉及两个方面：一是可持续发展；二是绿色物流管

理。区域物流可持续发展的总体目标以考虑环境、资源容量为前提条件，促进区域物流本身的发展，以更好地为社会经济发展提供支持与保证，具体体现在社会发展、经济发展、环境保护和资源利用等四个方面。绿色物流是以降低环境污染、减少资源消耗为主要目标，绿色物流管理的实现需要从政府政策、物流企业经营战略和供应链协同三方面开展。

2. 产业经济理论

产业经济理论包括区域经济发展的相关理论、产业集聚理论和产业布局理论。产业集聚理论指出，集聚能够产生集聚效应，进而增强经济活动的空间集中趋势，最终形成因果式的集聚动力。产业布局理论指出，产业布局从静态上表现为各要素、各部门在空间上的分布态势和地域上的组合形式；从动态上则表现为各种资源、要素及企业部门为寻求最佳区位而在空间地域上的流动、转移或重新配置及再配置的过程。成本均衡问题是现代产业布局应考虑的实质问题。现代区位理论认为，产业布局选择应遵循成本最低、市场份额最少、聚焦效应三个标准。

3. 区域物流系统理论

区域物流系统理论主要从系统分析的角度出发，将区域物流活动看作一个有机整体，为了实现某些特定目标，由构成系统的具有不同结构、功能的子系统相互合作、相互影响而形成的复合系统。区域物流系统理论的研究重点是将系统内各要素与环节相结合，通过功能之间的衔接，实现区域物流系统整体最优目标的过程。区域物流系统理论指出，在区域范围内，节点企业内部与企业之间的物流设施、资源、活动及与此相关的人员、流程、信息、技术构成一个有机整体，共同运作实现物流功能。区域物流系统的构成要素包括流动要素、功能要素、网络要素等实体要素，以及客户资源、能力资源、信息资源等资源要素。区域物流系统可以实现物流处理功能，衔接功能，信息的处理、收集和传递及整合功能。

2.4　新型城镇化建设与物流业发展的关系

新型城镇化建设与物流业发展具有相互影响、相互促进的关系，即新型城镇化建设为物流业的发展提供了保障，而物流业的发展反过来又推进了新型城镇化建设的进程。

2.4.1　新型城镇化建设对物流业发展的保障作用

新型城镇化建设水平与物流业发展相辅相成、相互依存、相互促进，新型城镇化建设水平的提高，能够带来经济社会的全面发展，进而产生大量的物流需求，为物流业的发展提供良好的发展条件。反之，当新型城镇化建设处于较低水平时，经济社会各方面的发展也处于相对较低的水平，各种行业和人们的消费水平也相对较低，因此产生的物流需求也较低，从而不利于物流业的发展和提高。通常，新型城镇化建设能够从经济发展水平、基础设施建设水平、土地规划、交通运输管理和信息技术发展等方面保障物流业的发展（丁俊发，2014）。

1. 经济发展水平

新型城镇化建设过程中，一方面，农村人口大量转移到城市，产生人口的集聚效应，随着城镇人口的增多，人们的消费总额也会增加，会产生大量的生活性物流服务需求；另一方面，新型城镇化建设往往伴随着工业化的发展，在新型城镇化建设过程中，也会带来工商业、制造业等行业的发展，从而带来产业的集群效应，这一过程会产生很大的生产性物流服务的需求。以上两方面将会极大地促进物流业的发展（魏洪茂，2014）。

2. 基础设施建设水平

物流业的基础设施是指实施物流活动所需要的各种场所和基础设施。运输、仓储及配送需要铁路、公路、机场等有关运输的基础设施、物流中心和配送中心等场所。还有贯穿在这一过程中的物流管理及信息服务也需要相应的专业人才及通信网络等基础设施。新型城镇化建设过程中，会投入大量的资金进行公路、铁路、机场、通信网络等基础设施的建设以保证城市、城镇和乡村之间交通的便捷性。而当前农村物流的发展是物流业发展的一个非常好的方向。此外，新型城镇化建设过程中，政府也会投入大量资金到教育上，这也将有利于物流专业人才的输出（梁雯和王媛媛，2014）。

3. 土地规划

目前，我国的城镇化率远远低于美国等发达国家。随着新型城镇化建设的不断深入，一方面大量的农村人口转移到城镇，会有大量的农村用地闲置；另一方面，现有的农村有可能被直接改造成城镇，其土地也会进入城市土地规划的行列。为了更有效合理地利用土地，这些闲置出来的土地势必会被重新规划。研究报告显示，近年来，物流地产业正面临着越来越严重的"拿地瓶颈"，尤其是小城市，土地价格增长的速度已高于租金增长的速度。因此，物流地产业只有进军二三线的小城市，才能寻求到发展空间。而在新型城镇化建设过程中，势必出现大量二三线的小城市，出现大量的闲置用地，这为物流业的发展提供了契机（梁雯和凌珊，2014）。

4. 交通运输管理

随着新型城镇化建设的深入，城镇人口的密度会不断增加，现有的交通运输网络和交通运输管理方式将不能满足实际需求。因此，政府将会合理规划路网密度，建设和改造现有的城镇道路，大力推广轨道交通和智能化交通管理系统。而物流业的发展在很大程度上依赖着交通运输行业，新型城镇化建设过程中交通运输行业的发展势必会对物流业的发展产生推动作用。

5. 信息技术发展

新型城镇化遵循的理念之一就是打造"智慧城市"，智慧城市的建设离不开信息技术的发展。因此，新型城镇化建设要发展信息技术、利用信息技术。随着物流业的发展，信息技术对于物流业的影响越来越大。新型城镇化建设过程中信息技术的发展和应用为"智慧物流"的发展提供了技术支撑。

2.4.2　物流业发展对新型城镇化建设的带动作用

物流业发展对新型城镇化建设的带动作用，大致可以归纳为五个方面：一是促进产业结构优化升级，带动城镇均衡发展；二是吸引产业集聚，带动城镇持续发展；三是提升生活质量，带动城镇幸福发展；四是产生经济增量，带动城镇跨越发展；五是扩大就业数量，带动城镇稳定发展。

1. 促进产业结构优化升级，带动城镇均衡发展

纵观人类社会的发展历史，社会产业结构的发展呈现以下规律：产业结构发展的重点逐步从第一产业向第二产业，再向第三产业转移，相应的劳动力也从第一产业向第二产业，再向第三产业转移；并且在对国内生产总值增长的贡献中，新兴产业产值的增长速度明显高于传统产业。第三产业在经济结构中所占的比重已成为衡量一个国家经济发展和产业结构是否合理的重要指标。随着社会化分工的不断深入和专业化的高度发展，物流业应运而生。物流业属于第三产业的范畴，在资本结构、技术结构及劳动力方面都具有高度化的特征，能够产生很大的经济增量，对国民经济增长具有很高的贡献率。物流业的发展能够促进产业在不同地域、不同层级城镇间的分工布局，进而带动城镇在地域空间上的均衡发展。按照以城市群为主体形态，东中心区域合理布局、大中小城市分工协作的新型城镇化空间发展要求，我国的制造、商贸等产业势必将在不同区域、不同层级的城镇进行逐级分工和分散布局。而不同城市资源禀赋、优势条件和环境容量大小不一，适宜发展的产业链环节各不相同，客观上造成了需要密切关联的物流业链各环节

在地域空间上的分离。因此，唯有针对各生产行业，大力培养能够提供针对性、专业化和区域化物流服务的企业，并配套建设相应的基础设施，才能促进产业结构优化升级，实现城镇均衡发展。

2. 吸引产业集聚，带动城镇持续发展

物流业的主要服务对象是制造产业和商贸产业。物流业的发展能够为制造、商贸产业发展提供良好的物流环境，吸引这些产业落户当地，进而带来城镇发展的内生动力，实现城镇发展的持续性。对单个城市而言，对产业的吸引力无非来自生产要素资源、自然环境容量、产业政策环境、产业运转条件四个方面。在土地、能源、矿产、人力等生产要素成本日益高涨，有害气体、固体废弃物处理和污水排放等自然环境约束日益严格，财政补贴、税收优惠等产业优惠政策日益规范的情况下，城镇政府唯有从创造有利于产业运转的良好条件着手，才能在扩大招商引资、吸引产业集聚方面占据有利地位。而物流条件是支撑产业高效运转最重要的基础条件之一，因此，城镇政府有必要统筹运输通道、物流节点、信息平台、企业组织、管理体制等各方面，加强城市对内、对外物流系统建设，以吸引产业集聚、增强产业支撑，确保城镇持续发展（章志刚，2006）。

3. 提升生活质量，带动城镇幸福发展

新型城镇化建设的基本原则是"以人为本"，将人的发展放在首要位置。提高全体人民的生活质量，使建设成果由全体人民共享是新型城镇化建设的终极目标。物流业能够为城镇居民提供便捷的配送服务，并相应减少交通拥堵、环境污染，进而提高城镇居民的幸福程度。对城镇居民生活而言，便捷高效和环境优良是城市生活的特点和新型城镇化追求的目标之一。便捷高效主要体现在出行、购物等日常生活的便利，城镇通过大力发展优化城市配送，既能缓解货运交通对居民出行带来的压力，又能提高居民购物的送达效率，因而是促进城市生活便捷高效的有力手段。环境优良的一个重要体现是大气、噪声等污染情况较轻微，而城市车辆尤其是货运车辆是城市大气和噪声的主要污染源之一，因此，城镇通过大力发展和优化城市配送，可有效提高城市货运车辆利用效率，进而降低车辆对城市环境的不利影响，促进城市生活环境优良。可见，城镇大力发展城市物流，对于提高居民生活质量、实现城镇幸福发展具有重要作用。

4. 产生经济增量，带动城镇跨越发展

物流业向社会提供产品和服务的同时，自身能够产生经济增量，进而扩大城镇经济总量和财政收入，带动城镇以更大的步伐跨越发展。具体到物流业发展本身，通过城镇物流业的增值活动，可以带来包括交通运输、仓储、邮政、包装、

流通加工、配送和批发等环节所在行业总产值的增加，并最终体现为城镇物流业增加值的增长。因此，物流业发展能为城镇发展带来较为可观的经济总量和财政收入，保证城镇拥有充裕的资金，实现跨越发展。

5. 扩大就业数量，带动城镇稳定发展

物流业作为服务型行业，不仅需要技术支撑，也需要大量的劳动力资源，是集技术密集型和劳动密集型于一身的第三产业。在整个物流活动过程中需要大量的劳动力和专业的技术管理人才，尤其是在实现最后一公里"末端服务"的过程中，更是需要大量的劳动力。因此，物流业能够创造大量就业岗位，扩大居民就业数量，提高居民生活水平，进而实现城镇和谐稳定发展，这是物流业本身带动城镇发展的另一个体现。新型城镇建设的一个重要目的是吸纳农业转移人员，这些人员转移至城镇后，必须在城镇获得新的工作以便维持稳定生活。而作为劳动密集型服务业的物流业，除管理等少数岗位对从业人员具有较高要求之外，运输、仓储、装卸搬运、包装、配送等大多数岗位，农业转移人员经过适当培训后即可胜任。因此，城镇通过发展物流业，可以扩大就业数量，实现城镇稳定发展。

2.5 本章小结

本章运用定性分析法全面系统地阐述了新型城镇化建设、物流业发展及区域物流的相关理论。首先，分析了新型城镇化的内涵、特征，探讨了新型城镇化建设的影响因素、内容，阐述了新型城镇化建设的基本理论，包括产业结构理论、城镇体系理论、城乡一体化理论。其次，归纳了物流业的内涵、特征及作用，论述了物流业发展的七大学说：物流成本中心说、物流利润中心说、物流服务中心说、物流效益背反说、物流战略中心说、供应链学说、绿色物流学说。再次，总结了区域物流的内涵、特征及其发展的影响因素，论述了区域物流的发展理论，包括可持续发展理论、产业经济理论和区域物流系统理论。最后，分析了新型城镇化建设与物流业发展的关系，新型城镇化建设水平与物流业发展相辅相成、相互依存、相互促进，新型城镇化建设从经济发展水平、基础设施建设水平、土地规划、交通运输管理和信息技术发展等方面保障物流业发展；而物流业发展也从五个方面带动新型城镇化的建设，包括促进产业结构优化升级，带动城镇均衡发展；吸引产业集聚，带动城镇持续发展；提升生活质量，带动城镇幸福发展；产生经济增量，带动城镇跨越发展；扩大就业数量，带动城镇稳定发展。

参 考 文 献

陈昌兵，张平，刘霞辉，等. 2009. 城市化、产业效率与经济增长[J]. 经济研究，（10）：4-21.

程开明. 2009. 城市化、技术创新与经济增长——基于创新中介效应的实证研究[J]. 统计研究, 26 (5): 40-46.

丁俊发. 2005-09-16. 正确认识物流、物流业等概念[EB/OL]. 新浪网. http://news.sina.com.cn/o/2005-09-15/183769
　　54412s.shtml.

丁俊发. 2014. 中国物流业发展的新动力新机遇新模式[J]. 中国流通经济, 28 (2): 9-15.

董哲. 2014. 河北省新型城镇化发展问题研究[D]. 石家庄: 河北师范大学硕士学位论文.

段然. 2016. 河北省物流业发展问题与对策研究[D]. 石家庄: 河北经贸大学硕士学位论文.

甘露, 马振涛. 2012-09-20. 推进新型城镇化需要体制机制创新[N]. 中国经济时报.

高秀丽, 王爱虎, 房兴超. 2012. 广东省区域物流与区域经济增长关系的实证研究[J]. 工业工程, 15 (1): 60-65.

郭荣朝. 2004. 城镇化研究综述[J]. 绥化学院学报, (1): 23-26.

何明坷. 1997. 现代物流与配送中心[M]. 北京: 北京商业出版社.

贺瑞雪. 2009. 甘肃省城镇化发展模式研究[D]. 兰州: 兰州大学硕士学位论文.

胡际权. 2005. 我国新型城镇化发展研究[D]. 重庆: 西南农业大学博士学位论文.

简新华, 刘传江. 1998. 世界城市化的发展模式[J]. 发展经济学研究, (1): 121-127.

蒋时节, 周俐, 景政基. 2009. 分类基础设施投资与城市化进程的相关性分析[J]. 城市发展研究, 16 (9): 61-64.

景春梅. 2010. 城市化、动力机制及其制度创新——基于政府行为的视角[M]. 北京: 社会科学文献出版社.

李京文, 徐寿涛. 1987. 物流学及其应用[M]. 北京: 经济科学出版社.

李瑞君. 2014. 区域物流与区域经济的联动发展——以山西为例[D]. 北京: 北京交通大学硕士学位论文.

李学工. 2003. 论物流业对国民经济的贡献[J]. 北京: 北京工商大学学报 (社会科学版), 18 (6): 1-4.

梁雯, 凌珊. 2014. 基于因子分析的合肥新型城镇化对物流业的影响研究[J]. 蚌埠学院学报, 3 (6): 57-62.

梁雯, 王媛媛. 2014. 基于 ECM 模型的安徽省新型城镇化水平对物流业发展影响研究[J]. 物流科技, 37 (9): 38-42.

刘小翠. 2007. 劳动力流动与城乡收入差距的协整分析[J]. 温州大学学报 (社会科学版), 20 (4): 70-74.

马凯. 2012. 转变城镇化发展方式提高城镇化发展质量走出一条中国特色城镇化道路[J]. 国家行政学院学报, (5):
　　4-12.

彭永芳, 温孝卿, 张会江. 2011. 京津冀地区物流业集群的影响因素与发展模式[J]. 统计与决策, (12): 65-68.

任庆焕. 2013. 河北省新型城镇化问题及发展对策研究[D]. 天津: 天津财经大学硕士学位论文.

日本日通综合研究所. 1986. 物流手册[M]. 北京: 中国物资出版社.

阮俊虎. 2010. 基于 GA-SVM 的区域物流需求预测研究[D]. 邯郸: 河北工程大学硕士学位论文.

邵扬. 2009. 物流业对中国经济增长的影响研究[D]. 长春: 吉林大学博士学位论文.

佘高红, 朱晨. 2009. 从更新到再生: 欧美内城复兴的演变和启示[J]. 城市问题, (6): 77-83.

史金虎. 2008. 常州现代物流业的发展研究[D]. 南京: 南京林业大学硕士学位论文.

舒辉. 2005. 集成化物流——理论与方法[M]. 北京: 经济管理出版社.

宋华. 2000. 现代物流与供应链管理[M]. 北京: 经济管理出版社.

田慧丽. 2014. "中三角"区域物流与区域经济的相关性及协同性研究[D]. 武汉: 湖北大学硕士学位论文.

田青, 郑力, 缪立新. 2010. 物流业经济学[M]. 南京: 南京大学出版社.

汪鸣. 2009. 物流业的产业特征与发展问题[J]. 中国流通经济, (7): 17-19.

王国华. 2004. 中国现代物流大全[M]. 北京: 中国铁道出版社.

王加林, 张蕾丽. 1987. 物流系统工程[M]. 北京: 中国物资出版社.

王健, 刘荷. 2014. 区域物流发展的影响因素研究——基于福建省的实证分析[J]. 华东经济管理, 28 (3): 22-27.

王千, 赵俊俊. 2013. 城镇化理论的演进及新型城镇化的内涵[J]. 洛阳师范学院学报, (6): 98-101.

王岳峰, 谢如鹤. 2002. 供应链管理述略[J]. 物流技术, (12): 26-27.

王之泰. 1995. 现代物流学[M]. 北京: 中国物资出版社.

王之泰. 2009. 物流供给及供给创新[J]. 物流技术与应用，14（5）：88-91.

王佐. 2003. 物流到底是什么[J]. 中国物流与采购，（3）：16-21.

魏洪茂. 2014. 城镇化对物流业发展的影响与对策[J]. 物流技术，33（12）：256-259.

吴清一. 2000. 物流基础[M]. 北京：清华大学出版社.

徐勇谋. 2003. 现代物流管理基础[M]. 北京：化学工业出版社.

杨虹，刘传江. 2000. 中国自上而下城市化与自下而上城市化制度安排比较[J]. 华中理工大学学报（社会科学版），14（2）：77-79.

杨莉群. 2015. 基于 SD 分析的吉安区域物流与经济发展关系研究[D]. 南昌：南昌大学硕士学位论文.

姚跃光，司春林，邓传伟. 2003. 物流活动效率化探讨[J]. 物流技术，（6）：8-9，13.

易鹏. 2014. 中国新路——新型城镇化路径[M]. 成都：西南财经大学出版社.

于澄. 2011. 湖北省新型城镇化的制度支撑研究[D]. 武汉：华中科技大学硕士学位论文.

张建升. 2011. 区域物流发展差异及其影响因素研究[J]. 北京交通大学学报（社会科学版），10（3）：48-53.

张雷，朱守先. 2008. 现代城市化的产业结构演进初探——中外发展研究对比[J]. 地理研究，27（4）：863-872.

张丽琴，陈烈. 2013. 新型城镇化影响因素的实证研究——以河北省为例[J]. 中央财经大学学报，1（12）：84-91.

张沛. 2009. 中国城镇化的理论与实践——西部地区发展研究与探索[M]. 南京：东南大学出版社.

章志刚. 2006. 现代物流对城市群经济协调发展的作用[J]. 上海海事大学学报，27（1）：34-40.

赵莉. 2013. 中国物流业与区域经济协调发展研究[D]. 哈尔滨：哈尔滨商业大学博士学位论文.

赵玲. 2011. 城乡统筹背景下的城镇化问题研究——以重庆市为例[D]. 昆明：云南财经大学硕士学位论文.

中华人民共和国国家标准化委员会. 2006. 物流术语（GB/T 18354—2006）[S]. 北京：中国标准出版社.

Smith P A. 1991. Logistics in Service Industries[M]. Council of Logistics Management.

第3章　河北省物流业发展与新型城镇化建设水平现状研究

本章对河北省物流业发展与新型城镇化建设水平现状进行研究，从物流业政策环境、物流运输基础设施、物流园区及物流企业、物流业规模四个方面分析河北省物流业发展现状；从城镇人口比重、城市基础设施建设、基本公共服务建设、居民收支四个方面分析河北省新型城镇化建设水平现状。

3.1　河北省物流业发展现状

3.1.1　河北省物流业政策环境发展现状

物流业的发展离不开良好的政策环境和发展氛围。在我国大力促进物流业发展指导方针的带动下，河北省政府先后出台了多个推进物流业发展的政策性文件。2011 年，河北省人民政府制定了《河北省现代物流业"十二五"发展规划》，提出了一系列针对煤炭物流、粮食物流、快递运输等主要物流运输项目的发展措施，并加强了物流园区建设，起到了对物流业发展的规划引导作用；同年，河北省人民政府印发了《关于支持现代物流业聚集区发展若干政策的通知》，对物流聚集体的土地、财政及环评等多个方面进行了规定（王立忠，2013），之后，河北省人民政府与河北省发展与改革委员会通过参考多个部门及相关专家的意见，制订了河北省物流业聚集区的布局规划，并对上报的 40 个项目进行实地考察、资料核实，将 16 个聚集地设为"河北省物流业聚集区"（邢绍华，2012）。2012 年，河北省人民政府出台了《河北省关于促进现代物流业发展的实施意见》，提出"加快建设十大园区和三十大专业物流（配送）项目，加紧培育龙头物流企业，努力完善物流基础设施，大力推进物流信息化和标准化"的发展重点。2015 年，为响应"京津冀协同发展"上升为国家重大战略这一政策、满足国家对物流业发展的需求，河北省人民政府发布了《河北省人民政府关于促进物流业加快发展的若干意见》的通知，制定了关于交通、土地、融资、税收、技术等方面的优惠措施，加大引导和扶持物流业发展的力度。为贯彻《京津冀协同发展规划纲要》文件精神，2016 年 1 月，河北省人民政府发布了《河北省国民经济和社会发展第十三个五年规划纲要》，提出"打造全国现代商贸物流重要基地，加快现代物流业、内贸流通业和商务服务业发展"的发展目标；不久，河北省人民政府又出台了《关于印发河北省建设全国现代商贸物流重要基地规划（2016—2020 年）的通知》，"全国现代商贸物流重要基地规划"的核心是服务京津、发展河北，发挥好河北省的区位交通和资源优势；发展壮大商贸物流业，尽快将其打造为新的支柱产业；初步建成智慧物流服务网络，可达到国内领先水平，甚至个别领域会达到或者是接近世界先进水平。这些政策文件的颁布为河北省现代物流业的快速发展提供了良好的政策环境。

3.1.2　河北省物流业运输基础设施发展现状

物流业运输基础设施的发展水平对于增强物流能力、提高物流效率具有重要的支撑作用。近年来，河北省政府高度重视物流业运输基础设施的建设，在多个领域投入大量的人力与物力。目前，河北省已经形成了以公路、铁路、内河、航空为主的运输体系，成为中国北方的物流交通中心，为河北省物流业的稳步发展奠定了基础。

在公路方面，河北省拥有多条主干线路，成为连接华北、华南、西南的交通枢纽，形成了"两横、两纵、三条线"格局的高速公路运输网架体系，其中，南北方向有：京沪高速、京港澳高速（京珠高速）；东西方向有：京津高速、大厂高速（京承高速）、京藏高速（京张高速、丹拉高速）、京哈高速（京沈高速）、京昆高速（石太高速）、长深高速（津唐高速）、青银高速（石太高速）；河北省境内主要有黄石高速、张石高速、唐港高速、宣大高速、荣乌高速、邢临高速、青兰高速（长邯高速）等（李书岐和李建国，2003）。

在铁路方面，河北省境内、境外的铁路运输体系已经基本完成，共有 25 条主要干线铁路线经过，形成了中国北方的物流交通中心，北京—广州、北京—上海、北京—九龙、石家庄—太原等多条铁路干线贯穿整个河北省地区。这些铁路运输干线相互交织，构成了网络状的铁路网络（张颖，2009），不仅成为河北省交通运输的骨干力量，也成为北京市联系全国各省市的重要桥梁。

在水路方面，河北省东临渤海，海岸线长 487 千米，水运系统完善，沿海港口已经初具规模，形成了以秦皇岛港、黄骅港、京唐港、曹妃甸港四大港口为主，多家小港口紧随其后的沿海区域发展格局（赵朋，2005）。秦皇岛港位于河北省东部的秦皇岛市海港区，是一个综合性的现代化港口，包括东港区、西港区和山海关港区，运输货物以煤炭、铁矿石、原油等重点物资为主，是中国最大的煤炭枢纽港、世界最大的煤炭输出港及散货港，同时还是东北、华北及西北地区的重要出海口。黄骅港位于渤海湾西岸，是河北省西南部沿海地区重要的港口，包括杂货港区、综合港区、煤炭港区和河口港区四个港区（周晓雯，2016）；黄骅港位于沧州市，是冀中南地区最经济、最便捷的港口，也是我国重要的能源输出港，货物运输主要以煤炭、钢铁、水泥等多种杂货为主。京唐港位于唐山市东南方向，处于渤海湾北岸，货物运输以煤炭、钢铁、矿石为主。曹妃甸港位于唐山市南部地区，处于中国东北、华东、西北等经济区的交汇处。虽然建港的历史较短，但曹妃甸的发展速度很快，近几年的货物吞吐量直逼河北省其他港口，可以实现大宗散货转运，货物运输以矿石、原油和煤炭为主。

在航空方面，河北省已建成了以石家庄为中心，通达香港、深圳、广州、上海等47个国内大中型城市和阿拉木图、莫斯科等国外城市的航空运输网络体系。石家庄正定国际机场是河北省的重要机场，位于河北省石家庄市正定，于1958年建成并投入使用，是河北省最大的枢纽机场。目前，石家庄正定国际机场已与国内近30个城市通航，是北京首都国际机场的主要分流和备降机场，同时也是中国北方重要的国际航空货运中转基地（刘旭龙，2015；陈兆明，2015；张家顺等，2015）。石家庄正定国际机场为4E级机场，航站楼面积为5.5万平方米，现有2条跑道，4条货运航线。

表3-1列出了2010～2015年河北省不同运输线路长度及年增长率，图3-1给出了2010～2015年河北省不同运输线路长度曲线图。由表3-1和图3-1可知，2010～2015年，河北省不同运输线路长度变化程度不同，除内河通航里程外，河北省的公路通车里程、地方铁路里程获得了较快的发展，均出现了逐年平稳增长的态势。截至2015年末，全省公路通车里程和地方铁路里程分别达到了184 553千米和2243千米，约为2010年的1.2倍和1.1倍，其中，高速公路通车里程已经达到了6333千米，约为2010年的1.5倍，实现了物流运输通道的快速建设。高速公路里程的增长速度明显快于公路通车里程、内河通航里程和地方铁路里程，其2010～2015年的增长率分别大于公路通车里程、内河通航里程和地方铁路里程的对应值，且最大年增长率达到30.38%；公路通车里程2010～2015年的增长率均为正值，最大年增长率为2013年的7.02%，最小年增长率为2010年的1.45%；地方铁路里程除2010年出现负增长外，其他年份均为正增长，增长率保持在0.11%～2.28%；2010～2015年的内河通航里程一直保持不变。

表3-1　2010～2015年河北省不同运输线路长度及年增长率

年份	运输线路及年增长率							
	公路通车里程/千米	年增长率/%	高速公路里程/千米	年增长率/%	内河通航里程/千米	年增长率/%	地方铁路里程/千米	年增长率/%
2010	154 344	1.45	4 307	30.38	286	0.00	2 124	−1.33
2011	156 965	1.70	4 756	10.44	286	0.00	2 172	2.28
2012	163 045	3.87	5 069	6.57	286	0.00	2 175	0.11

续表

年份	运输线路及年增长率							
	公路通车里程/千米	年增长率/%	高速公路里程/千米	年增长率/%	内河通航里程/千米	年增长率/%	地方铁路里程/千米	年增长率/%
2013	174 492	7.02	5 618	10.84	286	0.00	2 193	0.86
2014	179 200	2.70	5 888	4.81	286	0.00	2 212	0.85
2015	184 553	2.99	6 333	7.57	286	0.00	2 243	1.40

资料来源:《河北经济年鉴 2016》

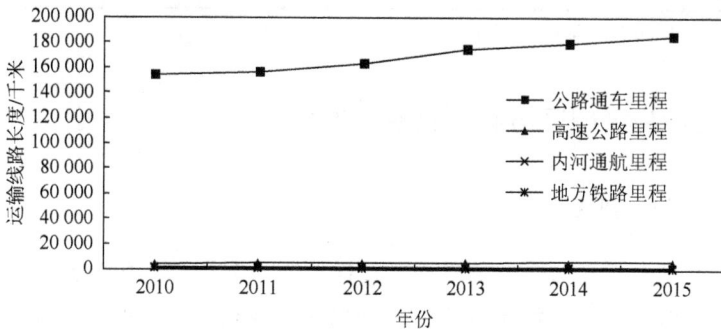

图 3-1　2010～2015 年河北省不同运输线路长度曲线图

　　表 3-2 列出了 2015 年河北省港口基础设施基本情况。由表 3-2 可知,截至 2015 年底,河北省港口的码头长度达 52 946 米,生产用码头长度 50 810 米,共拥有 238 个泊位,在投入使用的 205 个泊位中,168 个万吨级泊位全部投入使用,总设计吞吐能力为 101 638 万吨,2015 年的总货物吞吐量为 91 251 万吨,总利用率达 90%。其中,秦皇岛港的码头长度达 17 246 米,生产用码头长度为 15 928 米,拥有泊位 92 个,万吨级以上泊位 44 个,占泊位总数的近一半,投入使用的泊位 72 个,占泊位总数的四分之三以上;秦皇岛港的设计吞吐能力为 24 149 万吨,2015 年的货物吞吐量达 25 309 万吨,处于超负荷运营状态。黄骅港的码头长度为 9268 米,生产用码头长度为 8761 米,在 47 个泊位中,有 36 个泊位投入使用,占泊位总数的四分之三以上,拥有的 30 个万吨级以上泊位全部投入使用,占泊位总数的一半以上。黄骅港的设计吞吐能力为 23 520 万吨,2015 年的货物吞吐量为 16 658 万吨,利用率为 71%。京唐港的码头长度为 9766 米,生产用码头长度为 9455 米,拥有的 40 个泊位中,投入使用的有 38 个,占泊位总数的九成以上,35 个万吨级以上泊位全部投入使用;京唐港的设计吞吐能力为 15 425 万吨,2015 年的货物吞吐量为 23 298 万吨,处于超负荷运营状态。曹妃甸港的码头长度为 16 666 米且全部投入生产,拥有的 59 个泊位均在万吨级以上,而且全部投入使用;曹妃甸港的设计吞吐能力为 38 544 万吨,2015 年的货物吞吐量为 25 987 万吨,利用率为 67%。

表 3-2　2015 年河北省港口基础设施基本情况

港口名称	合计			生产用			设计吞吐能力/万吨	货物吞吐量/万吨
	码头长度/米	泊位个数/个	万吨级	码头长度/米	泊位个数/个	万吨级		
秦皇岛港	17 246	92	44	15 928	72	44	24 149	25 309
黄骅港	9 268	47	30	8 761	36	30	23 520	16 658
京唐港	9 766	40	35	9 455	38	35	15 425	23 298
曹妃甸港	16 666	59	59	16 666	59	59	38 544	25 987
总计	52 946	238	168	50 810	205	168	101 638	91 251

资料来源:《河北经济年鉴 2016》

3.1.3　河北省物流园区与物流企业发展现状

1. 河北省物流园区发展现状

物流园区是一个涵盖了运输中心、仓储中心、配送中心等物流节点的大规模集成型物流节点，是各种物流设施和大型物流企业聚集的场所。物流园区的建设有助于缓解交通堵塞、提高物流企业集中度、加强物流企业之间的合作与交流。迄今，河北省已形成了与地区经济发展相适应的"物流枢纽—物流园区—专业物流（配送）项目"多层次、广覆盖的现代物流布局体系，形成了五大物流枢纽城市和十大物流园区，并完成了三十大专业物流（配送）项目的建设。五大物流枢纽城市有石家庄、唐山、廊坊、邯郸和张家口。十大物流园区包括：河北省邮政物流园区、河北省交流物流园区、石家庄国际物流园区、石家庄航空物流园区、唐山港能源原材料物流园区、唐山综合物流园区、廊坊开发区综合物流园区、黄骅港国际物流园区、邯郸综合物流园区、秦皇岛综合物流园区。三十大专业物流（配送）项目包括：唐山曹妃甸能源原材料物流项目、唐山港钢铁物流项目、石家庄内陆港物流项目、河北中储物流项目、黄骅港液体化学品物流项目、邯郸钢铁物流项目、石家庄四药自动化物流项目、保定长城汽车物流项目、邢台好望角国际物流项目、衡水祥运工贸物流项目、肃宁大宗生产材料物流项目、承德四海物流配送项目、张家口黄金岛物流项目、保定农业生产资料物流项目、永清里澜城物流项目、石家庄商业物流项目、石家庄国大医药物流园项目、河北保龙仓物流配送扩建项目、河北好日子商业连锁网络项目、唐山冀东物贸汽车物流项目、保定白沟物流项目、唐山北方物流中央项目、秦皇岛金海粮油物流项目、邢台华龙食品物流项目、三河汇福粮油物流项目、邯郸鼎嘉新型建材物流项目、邯郸大地长青农产品物流配送项目、廊坊绿龙无公害果菜配送项目、承德怡达农副产品配送项目、张家口绿色食物物流项目。

2. 河北省物流企业发展现状

河北省现代物流服务产业链已经基本形成，专业化物流企业初具规模。目前，河北省拥有物流企业 4000 多家，其中，45 家物流企业达到国家 A 级标准，4A 级和 5A 级物流企业超过半数。这些物流企业主要分为两类（段淏泽，2015）：一类是物流业与生产制造业结合，大多数是仓储型物流企业，为企业提供物流配送、运输、装卸等业务；另一类是生活性商贸型物流企业，这一类物流企业主要提供自动化、信息化、一体化的物流服务，利用若干配送中心和分拨中心进行货物流通。河北省的物流企业大部分集中于石家庄、保定、廊坊、张家口等地级市，县级及以下地区偏少，并且多数物流企业规模偏小，服务态度较差，服务类型较少，且管理人员缺乏必要的物流认识，经营较为粗放，物流配套设施差，缺乏竞争力，难以形成完整的物流供应链。近些年来，河北省大型工商企业加快了物流业务剥离，传统物流企业加大功能整合与服务延伸，涌现出一批如开滦国际物流、冀中能源国际物流、唐山远大集团、沧州运输集团、邯郸万合集团、河北港口集团等一批全国物流百强企业。

3.1.4 河北省物流业规模发展现状

1. 货运量与货物周转量

货运量与货物周转量一定程度上反映了物流业发展的绩效，与物流业发展水平呈正比关系。表 3-3 列出了 2010～2015 年河北省不同货运方式的货运量及比重，图 3-2 给出了 2010～2015 年河北省不同货运方式的货运量比重曲线图。由表 3-3 和图 3-2 可知，河北省 2010～2015 年的货运总量出现先递增后下降的变化趋势，从 2010 年的 177 310 万吨增长为 2013 年的 277 840 万吨后，在 2014 年和 2015 年出现连续下降的趋势，2015 年的货运总量为 199 192 万吨，相比于 2014 年的 238 749 万吨下降了 39 557 万吨。在五种货运方式中，公路运输在河北省物流业发展中占据重要地位，2010～2015 年，货运总量中的 70%以上都是由公路运输完成的，2015 年公路运输更是完成了 175 637 万吨的货运量，占当年货运总量比重的 88.175%；其次是铁路运输，铁路运输货运量在 2010～2015 年处于整体下滑的态势，到 2015 年，铁路运输货运量为 17 843 万吨，仅占当年货运总量的 8.958%；水路运输货运量 2010～2015 年具有先增长后下降再增长的波动性变化状态，但水路运输货运量比重则出现先下降后增长的态势，2015 年，水路运输货运量达到 4524 万吨，占当年货运总量的 2.280%；2010～2015 年，民航运输货运量保持了小幅度增长的趋势，而管道运输货运量则呈现先增长后下降再增长又下降的复杂波动性变化趋势，但是这两种货运方式下的货运量占货运总量的比重较低，均不到 1%。

表 3-3　2010～2015 年河北省不同货运方式的货运量及比重

货运方式	指标	2010 年	2011 年	2012 年	2013 年	2014 年	2015 年
铁路运输	货运量/万吨	37 964	41 671	43 429	49 688	48 063	17 843
	比重/%	21.411	19.626	17.880	17.884	20.131	8.958
公路运输	货运量/万吨	135 938	166 680	195 530	224 319	185 286	175 637
	比重/%	76.667	78.500	80.503	80.737	77.607	88.175
水路运输	货运量/万吨	2 149	2 672	2 590	2 517	4 041	4 542
	比重/%	1.212	1.258	1.066	0.906	1.693	2.280
民航运输	货运量/万吨	2	2	2	3	3	3
	比重/%	0.001	0.001	0.001	0.001	0.001	0.001
管道运输	货运量/万吨	1 258	1 305	1 335	1 313	1 356	1 168
	比重/%	0.710	0.615	0.550	0.473	0.568	0.586
货运总量/万吨		177 310	212 330	242 886	277 840	238 749	199 192

资料来源：《河北经济年鉴 2016》

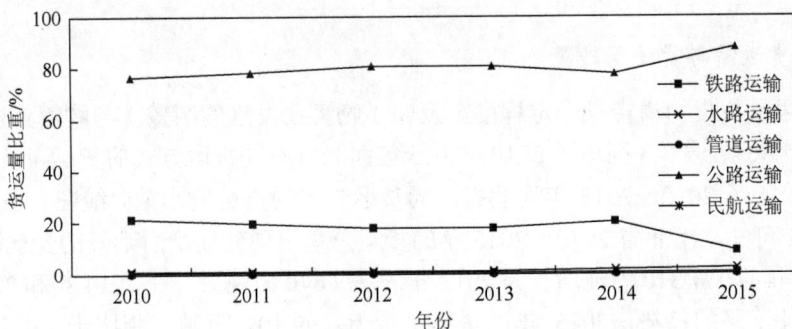

图 3-2　2010～2015 年河北省不同货运方式的货运量比重曲线图

表 3-4 列出了 2010～2015 年河北省不同货运方式的货物周转量及比重，图 3-3 给出了 2010～2015 年河北省不同货运方式的货物周转量比重曲线图。由表 3-4 和图 3-3 可知，2010～2015 年，河北省货物周转总量除在 2015 年发生少量减少外，总体上呈现一种稳定增长的趋势，2010 年的货物周转总量为 7673 亿吨·千米，2014 年已经增加到 12 969 亿吨·千米，2015 年的货物周转总量为 12 025 亿吨·千米，相比于 2014 年减少了 944 亿吨·千米，但仍高于其他年份的对应值。2010～2015 年，四种货运方式的货物周转量比重出现不同的变化态势，其中，铁路运输

货物周转量所占比重逐年下降，从 2010 年的 41.818%下降为 2015 年的 30.212%；公路运输货物周转量所占比重相对稳定，无明显波动，一直维持在 52.277%～58.090%；水路运输货物周转量所占比重在 2010～2013 年相对较低，在 5%左右，但 2014 年和 2015 年所占比重均超过了 10%，分别为 11.426%和 12.905%；管道运输货物周转量所占比重一直相对较低，且出现逐年下滑的趋势。

表 3-4　2010～2015 年河北省不同货运方式的货物周转量及比重

运输方式	指标	2010 年	2011 年	2012 年	2013 年	2014 年	2015 年
铁路运输	货物周转量/(亿吨·千米)	3 209	4 105	4 181	4 490	4 445	3 633
	比重/%	41.818	41.712	38.552	37.403	34.273	30.212
公路运输	货物周转量/(亿吨·千米)	4 011	5 219	6 133	6 973	7 020	6 821
	比重/%	52.277	53.039	56.557	58.090	54.127	56.728
水路运输	货物周转量/(亿吨·千米)	432	495	510	520	1 482	1 552
	比重/%	5.631	5.031	4.699	4.330	11.426	12.905
管道运输	货物周转量/(亿吨·千米)	21	21	21	21	23	19
	比重/%	0.274	0.218	0.193	0.177	0.175	0.155
货物周转量/(亿吨·千米)		7 673	9 841	10 845	12 004	12 969	12 025

资料来源：《河北经济年鉴 2016》

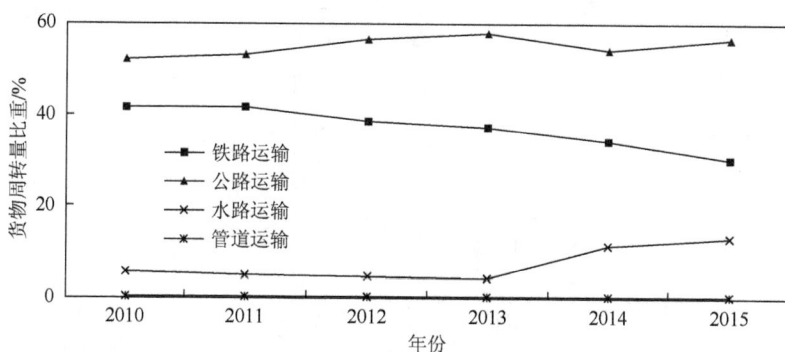

图 3-3　2010～2015 年河北省不同货运方式的货物周转量比重曲线图

以上分析表明，公路运输在河北省货物运输中占主导地位，这与公路运输在货物运输方面多种优势分不开，同时也与河北省的公路通车里程有较大关系。铁路运输是河北省第二大运输方式，水路运输和管道运输的货物运输明显不及公路、铁路两种运输方式。

2. 物流业增加值

物流业增加值是反映物流业发展的核心指标。中国及各地区统计年鉴中并没有直接的物流业增加值统计数据。物流业是提供物流服务活动的部门，交通运输、仓储和邮电业是物流业的支柱，这里以河北省交通运输、仓储和邮政业增加值代表河北省物流业增加值。表 3-5 列出了 2010～2015 年河北省物流业增加值及年增长率，图 3-4 给出了 2010～2015 年河北省物流业增加值及年增长率图形。由表 3-5 和图 3-4 可知，河北省 2010～2014 年物流业增加值逐年上升，而 2015 年则出现了下降。从总量上看，物流业增加值从由 2010 年的 1746 亿元增至 2014 年的 2396 亿元，而 2015 年下降到 2359 亿元，但仍高于 2010～2013 年的对应值；从年增长率来看，河北省物流业增加值的年增长率自 2011 年开始逐渐减少，由 2011 年的 17.20%减至 2014 年的 2.19%，而 2015 年的增长率为–1.56%，说明 2015 年物流业增加值相比于 2014 年下降了 1.56%。

表 3-5   2010～2015 年河北省物流业增加值及年增长率

项目	2010 年	2011 年	2012 年	2013 年	2014 年	2015 年
物流业增加值/亿元	1746	2046	2213	2345	2396	2359
年增长率/%	17.02	17.20	8.15	5.97	2.19	–1.56

资料来源：国家统计局网站

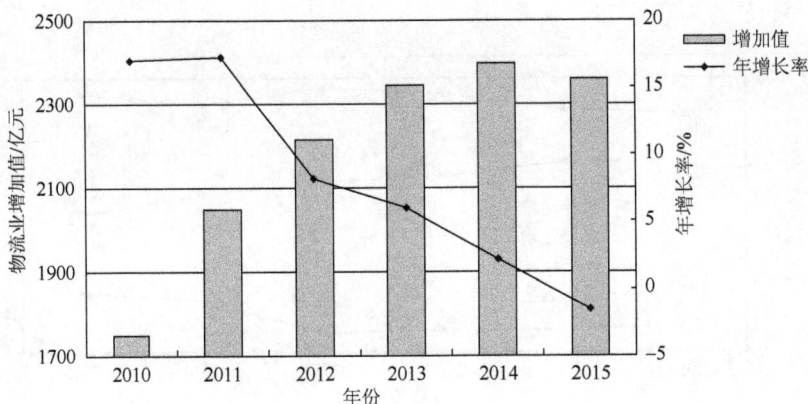

图 3-4   2010～2015 年河北省物流业增加值及年增长率图形

3. 物流业就业人员

物流业就业人员是维持物流业有序发展的基础，与物流供给能力呈增量的关系。表 3-6 列出了 2010～2015 年河北省物流业就业人员及年增长率，图 3-5 给出了 2010～2015 年河北省物流业就业人员及年增长率图形。由表 3-6 和图 3-5 可知，河北省 2010～2014 年物流业就业人员一直保持小幅度递增的态势，从 2010 年的 176.89 万人增加为 2014 年的 201.09 万人，而 2015 年，河北省物流业就业人员下降为 200.63 万人，比 2014 年减少了 0.46 万人。从年增长率来看，2010～2014 年河北省物流业就业人员实现了连续的正增长，年增长率在 2.03%～4.12%；2015 年物流业就业人员相比 2014 年下降了 0.23%。虽然河北省物流业就业人员近几年有增长的趋势，但就业人员的综合素质整体偏低。物流企业管理人员的受教育程度普遍不高，在经营、管理、服务等方面存在观念陈旧、方法老套、服务意识淡薄、发展意识不强、片面注重自身经济利益等问题；一部分物流就业人员缺乏基本职业道德，服务态度有待改善；现有物流就业人员多数在上岗前没有受到专业化的物流技能培训，物流作业流程不熟，物流操作不规范，导致整个物流行业的服务水平不高、效率低下、成本负担重。

表 3-6　2010～2015 年河北省物流业就业人员及年增长率

项目	2010 年	2011 年	2012 年	2013 年	2014 年	2015 年
物流业就业人员/万人	176.89	183.93	189.3	193.14	201.09	200.63
年增长率/%	3.04	3.98	2.92	2.03	4.12	−0.23

资料来源：国家统计局网站

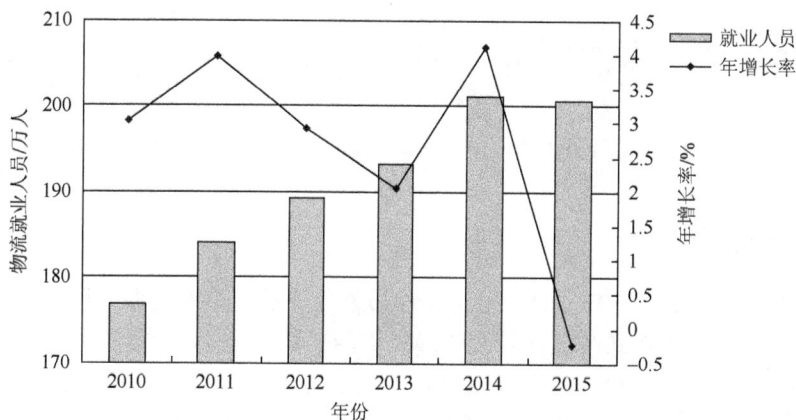

图 3-5　2010～2015 年河北省物流业就业人员及年增长率图形

4. 物流业固定资产投资

表 3-7 列出了 2010～2015 年河北省物流业固定资产投资及年增长率，图 3-6 给出了 2010～2015 年河北省物流业固定资产投资及年增长率图形。由表 3-7 和图 3-6 可知，除 2014 年外，河北省物流业固定资产投资呈现逐年递增的发展态势，从 2010 年的 1388 亿元增加到 2015 年的 2036 亿元，其中，2010 年和 2013 年的物流业固定资产投资增幅明显，年增长率分别达到 48.23%和 38.56%；2011 年和 2015 年的物流业固定资产投资增幅较小，年增长率仅为 0.57%和 0.55%；而

2014 年的物流业固定资产投资为 2025 亿元，相比前一年下降了 4.03%。

表 3-7　2010～2015 年河北省物流业固定资产投资及年增长率

项目	2010 年	2011 年	2012 年	2013 年	2014 年	2015 年
物流业固定资产投资/亿元	1388	1396	1523	2110	2025	2036
年增长率/%	48.23	0.57	9.07	38.56	-4.03	0.55

资料来源：国家统计局网站

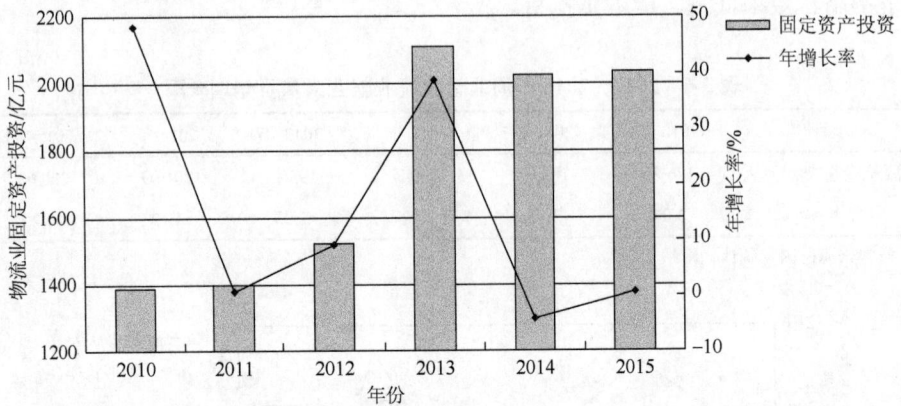

图 3-6　2010～2015 年河北省物流业固定资产投资及年增长率图形

5. 邮政业务量

表 3-8 列出了 2010～2015 年河北省邮政业务量及年增长率，图 3-7 给出了 2010～2015 年河北省邮政业务量及年增长率图形。由表 3-8 和图 3-7 可以看出，河北省邮政业务量在 2011 年降到最低值 48.28 亿元，在其他年份均明显增加，特别是 2012～2015 年，河北省邮政业务量呈现连续大幅度增长的态势，由 2012 年的 59.59 亿元增加到 2015 年的 131.47 亿元，年增长率均在 20% 以上，2015 年的增长率最大，达到 34.92%。

表 3-8　2010～2015 年河北省邮政业务量及年增长率

项目	2010 年	2011 年	2012 年	2013 年	2014 年	2015 年
邮政业务量/亿元	58.12	48.28	59.59	77.06	97.44	131.47
年增长率/%	14.98	-16.93	23.43	29.32	26.45	34.92

资料来源：国家统计局网站

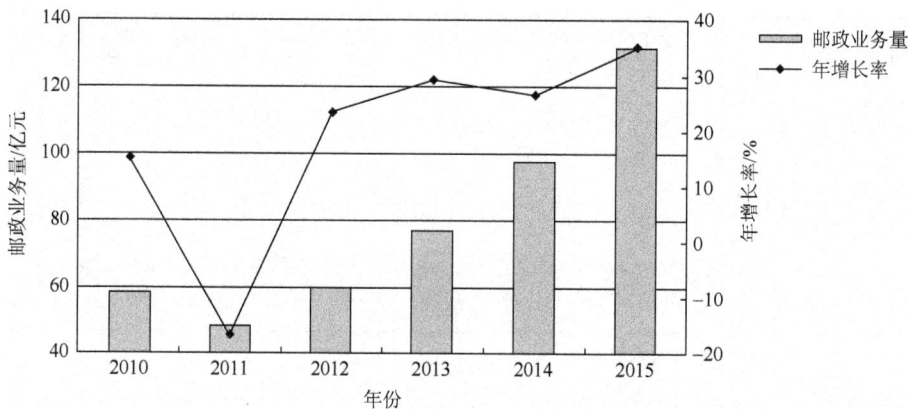

图 3-7　2010～2015 年河北省邮政业务量及年增长率图形

3.2　河北省新型城镇化建设水平现状

3.2.1　河北省城镇人口比重现状

城镇人口比重不仅能够衡量新型城镇化建设状况，而且能够体现地区人口的转移、人们生活水平、社会发展及城镇综合方面的能力。表 3-9 列出了 2010～2015 年河北省与全国城镇人口比重及年增长率，图 3-8 给出了 2010～2015 年河北省与全国城镇人口比重曲线图。由表 3-9 和图 3-8 可以看出，2010～2015 年，河北省与全国的城镇人口比重均出现逐年稳定上升的发展态势，但河北省的城镇人口比重一直低于全国城镇人口比重，河北省城镇人口比重从 2010 年的 44.56%增长为 2015 年的 51.33%，全国城镇人口比重从 2010 年的 49.95%增长为 2015 年的 56.10%。从年增长率来看，河北省 2010～2015 年的城镇人口比重年增长速度不断上升，2015 年的年增长率达到 4.12%，是 2014 年年增长率的近一倍；全国 2010～2014 年的城镇人口比重年增长率出现连续下滑的趋势，从 2010 年的 3.33%下降到 2014 年的 1.94%，而 2015 年的年增长率又上升为 2.43%；通过比较河北省与全国的城镇人口比重年增长率可知，河北省 2010～2011 年的城镇人口比重年增长率小于全国城镇人口比重年增长率，从 2012 年开始，河北省城镇人口比重年增长率一直大于全国城镇人口比重年增长率；河北省与全国的城镇人口比重之间仍存在着一定的差距，2010～2014 年两者之间的差距保持在 5%左右，到 2015 年差距减小为 4%左右。

表 3-9　2010～2015 年河北省与全国城镇人口比重及年增长率

年份	河北省		全国		河北省与全国城镇人口比重差距/%
	城镇人口比重/%	年增长率/%	城镇人口比重/%	年增长率/%	
2010	44.56	1.87	49.95	3.33	5.39
2011	45.60	2.33	51.27	2.64	5.67
2012	46.80	2.63	52.57	2.54	5.77
2013	48.12	2.82	53.73	2.21	5.61
2014	49.30	2.45	54.77	1.94	5.47
2015	51.33	4.12	56.10	2.43	4.77

资料来源：国家统计局网站相关数据计算得出

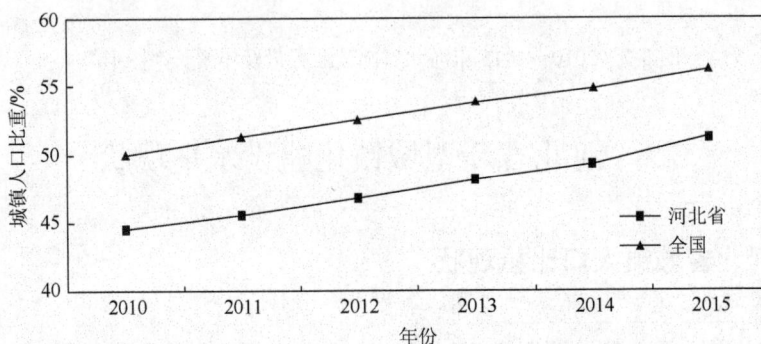

图 3-8　2010～2015 年河北省与全国城镇人口比重曲线图

3.2.2　河北省城市基础设施建设现状

　　城市基础设施建设直接关系到城市规模经济优势的发挥程度，完善的城市基础设施建设能够快速推动新型城镇化建设水平的提高。表 3-10 列出了 2010～2015 年河北省城市基础设施建设情况。

表 3-10　2010～2015 年河北省城市基础设施建设情况

年份	城市用水普及率/%	城市燃气普及率/%	每万人拥有公共交通车辆/标台	人均城市道路面积/平方米	人均公园绿地面积/平方米人	每万人拥有公共厕所/座
2010	99.97	99.07	9.53	17.35	14.23	4.22
2011	100.00	99.86	10.44	17.84	14.26	4.23
2012	99.96	99.79	11.29	17.84	14.00	4.18
2013	99.85	98.35	12.62	18.22	14.05	4.07
2014	99.29	94.26	11.34	18.49	14.45	3.92
2015	99.56	98.81	12.94	18.65	14.18	3.72

资料来源：国家统计局网站

由表 3-10 可知，河北省的城市用水普及率除在 2011 年达到 100%以外，其他年份均未能达到 100%，说明河北省在城市居民供水服务建设上还不能实现完全覆盖，不能完全保障城市人口的用水需求；河北省 2015 年的城市燃气普及率为 98.81%，比 2014 年 94.26%的城市燃气普及率略有提高，但相比于前几年还是偏低，说明河北省在城市人口的供气服务建设上还需要进一步加强；2010～2015 年，河北省在每万人拥有公共交通车辆指标上有一定的差距，但整体上呈现一种增长的趋势，到 2015 年底，每万人拥有公共交通车辆 12.94 标台。当前，空气质量越来越受到社会公众的重视，一度出现的雾霾天气给居民的生活、工作乃至身体健康带来了严重的影响，为保护大家的生存环境，社会各界提倡采用公共交通出行，减少向大气排放废气污染物。作为受雾霾影响严重的地区之一，河北省在积极倡导绿色出行、节能减排的同时，更应该提高并改善公共交通服务设施，加强公共交通出行的优势。河北省 2010～2015 年人均城市道路面积具有逐年稳定增长的态势，人均公园绿地面积也一直保持在 14%左右，说明河北省在人均城市道路面积和人均公园绿地面积两方面的建设水平较高，为居民提供了较好的服务。河北省 2010～2015 年每万人拥有公共厕所数量出现逐年下降的趋势。综上分析，河北省应加强公共交通的配置，努力完善城市居民用水、燃气、公厕的建设，进一步提高城市建设质量，为居民提供更好更优质的居住环境，这也体现了新型城镇化建设"以人为本"的核心要素。

3.2.3　河北省基本公共服务建设现状

新型城镇化建设不仅要完善城市基础设施建设，还要为居民提供更优质、更全面的基本公共服务，涉及科学、教育、文化、医疗、保险等方面。表 3-11 列出了 2010～2015 年河北省科学、教育、文化、医疗情况。由表 3-11 可知，2010～2015 年，河北省在科学、教育、文化、医疗事业方面具有不同的发展态势，其中，专利申请授权量呈现出一种逐年快速增长的变化趋势，从 2010 年的 10 061 项增加到 2015 年的 30 130 项，年增长率均在 10%以上，2015 年的年增长率达到最大值，为 49.66%；河北省 2010～2012 年教育经费支出增长迅速，年增长率分别为 17.06%、26.80%、32.73%，2013 年教育经费支出存在负增长，较 2012 年下降了 3.22%，2014～2015 年教育经费支出呈现正增长，2015 年教育经费支出为 1041.16 亿元，相比 2014 年增长了 19.83%；河北省专任教师数在经历了 2010～2013 年的连续下滑后，自 2014 年开始有所上升，从 68.04 万人上升为 2015 年的 69.23 万人，年增长率为 1.75%；河北省人均拥有公共图书馆藏量除在 2013 年有所下降外，其他年份均为正增长，到 2015 年底，人均拥有公共图书馆藏量为 0.30 册，相比前一年增长了 3.45%；河北省每万人拥有卫生技术人员数和每千人口医疗床位数均出现逐年稳定增长的变化趋势，每万人拥有卫生技术人员数从 2010 年的 38.96 人增长到 2015 年的 50.19 人，年增长率在 2.62%～8.13%，每千人口医疗床位数从 2010 年的 3.47 张增长到 2015 年的 4.61 张，年增长率在 1.63%～11.73%。

表 3-11　2010～2015 年河北省科学、教育、文化、医疗情况

项目	2010 年	2011 年	2012 年	2013 年	2014 年	2015 年
专利申请授权量/项	10 061	11 119	15 315	18 186	20 132	30 130
年增长率/%	47.11	10.52	37.74	18.75	10.70	49.66
教育经费支出/亿元	514.30	652.11	865.54	837.63	868.87	1 041.16
年增长率/%	17.06	26.80	32.73	−3.22	3.73	19.83
专任教师数/万人	66.42	66.06	65.82	65.76	68.04	69.23
年增长率/%	−0.93	−0.55	−0.36	−0.10	3.48	1.75
人均拥有公共图书馆藏量/册	0.22	0.24	0.27	0.26	0.29	0.30
年增长率/%	22.22	9.09	12.50	−3.70	11.54	3.45
每万人拥有卫生技术人员数/人	38.96	39.98	43.23	45.43	47.63	50.19
年增长率/%	6.22	2.62	8.13	5.09	4.84	5.37
每千人口医疗床位数/张	3.47	3.69	3.75	4.19	4.37	4.61
年增长率/%	4.83	6.34	1.63	11.73	4.30	5.49

资料来源：国家统计局网站和《河北经济年鉴 2016》

表 3-12 列出了 2011～2015 年河北省基本社会保险参保人数及占城镇人口比重。由表 3-12 可知，河北省 2011～2015 年基本社会保险参保人数的变化趋势不甚相同：城镇基本医疗保险参保人数在 2011～2014 年逐年稳定增长，2015 年又有所下降，为 1663.70 万人；城镇基本养老保险、失业保险、生育保险和工伤保险参保人数 2011～2015 年均处于逐年稳定增长的态势，其中，失业保险参保人数的增速明显高于城镇基本养老保险、生育保险和工伤保险参保人数。此外，2011～2015 年，河北省五类基本社会保险占城镇人口比重均表现出逐年上升的趋势，其中，城镇基本医疗保险参保人数占城镇人口比重是最大的，但仍不足城镇人口的一半，保持在 43.66%～48.21%；其次是城镇基本养老保险参保人数占城镇人口比重，保持在 32.10%～34.65%；工伤保险参保人数占城镇人口比重排在第三位，保持在 19.39%～21.38%；生育保险参保人数占城镇人口比重保持在 17.96%～18.92%，稍高于失业保险参保人数占城镇人口比重（13.41%～15.10%）。

表 3-12　2011～2015 年河北省基本社会保险参保人数及占城镇人口比重

保险分类	指标	2011 年	2012 年	2013 年	2014 年	2015 年
城镇基本医疗保险	参保人数/万人	1562.20	1644.40	1674.50	1697.50	1663.70
	占城镇人口比重/%	47.31	48.21	47.46	46.61	43.66
城镇基本养老保险	参保人数/万人	1059.81	1125.62	1194.67	1261.95	1320.48
	占城镇人口比重/%	32.10	33.00	33.86	34.65	34.65
失业保险	参保人数/万人	498.70	501.75	505.01	508.73	510.98
	占城镇人口比重/%	15.10	14.71	14.31	13.97	13.41
生育保险	参保人数/万人	593.10	634.78	667.58	684.02	712.96
	占城镇人口比重/%	17.96	18.61	18.92	18.78	18.71
工伤保险	参保人数/万人	640.39	694.81	737.04	778.67	809.72
	占城镇人口比重/%	19.39	20.37	20.89	21.38	21.25

资料来源：国家统计局网站

综上，河北省 2011～2015 年五类基本社会保险参保人数不断增长，参保人数占城镇人口比重也逐年上升，和谐社会建设稳步推进，但是参保人数及占城镇人口比重总体上还不高。新型城镇化强调"以人为本"，要求实现基本公共服务均等化，而完善的社会保障建设体系不仅有助于保障居民生活，而且有利于实现社会的稳定、和谐，其更是建设新型城镇化的需求。因此，河北省应该进一步完善社会保障体系，使广大居民共享经济发展成果。

3.2.4　河北省居民收支现状

1. 河北省居民收入现状

居民收入是判断一个地区居民生活质量高低的重要标准，保证居民收入稳步提升是改善居民生活质量的基础。表 3-13 列出了 2010～2015 年河北省城乡居民可支配收入情况，图 3-9 给出了 2010～2015 年河北省城乡居民可支配收入曲线图。由表 3-13 和图 3-9 可以看出，2010～2015 年，河北省城乡居民可支配收入水平均表现出逐年递增的态势，城镇居民人均可支配收入由 2010 年的 16 263.43 元上升为 2015 年的 26 152.16 元，农村居民人均可支配收入由 2010 年的 5957.98 元上升为 2015 年的 11 050.51 元，城镇居民人均可支配收入显著高于农村居民人均可支配收入。此外，这一时期，农村居民人均可支配收入的年增长率要大于城镇居民人均可支配收入的年增长率，城乡居民人均可支配收入比呈现逐年递减的趋势，但一直保持在 2 以上，说明城乡居民可支配收入的差距仍然比较明显。

表 3-13　2010～2015 年河北省城乡居民可支配收入情况

年份	人均可支配收入/元		人均可支配收入年增长率/%		城乡居民人均可支配收入比
	城镇居民	农村居民	城镇居民	农村居民	
2010	16 263.43	5 957.98	10.50	15.70	2.73
2011	18 292.23	7 119.69	12.47	19.50	2.57
2012	20 543.44	8 081.40	12.31	13.51	2.54
2013	22 226.75	9 187.71	8.19	13.69	2.42
2014	24 141.34	10 186.14	8.61	10.87	2.37
2015	26 152.16	11 050.51	8.33	8.49	2.37

资料来源:《河北经济年鉴 2016》

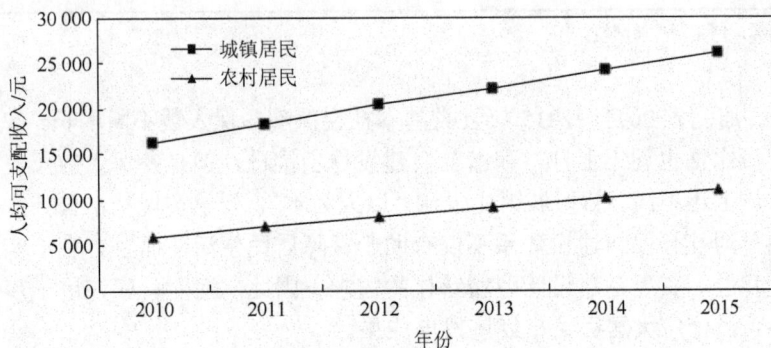

图 3-9　河北省 2010～2015 年城乡居民可支配收入曲线图

2. 河北省居民消费现状

居民消费是反映一个地区居民消费水平高低和居民生活质量的综合性指标。表 3-14 列出了 2010～2015 年河北省城乡居民消费支出情况,图 3-10 给出了 2010～2015 年河北省城乡居民消费支出曲线图。由表 3-14 和图 3-10 可以看出,2010～2015 年,河北省城乡居民人均消费支出均具有逐年增长的变化趋势,城镇居民人均消费支出由 2010 年的 10 318.32 元上升到 2015 年的 17 586.62 元,农村居民人均消费支出由 2010 年的 3844.92 元上升到 2015 年的 9022.84 元,城镇居民人均消费支出显著高于农村居民人均消费支出。此外,在这一时期,农村居民人均消费支出的年增长率要大于城镇居民人均消费支出的年增长率,且城乡消费支出比值逐年递减,从 2010 年的 2.68 减少为 2015 年的 1.95,说明这一时期河北省城乡居民人均消费支出的差距在逐年减小。

表 3-14　2010～2015 年河北省城乡居民消费支出情况

年份	人均消费支出/元		人均消费支出年增长率/%		恩格尔系数/%		城乡消费支出比
	城镇居民	农村居民	城镇居民	农村居民	城镇居民	农村居民	
2010	10 318.32	3 844.92	6.61	14.78	32.32	35.15	2.68
2011	11 609.29	4 711.16	12.51	22.53	33.80	33.53	2.46
2012	12 531.12	5 364.14	7.94	13.86	33.60	33.87	2.34
2013	14 970.03	7 377.13	19.46	37.53	26.88	29.89	2.03
2014	16 203.82	8 247.99	8.24	11.80	26.17	29.36	1.96
2015	17 586.62	9 022.84	8.53	9.39	26.05	28.57	1.95

资料来源:《河北经济年鉴 2016》

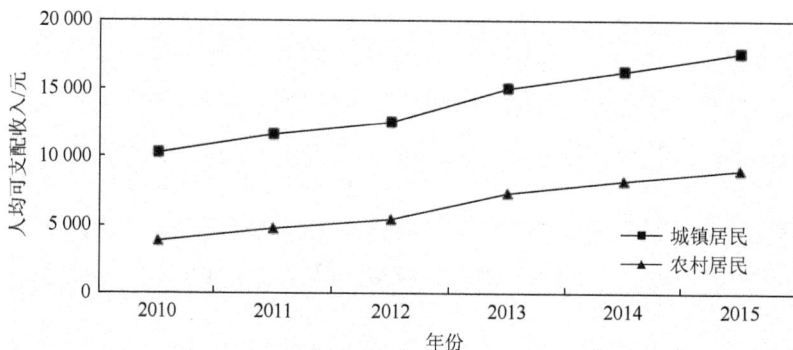

图 3-10　河北省 2010～2015 年城乡居民消费支出曲线图

恩格尔系数用来表示居民食品支出金额与消费支出总额的比例关系。随着居民生活水平的提高,恩格尔系数会呈现不断下降的趋势。根据恩格尔系数可以确定一个国家或地区的居民贫富划分标准。表 3-15 列出了贫富划分标准。

表 3-15　贫富划分标准

恩格尔系数	大于 60%	50%～60%	40%～50%	30%～40%	20%～30%	20%以下
生活状况	贫穷	温饱	小康	相对富裕	富裕	极其富裕

由表 3-14 和表 3-15 可知,河北省 2010～2015 年城镇居民和农村居民的恩格尔系数出现总体下降的趋势,说明这一时期河北省城乡居民的生活水平得到提高,生活质量得到改善。其中,2010～2012 年,河北省城镇居民和农村居民的生活处于相对富裕阶段,恩格尔系数均在 30%～40%,表明这一时期河北省的城镇居民

和农村居民的生活都处于相对富裕阶段；2013～2015 年，河北省城镇居民和农村居民的生活达到富裕水平，恩格尔系数下降到 20%～30%。通过比较城镇居民和农村居民的恩格尔系数可知，河北省城镇居民的恩格尔系数除在 2011 年稍高于农村居民的恩格尔系数外，其他年份均低于农村居民的恩格尔系数，表明此阶段河北省城镇居民的生活水平略优于农村居民。

3.3　本章小结

本章研究了河北省物流业发展与新型城镇化建设水平现状。首先，研究了河北省物流业发展现状。近年来，河北省颁布了众多与物流业相关的政策和措施，为河北省物流业的稳步发展创造了良好的政策环境；目前，河北省已形成了以公路、铁路、内河、航空为主的运输体系，成为中国北方的物流交通中心，形成了与地区经济发展相适应的"物流枢纽—物流园区—专业物流（配送）项目"多层次、广覆盖的现代物流布局体系，形成了五大物流枢纽城市和十大物流园区，并完成了三十大专业物流（配送）项目的建设；公路运输在河北省货物运输中占主导地位，这与公路运输在货物运输方面多种优势分不开，同时也与河北省的公路通车里程有较大关系。近 6 年来，河北省物流业发展速度明显加快，邮政业务量呈现持续增长的状态；货运量、货物周转量、物流业增加值、物流业就业人数、物流业固定资产投资虽在某年出现负增长，但从长期来看，它们仍然表现出增长的发展态势。其次，研究了河北省新型城镇化建设水平现状。河北省城镇人口比重出现逐年稳定上升的发展态势，但与全国城镇人口比重仍存在一定的差距；河北省在人均城市道路面积和人均公园绿地面积两方面的建设水平较高，为居民提供了较好的服务，但在公共交通配置及城市居民用水、燃气、公厕建设方面有待进一步改善；河北省的基本社会保险参保人数不断增长，参保人数占城镇人口比重也逐年上升，和谐社会建设稳步推进，但是参保人数及占城镇人口比重总体上还不高；城乡居民可支配收入水平逐年递增，农村居民人均可支配收入的年增长率要大于城镇居民人均可支配收入的年增长率，但城乡居民可支配收入的差距仍然比较明显；城乡居民人均消费支出逐年增长，农村居民人均消费支出的年增长率要大于城镇居民人均消费支出的年增长率，城乡居民人均消费支出的差距逐年减小；城乡居民的生活水平均得到提高，城镇居民的生活水平略优于农村居民。

参 考 文 献

陈兆明. 2015. 京津冀航空物流业协同发展路径研究[J]. 价格月刊，（11）：77-80.

段淏泽. 2015. 河北省物流业效率研究[D]. 石家庄：石家庄经济学院硕士学位论文.

李书岐，李建国. 2003. 五年内建成高速公路 1270 公里[J]. 中国公路，（20）：32.

刘旭龙. 2015. 京津冀区域机场系统协调发展研究[D]. 石家庄：河北大学硕士学位论文.

王立忠. 2013-03-19. 深入贯彻党的十八大精神　加快河北物流业发展步伐[N]. 现代物流报，006.

邢绍华. 2012. 河北港口集团经济腹地物流市场拓展谋略[J]. 中国水运，（3）：48-50.

张家顺，高记，吕荣杰. 2015. 京津冀民航机场一体化发展研究[J]. 河北工业大学学报（社会科学版），7（1）：10-16.

张颖. 2009. 基于 SD 模型的京津冀地区物流与经济协调发展分析[D]. 北京：北京交通大学硕士学位论文.

赵朋. 2005. 河北省综合运输体系建设与发展对策研究[D]. 西安：长安大学硕士学位论文.

周晓雯. 2016. 京津冀港口与腹地产业协同发展研究[D]. 石家庄：河北师范大学硕士学位论文.

第4章 河北省物流业发展与新型城镇化建设水平关联关系研究

本章首先基于量化指标体系构建原则，构建河北省物流业发展量化指标体系和河北省新型城镇化建设水平量化指标体系。然后采用广义灰色关联分析法研究河北省物流业发展与新型城镇化建设水平的关联关系。

4.1 河北省物流业发展与新型城镇化建设水平量化指标体系构建

4.1.1 量化指标体系构建原则

量化指标体系是综合反映物流业发展与新型城镇化建设水平不同属性的指标集合，它是研究物流业发展与新型城镇化建设水平关系的前提基础。现有文献中，对某一个地区的物流业发展与新型城镇化水平的研究较多，但不同地区的经济发展水平、区域经济发展政策、宗教文化等是不同的，所构建的量化指标体系应有所差异。因此，构建针对河北省地区的物流业发展及新型城镇化建设水平的量化指标体系是进一步研究的关键。构建河北省物流业发展与新型城镇化建设水平量化指标体系时，应遵循以下五个基本原则。

1. 科学性原则

量化指标体系必须以科学性为前提，其指标含义须明确，测定方法需标准，统计计算方法要规范，应能够科学反映物流业发展与新型城镇化建设水平的内涵与外延。

2. 系统性原则

量化指标体系的构建应从不同侧面、不同角度揭示物流业发展与新型城镇化建设水平状况。量化指标体系应集多位一体，全面反映物流业发展与新型城镇化建设水平的各个方面，但同时要避免量化指标之间的重叠，既要反映两者量的方面，也要揭示两者质的方面。

3. 真实性原则

由于物流业发展与新型城镇化建设水平两系统结构复杂，且具有多种功能，要求选用的量化指标必须针对物流业发展与新型城镇化建设水平的特点及本质，真实地反映物流业发展与新型城镇化建设的综合水平，从而使分析结果具有真实性与可靠性。

4. 稳定性和动态性原则

物流业发展与新型城镇化建设都是一个长期的动态演化过程，两者发展的新态势和个性化要求相应的量化指标体系要具有一定的弹性。但是，量化指标体系的内容不宜变化频繁，在一定时期内应保持相对的稳定性，以利于纵向、横向之间的比较。

5. 可操作性原则

量化指标体系的构建要符合实际，需考虑指标的可量化性、数据的可获得性与可靠性，尽量使用现有的统计资料和规范性标准。通过一定的数学模型进行量化分析时，要切实可行，确保技术上的可操作性。

4.1.2　河北省物流业发展量化指标体系构建

区域物流系统是一个复杂的社会子系统，在整个社会系统中，有诸多因素对物流业发展产生影响。为全面、准确地衡量河北省物流业的发展水平，本节在前人研究成果基础上，结合量化指标体系构建原则，从物流供给能力、物流需求水平和物流发展规模三个方面构建河北省物流业发展量化指标体系。表 4-1 列出了河北省物流业发展量化指标体系。

表 4-1　河北省物流业发展量化指标体系

河北省物流业发展量化指标	物流供给能力	物流业就业人员/万人（X_1）
		物流业固定资产投资/亿元（X_2）
		运输里程/万千米（X_3）
	物流需求水平	邮政业务量/亿元（X_4）
		货运量/亿吨（X_5）
		货物周转量/（亿吨·千米）（X_6）
	物流发展规模	物流业增加值/亿元（X_7）

1. 物流供给能力

物流供给能力是指一定区域范围内的物流业向区域市场提供运输、储存、装卸搬运、流通加工、包装及物流信息管理等服务的能力。这里选取"物流业就业人员"、"物流业固定资产投资"和"运输里程"来反映河北省物流业的供给能力。"物流业就业人员"是各项物流活动组织者、管理者和执行者的总和，是物流业发展的中流砥柱，其规模大小及综合素质能力将直接影响物流服务水平，进而影响整个物流行业的发展。"物流业固定资产投资"用于衡量一个国家或地区的物流业在一年内固定资产方面的投资，反映了物流业用于建设厂房、购买设备、建设物流节点和物流通道等基础设施方面的资金投入，表征了物流业固定资产投资的规模和速度。"运输里程"是指各种运输方式在一定时期投入使用的运输线路总长度。

2. 物流需求水平

物流需求指一定范围内的经济运行主体(工商企业、政府各有关部门及消费者个体)为了满足其生产经营和生活需要而产生的物流服务需求。一个地区的物流需求水平反映了该地区社会经济产生的现代物流需求状况及其对现代物流的发展推动力大小。这里选取"邮政业务量"、"货运量"和"货物周转量"来反映河北省的物流需求。邮政业务量是一定时期内以货币形式表现的邮电企业为社会提供各类邮电通信服务的总数量，能够综合反映邮电业务发展变化趋势；货运量是运输企业在一定时期内通过公路、铁路、航空、水运、管道等各种运输方式实际运送的货物重量，反映了运输的生产成果，体现的是运输业为国民经济和人民生活服务的数量；货物周转量是各种运输方式在一定时期内运送的货物数量与相应运输距离乘积的总和，该指标不仅包括了运输对象的数量，还包括了运输距离的因素，能够全面地反映运输的生产成果。

3. 物流发展规模

物流发展规模也称为物流业产出能力，指的是某地区一定时期内的物流总量，主要反映现有经济环境和物流环境下的物流实际发展情况，是物流业整体实力与竞争力的直接体现。这里选取"物流业增加值"来反映河北省物流业发展规模。由于相关统计资料中并没有"物流业增加值"指标，而交通运输、仓储和邮政业增加值是按市场价格计算的河北省所有常住单位在一定时期内从事交通运输、仓储和邮政业生产活动的最终成果，可用于体现物流业增加值。

4.1.3　河北省新型城镇化建设水平量化指标体系构建

新型城镇化是一个涵盖经济、社会、人口、环境等各个方面的综合性指标。在分析新型城镇化建设水平时，必须立足于新型城镇化的内涵，充分考虑涉及新型城镇化发展的各个方面。构建新型城镇化建设量化指标体系时，为使量化指标更准确地反映新型城镇化建设的真实水平，本节在量化指标构建原则基础上，并结合新型城镇化建设的影响因素，从人口城镇化、经济发展、生活质量、社会进步、生态环境、城乡统筹六个方面构建河北省新型城镇化建设水平量化指标体系。表 4-2 列出了河北省新型城镇化建设水平量化指标体系。

表 4-2　河北省新型城镇化建设水平量化指标体系

河北省新型城镇化建设水平量化指标体系	人口城镇化	城镇人口比重（Y_1）/%
		城镇第二、第三产业就业人员比重（Y_2）/%
	经济发展	人均地区生产总值（人均 GDP）（Y_3）/万元
		第二、第三产业产值比重（Y_4）/%
	生活质量	城镇人均可支配收入（Y_5）/万元
		城镇人均住房面积（Y_6）/平方米
	社会进步	每万人拥有卫生技术人员数（Y_7）/人
		人均拥有公共图书馆藏量（Y_8）/册
	生态环境	建成区绿地覆盖率（Y_9）/%
		单位 GDP 能耗（Y_{10}）/吨标准煤·万元
	城乡统筹	城乡收入比（Y_{11}）
		城乡恩格尔系数比（Y_{12}）

1. 人口城镇化

人口城镇化是新型城镇化进程的直接结果，表现为人口由农村向城镇转移、由第一产业向第二、第三产业的转移等。随着新型城镇化建设的深入，城镇规模逐渐扩大，人口在不同产业之间应有合理的分布。选取的指标有"城镇人口比重"和"城镇第二、第三产业就业人员比重"，其中，"城镇人口比重"即一个地区城镇人口占总人口的比重，"城镇人口比重"反映了农村人口转化为城镇人口的过程。

2. 经济发展

新型城镇化与经济发展有高度相关性，经济发展不仅是新型城镇化建设的源动力，还在物质方面为新型城镇化建设质量的改善提供了物质保证。选取的指标有"人均地区生产总值（人均 GDP）"和"第二、第三产业产值比重"，其中，"人均地区生产总值（人均 GDP）"用于衡量一个地区的经济发展水平和富裕程度，"第二、第三产业产值比重"用于衡量一个地区产业结构水平，比重越高，表明该地区的城镇化层次越高。

3. 生活质量

新型城镇化的核心是"以人为本"，城镇居民的生产生活习惯、行为方式等都随着新型城镇化的建设而变得与农村生活方式不同，生活水平和生活质量明显得到改善。选取的指标有"城镇人均可支配收入"和"城镇人均住房面积"。"城镇人均可支配收入"是城镇居民收入中扣除个人所得税以后，余下的用于日常生活的那一部分；"城镇人均住房面积"反映了居民的居住条件与生活环境。

4. 社会进步

新型城镇化的发展要求人的素质和城市基础设施同步发展，社会进步是对科学、教育、卫生和文化事业发展状况的测度，可以反映一个地区的软实力。选取的指标有"每万人拥有卫生技术人员数"和"人均拥有公共图书馆藏量"，其中，"每万人拥有卫生技术人员数"反映了一个国家或地区相对完善的医疗基础设施水平；"人均拥有公共图书馆藏量"反映了一个国家或地区文化事业的发展及居民享有的文化氛围。

5. 生态环境

生态环境为城镇居民的生活提供了重要保障，城镇生态环境质量对城镇居民生活和生产活动有直接影响。选取的指标有"建成区绿地覆盖率"和"单位 GDP 能耗"，其中，"建成区绿地覆盖率"反映了建成区的生态环境状况；"单位 GDP 能耗"反映了一个国家或地区能源消费水平和节能降耗状况，它们均与城镇化的质量联系紧密。

6. 城乡统筹

城乡统筹的目的是统筹城乡社会的发展，缩小城乡之间的差距，将基础设施和公共服务由城市向农村扩展，提高农村城市化水平，最终实现城市和乡村一体化发展。选取的指标有"城乡收入比"和"城乡恩格尔系数比"，其中，"城乡收入比"是城镇居民与农村居民人均收入之比，比值越大，城乡居民收入差距越大，城乡和谐程度越低，城镇化的质量也越低；"城乡恩格尔系数比"是城镇居民与农村居民恩格尔系数之比，比值越大，城乡居民的生活水平差距越大。

4.2　灰色关联分析

灰色系统理论是一种新技术，可用于关联分析、决策分析、指标预测等，并在工业、农业、社会、经济、能源、地质、石油等众多领域得到了实践应用。灰色关联分析是灰色系统理论的一个分支，随着灰色系统理论（邓聚龙，1987）的发展而发展。关联度表征了系统内两个因素随时间或不同对象而变化的关联性大小。在系统发展过程中，若两个因素变化的趋势具有一致性，即同步变化程度较高，即可称两者的关联程度较高；反之，则称两者的关联程度较低。灰色系统理论提出了对系统进行灰色关联分析的概念，目的在于通过一定的方法寻求系统中各子系统（或因素）之间的数值关系，进而找到影响系统的重要因素，促进与引导系统高效、快速地协调发展。灰色关联分析属于几何处理范畴，通过因素之间发展趋势的相似或相异程度来衡量因素之间的关联程度，这种相似或相异程度称为灰色关联度。因此，灰色关联分析就是运用数学工具量化因素之间关联度的方法，它提供了对一个系统发展变化态势的量化描述与比较，适合于系统的动态历程分析（侯勇等，2006；任海军，2006；孙晓东等，2006）。灰色关联分析提出之后，许多学者围绕灰色关联分析的构造与性质进行了有益的探索，取得了大量有价值的成果（肖新平等，1995；Xie and Liu，2009；Zhang and Liu，2009；Wei，2011）。刘思峰和郭天榜（1991）以普通灰色关联分析为基础，发展了广义灰色关联分析，通过计算广义灰色关联度进一步深化灰色关联分析。

灰色关联分析的基本特征在于（孙玉刚，2007）：①总体性。灰色关联度虽然描述的是两个离散函数之间距离的远近程度，但它强调的是若干个离散函数（相关因素序列）对一个离散函数（系统特征行为序列）远近的相对程度，即相关因素序列之间远近程度的大小并不重要，重要的是各相关因素序列与同一系统特征行为序列之间的远近程度，通过计算灰色关联度排出灰色关联顺序。灰色关联分析的总体性跳出了一般系统分析中因素之间两两比较的模式，而是将各因素统一于共同的系统特征行为序列进行比较与分析，实用价值更广泛。②非对称性。在同一个系统中，因素之间的关系是错综复杂的。假定在某一系统中，对于甲因素来说，乙因素与其关系最为紧密，而对乙因素来说甲不一定是关系最紧密的因素，有可能是丙因素。即甲对乙的关联度并不等于乙对甲的关联度。非对称性反映了客观世界中系统内部各因素之间真实的关系，该方法较其他数理统计分析更贴近现实。③非唯一性。灰色关联度随着母序列、子序列、原始数据处理方法、数据多少、分辨系数的不同而不同。④有序性。灰色关联分析研究的是离散形式的系统状态变量。它不像相关分析可以随意颠倒时序，这种离散函数中的各个数据不能两两对换，否则原序列的性质会被改变。⑤动态性。因素之间的灰色关联度随着序列的长度不同而变化，表明系统在发展过程中，各因素之间的关联关系也随着不断变化。

4.2.1　普通灰色关联分析

普通灰色关联分析就是比较时间序列数据的几何形状接近程度，一般来说，如果两个数据序列的几何形状越接近，变化趋势也越接近，相应的灰色关联度也越大（傅立，1991）。普通灰色关联分析的步骤如下所述。

1. 两类序列设定

设系统特征行为序列为 $X_0 = (x_0(1), x_0(2), \cdots, x_0(n))$，存在 m 个影响系统特征行为序列的序列，称为相关因素序列。m 个相关因素序列构造的相关因素序列矩阵如下：

$$X_i = \begin{bmatrix} x_1(1) & x_1(2) & \cdots & x_1(n) \\ x_2(1) & x_2(2) & \cdots & x_2(n) \\ \vdots & \vdots & & \vdots \\ x_m(1) & x_m(2) & \cdots & x_m(n) \end{bmatrix} (i = 1, 2, \cdots, m) \qquad （4-1）$$

2. 数据变换

系统中各序列的物理意义不同，相应数据的量纲也不一定相同。为便于分析，需要对原始数据序列进行无量纲化处理，即利用一定的方法对原始数据进行处理，使其无量纲化和归一化，从而保证系统中各序列具备等效性与同序性。常用的无量纲化处理方法有中心化处理、极差化处理、初值化处理、极大化处理、极小化处理、均值化处理（章巧秋，2011）。这里采用初值化处理对两类序列进行数据变换，变换公式如下：

$$X_0' = X_0 / x_0(1) = (x_0'(1), x_0'(2), \cdots, x_0'(n)) \qquad （4-2）$$

$$X_i' = X_i / x_i(1) = \begin{bmatrix} x_1'(1) & x_1'(2) & \cdots & x_1'(n) \\ x_2'(1) & x_2'(2) & \cdots & x_2'(n) \\ \vdots & \vdots & & \vdots \\ x_m'(1) & x_m'(2) & \cdots & x_m'(n) \end{bmatrix} \qquad （4-3）$$

3. 相关因素序列的差序列及两极差计算

计算 k 时刻 m 个相关因素序列相对于系统特征行为序列的差序列及两极差，计算公式如下：

$$\Delta_i(k) = \left| x_0'(k) - x_i'(k) \right| \tag{4-4}$$

$$\Delta_{\min} = \min_i \min_k \left| x_0'(k) - x_i'(k) \right| (i = 1, 2, \cdots, m) \tag{4-5}$$

$$\Delta_{\min} = \max_i \max_k \left| x_0'(k) - x_i'(k) \right| \tag{4-6}$$

4. 灰色关联度计算

首先计算各相关因素序列与系统特征行为序列的灰色关联系数，计算公式如下：

$$r(x_0'(k), x_i'(k)) = \frac{\Delta_{\min} + \xi \Delta_{\max}}{\Delta_i + \xi \Delta_{\max}} \quad (i = 1, 2, \cdots, m) \tag{4-7}$$

其中，ξ 为分辨系数，用于控制因 $\max_i \max_k \left| x_0'(k) - x_i'(k) \right|$ 数值过大而失真的影响，其值可以提高灰色关联系数之间差异的显著性，客观上反映了各数列对灰色关联度的间接影响程度（许凤，2009）。一般情况下，$0 < \xi < 1$，通常取 $\xi = 0.5$。

然后根据灰色关联系数计算灰色关联度。灰色关联度可表示为 m 个相关因素序列与系统特征行为序列的灰色关联系数均值，计算公式如下：

$$r_{0i} = r(X_0, X_i) = \frac{1}{n} \sum_{k=1}^{n} \gamma(x_0'(k), x_i'(k)) \quad (i = 1, 2, \cdots, m) \tag{4-8}$$

5. 灰色关联度排序

比较 m 个相关因素序列对系统特征行为序列的灰色关联度大小，将相关因素序列对系统特征行为序列的灰色关联度值按从大到小的顺序排列，组成灰色关联序。灰色关联序直接反映了每个相关因素序列对于系统特征行为序列相关性的强弱排序。

4.2.2　广义灰色关联分析

广义灰色关联分析由于形式简捷、计算方便，解决了科研生产中的大量实际问题。广义灰色关联度包括灰色绝对关联度、灰色相对关联度、灰色综合关联度三种关联度。灰色绝对关联度表征的是相关因素序列绝对量的变化对系统特征行为序列的影响程度。即灰色绝对关联度比较的是相关因素序列与系统特征行为序列几何形状的相似程度，几何形状相似程度越高，两序列的灰色绝对关联度越高。

1. 灰色绝对关联度

设 $X_i = (x_i(1), x_i(2), \cdots, x_i(n))(i = 1, 2, \cdots, m)$ 为系统特征行为序列的相关因素序列，将每个相关因素序列减去自身初始值后，得到的初值像为 $X_i - x_i(1) = (x_i(1) - x_i(1), x_i(2) - x_i(1), \cdots, x_i(n) - x_i(1))(i = 1, 2, \cdots, m)$，有式（4-9）成立：

$$s_i = \int_1^n (X_i - x_i(1)) \mathrm{d}t \qquad (4\text{-}9)$$

其中，当 X_i 为增长序列时，$s_i \geqslant 0$；当 X_i 为衰减序列时，$s_i \leqslant 0$；当 X_i 为振荡序列时，s_i 符号不确定。设 X_i 的始点零化像 $X_i D$ 表示如下：

$$X_i D = (x_i(1)d, x_i(2)d, \cdots, x_i(n)d) \qquad (4\text{-}10)$$

其中，$x_i(k)d = x_i(k) - x_i(1)(k = 1, 2, \cdots, n)$，$D$ 为始点零化算子。将 $X_i D$ 写为如下形式：

$$X_i D = X_i^0 = (x_i^0(1), x_i^0(2), \cdots, x_i^0(n)) \qquad (4\text{-}11)$$

设有两组相关因素序列，分别表示为 $X_i = (x_i(1), x_i(2), \cdots, x_i(n))$ 和 $X_j = (x_j(1), x_j(2), \cdots, x_j(n))(i, j = 1, 2, \cdots, m)$，两组序列的始点零化像分别为 $X_i^0 = (x_i^0(1), x_i^0(2), \cdots, x_i^0(n))$ 和 $X_j^0 = (x_j^0(1), x_j^0(2), \cdots, x_j^0(n))$，则有式（4-12）成立：

$$s_i - s_j = \int_1^n (X_i^0 - X_j^0) \mathrm{d}t \qquad (4\text{-}12)$$

其中，当 X_i^0 恒在 X_j^0 上方，$s_i - s_j \geqslant 0$；当 X_i^0 恒在 X_j^0 下方，$s_i - s_j \leqslant 0$；当 X_i^0 与 X_j^0 相交，$s_i - s_j$ 的符号不确定。

设系统特征行为序列 X_0 与相关因素序列 $X_i(i = 1, 2, \cdots, m)$ 长度相同，则两序列的灰色绝对关联度可表示为

$$\varepsilon_{0i} = \frac{1 + |s_0| + |s_i|}{1 + |s_0| + |s_i| + |s_i - s_0|} \qquad (4\text{-}13)$$

其中，ε_{0i} 只与 X_0 和 X_i 的几何形状有关，与它们的空间相对位置无关。X_0 与 X_i 的几何形状相似程度越大，ε_{0i} 越大；X_0 与 X_i 平行或 X_i^0 围绕 X_0^0 摆动，且 X_i^0 位于 X_0^0 之上部分的面积与 X_i^0 位于 X_0^0 之下部分的面积相等时，$\varepsilon_{0i} = 1$。

2. 灰色相对关联度

灰色相对关联度表征的是相关因素序列的变化速率对系统特征行为序列的影响，反映了两序列相对于始点的变化速率关系。

设系统特征行为序列 X_0 与相关因素序列 $\boldsymbol{X}_i(i=1,2,\cdots,m)$ 长度相同，且初值均不等于零，X_0'，X_i' 分别为 X_0，$\boldsymbol{X}_i$ 的初值像，则 X_0' 与 X_i' 的灰色绝对关联度即为 X_0 与 X_i 的灰色相对关联度，记为 υ_{0i}。X_0，$\boldsymbol{X}_i$ 的相对关联度 υ_{0i} 与绝对关联度 ε_{0i} 的值没有必然联系，当 ε_{0i} 较大时，υ_{0i} 可能很小；当 ε_{0i} 很小时，υ_{0i} 也可能很大。

灰色相对关联度是序列 X_0 与 $\boldsymbol{X}_i$ 相对于始点的变化速率联系的表征，υ_{0i} 只与序列 X_0 和 $\boldsymbol{X}_i$ 相对于始点的变化速率有关，而与序列数据的大小无关。X_0 与 $\boldsymbol{X}_i$ 的变化速率越接近，υ_{0i} 越大；反之，X_0 与 $\boldsymbol{X}_i$ 的变化速率差距越大，υ_{0i} 越小。若 X_0 与 $\boldsymbol{X}_i$ 相对于始点的变化速率相同或 X_0 与 $\boldsymbol{X}_i$ 初值像的始点零化像 $\boldsymbol{X}_i'^0$，$X_0'^0$ 满足：$\boldsymbol{X}_i'^0$ 围绕 $X_0'^0$ 摆动，且 $\boldsymbol{X}_i'^0$ 位于 $X_0'^0$ 之上部分的面积与 $\boldsymbol{X}_i'^0$ 位于 $X_0'^0$ 之下部分的面积相等时，$\upsilon_{0i}=1$。

3. 灰色综合关联度

灰色综合关联度综合了灰色绝对关联度的绝对量与灰色相对关联度的变化速率关系，并且其中的系数不同，侧重点也有所不同。根据各相关因素序列的不同，将关联度进行排序，就可以直观地看出相关因素序列对系统特征行为序列的不同影响。

设系统特征行为序列 X_0 与相关因素序列 $\boldsymbol{X}_i(i=1,2,\cdots,m)$ 长度相同，且初值均不等于零，ε_{0i} 和 υ_{0i} 分别为 X_0 与 $\boldsymbol{X}_i$ 的灰色绝对关联度和灰色相对关联度，则 X_0 与 $\boldsymbol{X}_i$ 的灰色综合关联度 ρ_{0i} 如下：

$$\rho_{0i}=\lambda\varepsilon_{0i}+(1-\lambda)\upsilon_{0i} \qquad (4\text{-}14)$$

其中，λ 为权重，$\lambda\in[0,1]$。

灰色综合关联度既体现了折线 X_0 与 $\boldsymbol{X}_i$ 的相似程度，又反映出 X_0 与 $\boldsymbol{X}_i$ 相对于始点变化速率的接近程度，能够较为全面地表征序列之间联系的紧密程度。一般地，权重取 $\lambda=0.5$；如果比较看重绝对量，λ 可取得大一些；如果比较看重变化速率，λ 可取得小一些。

4.3　河北省物流业发展与新型城镇化建设水平关联关系分析

4.3.1　数据选取

运用广义灰色关联分析法研究河北省物流业发展与新型城镇化建设水平关联关系时，需选取相关指标的统计数据。这里选取 2006～2015 年河北省物流业发展与新型城镇化建设水平量化指标的统计数据进行灰色关联分析。表 4-3 列出了 2006～2015 年河北省物流业发展量化指标数据，其中，物流业增加值数据即为交通运输、仓储和邮政业增加值数据。

表 4-3　2006～2015 年河北省物流业发展量化指标数据

年份	X_1	X_2	X_3	X_4	X_5	X_6	X_7
2006	159.60	485.87	14.91	30.40	9.68	5 157.40	938.52
2007	165.80	619.46	15.27	37.35	10.42	5 507.02	1 155.62
2008	168.04	543.44	15.51	42.96	11.14	5 209.01	1 337.54
2009	171.67	936.48	15.82	50.55	13.68	5 981.61	1 491.92
2010	176.89	1 388.10	16.05	58.12	17.73	7 673.09	1 745.91
2011	183.93	1 396.03	16.31	48.28	21.23	9 840.50	2 046.22
2012	189.30	1 522.67	16.92	59.59	24.29	10 844.84	2 212.93
2013	193.14	2 109.80	18.07	77.06	27.78	12 003.78	2 345.10
2014	201.09	2 024.63	18.54	97.44	23.87	12 968.80	2 396.40
2015	200.63	2 035.73	19.08	131.47	19.92	12 024.94	2 359.09

资料来源:《河北经济年鉴 2016》和国家统计局网站

表 4-4 列出了 2006～2015 年河北省新型城镇化建设水平量化指标数据,其中,"城镇第二、第三产业就业人员比重"数据为城镇第二、第三产业就业人数与城镇就业人员总数的比重。

表 4-4　2006～2015 年河北省新型城镇化建设水平量化指标数据

年份	Y_1	Y_2	Y_3	Y_4	Y_5	Y_6
2006	38.76	98.70	1.67	87.25	1.03	21.81
2007	40.26	98.69	1.97	86.74	1.17	30.45
2008	41.89	98.69	2.30	87.29	1.34	29.51
2009	43.74	98.72	2.46	87.19	1.47	29.95
2010	44.56	98.85	2.87	87.43	1.63	30.52
2011	45.60	98.96	3.40	88.15	1.83	32.21
2012	46.80	99.05	3.66	88.01	2.05	32.51
2013	48.12	99.05	3.89	88.10	2.22	33.65
2014	49.30	98.87	4.00	88.30	2.41	35.45
2015	51.33	98.73	4.03	88.46	2.62	35.87

年份	Y_7	Y_8	Y_9	Y_{10}	Y_{11}	Y_{12}
2006	28.78	0.20	35.60	1.90	2.71	0.93
2007	34.99	0.21	36.50	1.84	2.72	0.92
2008	35.15	0.21	38.70	1.73	2.80	0.91
2009	36.68	0.18	40.00	1.64	2.86	0.94
2010	38.96	0.22	42.70	1.58	2.73	0.92
2011	39.98	0.24	42.10	1.30	2.57	1.01
2012	43.23	0.27	41.00	1.18	2.54	0.99
2013	45.43	0.26	41.20	1.11	2.42	0.90
2014	47.63	0.29	41.90	1.01	2.37	0.89
2015	50.19	0.30	41.20	0.97	2.37	0.91

资料来源:《河北经济年鉴 2016》和国家统计局网站

4.3.2　河北省物流供给能力与新型城镇化建设水平关联关系分析

本节运用广义灰色关联分析法研究河北省物流业发展中的物流供给能力与新型城镇化建设水平的关联关系，分别从物流业就业人员、物流业固定资产投资、运输里程与新型城镇化建设水平关联关系角度进行分析。

1. 物流业就业人员与新型城镇化建设水平关联关系

将物流业就业人员设为系统特征行为序列，以 12 个河北省新型城镇化建设水平量化指标作为相关因素序列，根据广义灰色关联分析中三种广义灰色关联度的公式，计算河北省新型城镇化建设水平与物流业就业人员之间的灰色绝对关联度、灰色相对关联度和灰色综合关联度。表 4-5 列出了河北省新型城镇化建设水平与物流业就业人员的三种广义灰色关联度。

表 4-5　河北省新型城镇化建设水平与物流业就业人员的三种广义灰色关联度

指标	灰色绝对关联度	灰色相对关联度	灰色综合关联度
Y_1	0.647	0.938	0.792
Y_2	0.505	0.650	0.577
Y_3	0.533	0.608	0.571
Y_4	0.511	0.659	0.585
Y_5	0.518	0.623	0.571
Y_6	0.725	0.691	0.708
Y_7	0.765	0.711	0.738
Y_8	0.502	0.898	0.700
Y_9	0.610	0.991	0.800
Y_{10}	0.501	0.563	0.532
Y_{11}	0.501	0.624	0.562
Y_{12}	0.501	0.655	0.578

由表 4-5 中的灰色绝对关联度计算结果可以看出，物流业就业人员与城镇人均住房面积（Y_6）、每万人拥有卫生技术人员数（Y_7）之间的灰色绝对关联度最高，分别为 0.725 和 0.765，这表明，2006～2015 年，城镇人均住房面积（Y_6）、每万人拥有卫生技术人员数（Y_7）的变化对物流业就业人员的影响程度是最大的，这两个指标绝对数量的增长与降低幅度和物流业就业人员的增长与降低幅度最为一

致。物流业就业人员与城镇人口比重（Y_1）、建成区绿地覆盖率（Y_9）之间的灰色绝对关联度排在第二位，分别为 0.647 和 0.610，这表明，2006～2015 年，城镇人口比重（Y_1）、建成区绿地覆盖率（Y_9）的变化对物流业就业人员的影响程度较大，这两个指标绝对数量的增长与降低幅度和物流业就业人员的增长与降低幅度较为一致。物流业就业人员与其他 8 个指标的灰色绝对关联度较低，维持在 0.501～0.533，这表明，2006～2015 年，这 8 个指标的变化对物流业就业人员的影响程度相对较小，它们绝对数量的增长与降低幅度和物流业就业人员的增长与降低幅度有一定差距。

由表 4-5 中的灰色相对关联度计算结果可以看出，物流业就业人员与城镇人口比重（Y_1）、建成区绿地覆盖率（Y_9）之间的灰色相对关联度是最高的，分别为 0.938 和 0.991，这表明，2006～2015 年，物流业就业人员的增长速度与城镇人口比重（Y_1）、建成区绿地覆盖率（Y_9）的增长速度最为接近。物流业就业人员与人均拥有公共图书馆藏量（Y_8）的灰色相对关联度排在第二位，为 0.898，这表明，2006～2015 年，物流业就业人员的增长速度与人均拥有公共图书馆藏量（Y_8）的增长速度很接近。物流业就业人员与每万人拥有卫生技术人员数（Y_7）的灰色相对关联度较高，为 0.711，这表明，2006～2015 年，物流业就业人员的增长速度与每万人拥有卫生技术人员数（Y_7）的增长速度比较接近。物流业就业人员与城镇第二、第三产业就业人员比重（Y_2），人均 GDP（Y_3），第二、第三产业产值比重（Y_4），城镇人均可支配收入（Y_5），城镇人均住房面积（Y_6），城乡收入比（Y_{11}），城乡恩格尔系数比（Y_{12}）的灰色相对关联度一般，保持在 0.608～0.691，这表明 2006～2015 年，物流业就业人员的增长速度与这 7 个指标的增长速度有一定的接近。物流业就业人员与单位 GDP 能耗（Y_{10}）的灰色相对关联度较低，仅为 0.563，这表明 2006～2015 年，物流业就业人员的增长速度与单位 GDP 能耗（Y_{10}）的增长速度有一定的差距。

由表 4-5 中的灰色综合关联度计算结果可以看出，物流业就业人员与建成区绿地覆盖率（Y_9）的灰色综合关联度最高，为 0.800，这表明，2006～2015 年，建成区绿地覆盖率（Y_9）与物流业就业人员的关系最为紧密，是影响物流业就业人员变化的首要因素。物流业就业人员与城镇人口比重（Y_1）、城镇人均住房面积（Y_6）、每万人拥有卫生技术人员数（Y_7）、人均拥有公共图书馆藏量（Y_8）的灰色综合关联度排在第二位，保持在 0.700～0.792，这表明，2006～2015 年，物流业就业人员与这 4 个指标的关系比较紧密，这 4 个指标是影响物流业就业人员变化的次要因素。物流业就业人员与其他 7 个指标的灰色综合关联度相对较低，为 0.532～0.538，这表明，2006～2015 年，这 7 个指标与物流业就业人员的紧密程度相对较小，对物流业就业人员变化的影响有限。

2. 物流业固定资产投资与新型城镇化建设水平关联关系

将物流业固定资产投资设为系统特征行为序列，以 12 个河北省新型城镇化建设水平量化指标作为相关因素序列，根据广义灰色关联分析中三种广义灰色关联度的公式，计算河北省新型城镇化建设水平与物流业固定资产投资之间的灰色绝对关联度、灰色相对关联度和灰色综合关联度。表 4-6 列出了河北省新型城镇化建设水平与物流业固定资产投资的三种广义灰色关联度。

表 4-6　河北省新型城镇化建设水平与物流业固定资产投资的三种广义灰色关联度

指标	灰色绝对关联度	灰色相对关联度	灰色综合关联度
Y_1	0.504	0.562	0.559
Y_2	0.500	0.516	0.515
Y_3	0.501	0.750	0.738
Y_4	0.500	0.517	0.516
Y_5	0.500	0.721	0.710
Y_6	0.506	0.642	0.635
Y_7	0.507	0.629	0.623
Y_8	0.500	0.568	0.565
Y_9	0.503	0.553	0.551
Y_{10}	0.500	0.514	0.513
Y_{11}	0.500	0.516	0.515
Y_{12}	0.500	0.517	0.516

由表 4-6 中的灰色绝对关联度计算结果可以看出，物流业固定资产投资与 12 个新型城镇化建设水平量化指标之间的灰色绝对关联度相差不大，均在 0.500 左右，这表明，2006～2015 年，这 12 个指标的变化对物流业固定资产投资的影响程度基本相同，它们绝对数量的增长与降低幅度和物流业固定资产投资增长与降低幅度均比较一致。

由表 4-6 中的灰色相对关联度计算结果可以看出，物流业固定资产投资与人均 GDP（Y_3）、城镇人均可支配收入（Y_5）之间的灰色相对关联度是最高的，分别为 0.750 和 0.721，这表明，2006～2015 年，物流业固定资产投资的增长速度与人均 GDP（Y_3）、城镇人均可支配收入（Y_5）的增长速度最为接近。物流业固定资产投资与城镇人均住房面积（Y_6）、每万人拥有卫生技术人员数（Y_7）的灰色相对关联度也比较高，分别为 0.642 和 0.629，这表明，2006～2015 年，物流业固定资产投资的增长速度与城镇人均住房面积（Y_6）、每万人拥有卫生技术人员数（Y_7）的增长速度比较接近。物流业固定资产投资与其他 8 个指标的灰色相对关联度较低，为 0.514～0.568，这表明，2006～2015 年，物流业固定资产投资的增长速度与其他 8 个指标的增长速度有一定的差距。

由表 4-6 中的灰色综合关联度计算结果可以看出，物流业固定资产投资与人均 GDP(Y_3)、城镇人均可支配收入(Y_5)之间的灰色相对关联度最高，分别为 0.738 和 0.710，这表明，2006～2015 年，人均 GDP(Y_3)、城镇人均可支配收入(Y_5)与物流业固定资产投资的关系最为紧密，是影响物流业固定资产投资变化的首要因素。物流业固定资产投资与城镇人均住房面积(Y_6)、每万人拥有卫生技术人员数（Y_7）的灰色综合关联度排在第二位，分别为 0.635 和 0.623，这表明，2006～2015 年，城镇人均住房面积（Y_6）、每万人拥有卫生技术人员数(Y_7)与物流业固定资产投资的关系比较紧密，是影响物流业固定资产投资变化的次要因素。物流业固定资产投资与其他 8 个指标的灰色综合关联度相对较低，为 0.513～0.559，这表明，2006～2015 年，这 8 个指标与物流业固定资产投资的紧密程度相对较小，对物流业固定资产投资变化的影响有限。

3. 运输里程与新型城镇化建设水平关联关系

将运输里程设为系统特征行为序列，以 12 个河北省新型城镇化建设水平量化指标作为相关因素序列，根据广义灰色关联分析中三种广义灰色关联度的公式，计算河北省新型城镇化建设水平与运输里程之间的灰色绝对关联度、灰色相对关联度和灰色综合关联度。表 4-7 列出了河北省新型城镇化建设水平与运输里程的三种广义灰色关联度。

表 4-7　河北省新型城镇化建设水平与运输里程的三种广义灰色关联度

指标	灰色绝对关联度	灰色相对关联度	灰色综合关联度
Y_1	0.500	0.889	0.870
Y_2	0.500	0.668	0.660
Y_3	0.500	0.596	0.591
Y_4	0.500	0.678	0.670
Y_5	0.500	0.609	0.604
Y_6	0.500	0.670	0.662
Y_7	0.500	0.687	0.678
Y_8	0.500	0.854	0.837
Y_9	0.500	0.953	0.930
Y_{10}	0.500	0.566	0.563
Y_{11}	0.500	0.636	0.630
Y_{12}	0.500	0.675	0.666

由表 4-7 中的灰色绝对关联度计算结果可以看出，运输里程与 12 个新型城镇化建设水平量化指标之间的灰色绝对关联度值完全相同，均为 0.500，这表明，2006～2015 年，这 12 个指标的变化对运输里程的影响程度相同，它们绝对数量的增长与降低幅度和运输里程的增长与降低幅度一致。

由表 4-7 中的灰色相对关联度计算结果可以看出，运输里程与建成区绿地覆盖率（Y_9）之间的灰色相对关联度是最高的，达到 0.953，这表明，2006～2015 年，运输里程的增长速度与建成区绿地覆盖率（Y_9）的增长速度最为接近。运输里程与城镇人口比重（Y_1）、人均拥有公共图书馆藏量（Y_8）的灰色相对关联度排在第二位，分别为 0.889 和 0.854，这表明，2006～2015 年，运输里程的增长速度与城镇人口比重（Y_1）、人均拥有公共图书馆藏量（Y_8）的增长速度很接近。运输里程与城镇第二、第三产业就业人员比重（Y_2）、第二、第三产业产值比重（Y_4）、城镇人均可支配收入（Y_5）、城镇人均住房面积（Y_6）、每万人拥有卫生技术人员数（Y_7）、城乡收入比（Y_{11}）、城乡恩格尔系数比（Y_{12}）的灰色相对关联度比较高，在 0.609～0.687，这表明，2006～2015 年，运输里程的增长速度与这 7 个指标的增长速度比较接近。运输里程与人均 GDP（Y_3）、单位 GDP 能耗（Y_{10}）的灰色相关联度较低，分别为 0.596 和 0.566，这表明，2006～2015 年，运输里程的增长速度与人均 GDP（Y_3）、单位 GDP 能耗（Y_{10}）的增长速度有一定的差距。

由表 4-7 中的灰色综合关联度计算结果可以看出，运输里程与建成区绿地覆盖率（Y_9）之间的灰色综合关联度最高，为 0.930，这表明，2006～2015 年，建成区绿地覆盖率（Y_9）与运输里程的关系最为紧密，是影响运输里程变化的首要因素。运输里程与城镇人口比重（Y_1）、人均拥有公共图书馆藏量（Y_8）的灰色综合关联度排在第二位，分别为 0.870 和 0.837，这表明，2006～2015 年，城镇人口比重（Y_1）、人均拥有公共图书馆藏量（Y_8）与运输里程的关系很紧密，是影响运输里程变化的次要因素。运输里程与城镇第二、第三产业就业人员比重（Y_2）、第二、第三产业产值比重（Y_4）、城镇人均可支配收入（Y_5）、城镇人均住房面积（Y_6）、每万人拥有卫生技术人员数（Y_7）、城乡收入比（Y_{11}）、城乡恩格尔系数比（Y_{12}）的灰色综合联度比较高，为 0.604～0.678，这表明，2006～2015 年，这 7 个指标与运输里程的关系较紧密。运输里程与人均 GDP（Y_3）、单位 GDP 能耗（Y_{10}）的灰色综合联度较低，分别为 0.591 和 0.563，这表明，2006～2015 年，人均 GDP（Y_3）、单位 GDP 能耗（Y_{10}）与运输里程的紧密程度相对较小，对运输里程变化的影响有限。

4.3.3 河北省物流需求水平与新型城镇化建设水平的关联关系分析

本节运用广义灰色关联分析法研究河北省物流业发展中的物流需求与新型城

镇化建设水平的关联关系，分别从邮政业务量、货运量、货物周转量与新型城镇化建设水平关联关系角度进行分析。

1. 邮政业务量与新型城镇化建设水平关联关系

将邮政业务量设为系统特征行为序列，以 12 个河北省新型城镇化建设水平量化指标作为相关因素序列，根据广义灰色关联分析中三种广义灰色关联度的公式，计算河北省新型城镇化建设水平与邮政业务量之间的灰色绝对关联度、灰色相对关联度和灰色综合关联度。表 4-8 列出了河北省新型城镇化建设水平与邮政业务量的三种广义灰色关联度。

表 4-8　河北省新型城镇化建设水平与邮政业务量的三种广义灰色关联度

指标	灰色绝对关联度	灰色相对关联度	灰色综合关联度
Y_1	0.602	0.601	0.601
Y_2	0.503	0.527	0.525
Y_3	0.523	0.909	0.890
Y_4	0.508	0.528	0.527
Y_5	0.513	0.861	0.844
Y_6	0.656	0.732	0.728
Y_7	0.684	0.710	0.709
Y_8	0.501	0.611	0.606
Y_9	0.576	0.587	0.586
Y_{10}	0.501	0.521	0.520
Y_{11}	0.501	0.525	0.524
Y_{12}	0.501	0.528	0.526

由表 4-8 中的灰色绝对关联度计算结果可以看出，邮政业务量与城镇人口比重（Y_1）、城镇人均住房面积（Y_6）、每万人拥有卫生技术人员数（Y_7）之间的灰色绝对关联度最高，分别为 0.602、0.656 和 0.684，这表明，2006～2015 年，城镇人口比重（Y_1）、城镇人均住房面积（Y_6）、每万人拥有卫生技术人员数（Y_7）的变化对邮政业务量的影响程度是最大的，这三个指标绝对数量的增长与降低幅度和物流业就业人数的增长与降幅最为一致。邮政业务量与其他 9 个指标的灰色绝对关联度较低，为 0.501～0.576，这表明，2006～2015 年，这 9 个指标的变化对邮政业务量的影响程度相对较小，它们绝对数量的增长与降低幅度和邮政业务

量的增长与降幅有一定差距。

由表 4-8 中的灰色相对关联度计算结果可以看出，邮政业务量与人均 GDP（Y_3）之间的灰色相对关联度是最高的，为 0.909，这表明，2006～2015 年，邮政业务量的增长速度与人均 GDP（Y_3）的增长速度最为接近。邮政业务量与城镇人均可支配收入（Y_5）之间的灰色相对关联度排在第二位，为 0.861，这表明，2006～2015 年，邮政业务量的增长速度与城镇人均可支配收入（Y_5）的增长速度很接近。邮政业务量与城镇人均住房面积（Y_6）、每万人拥有卫生技术人员数（Y_7）的灰色相对关联度较高，分别为 0.732 和 0.710，这表明，2006～2015 年，邮政业务量的增长速度与城镇人均住房面积（Y_6）、每万人拥有卫生技术人员数（Y_7）的增长速度比较接近。邮政业务量与城镇人口比重（Y_1）、人均拥有公共图书馆藏量（Y_8）的灰色相对关联度一般，这表明，2006～2015 年，邮政业务量的增长速度与城镇人口比重（Y_1）、人均拥有公共图书馆藏量（Y_8）的增长速度有一定的接近。邮政业务量与其他 6 个指标的灰色相对关联度较低，为 0.521～0.587，这表明，2006～2015 年，邮政业务量的增长速度与这 6 个指标的增长速度有一定的差距。

由表 4-8 中的灰色综合关联度计算结果可以看出，邮政业务量与人均 GDP（Y_3）、城镇人均可支配收入（Y_5）之间的灰色综合关联度是最高的，分别为 0.890 和 0.844，这表明，2006～2015 年，人均 GDP（Y_3）、城镇人均可支配收入（Y_5）与邮政业务量的关系最为紧密，是影响邮政业务量变化的首要因素。邮政业务量与城镇人均住房面积（Y_6）、每万人拥有卫生技术人员数（Y_7）的灰色综合关联度排在第二位，分别为 0.728 和 0.709，这表明，2006～2015 年，城镇人均住房面积（Y_6）、每万人拥有卫生技术人员数（Y_7）与邮政业务量的关系很紧密，是影响邮政业务量变化的次要因素。邮政业务量与城镇人口比重（Y_1）、人均拥有公共图书馆藏量（Y_8）的灰色综合关联度比较高，为 0.601～0.606，这表明，2006～2015 年，城镇人口比重（Y_1）、人均拥有公共图书馆藏量（Y_8）与邮政业务量的关系较紧密。邮政业务量与其他 6 个指标的灰色综合关联度较低，为 0.520～0.586，这表明，2006～2015 年，这 6 个指标与邮政业务量的紧密程度相对较小，对邮政业务量变化的影响有限。

2. 货运量与新型城镇化建设水平关联关系

将货运量设为系统特征行为序列，以 12 个河北省新型城镇化建设水平量化指标作为相关因素序列，根据广义灰色关联分析中三种广义灰色关联度的公式，计算河北省新型城镇化建设水平与货运量之间的灰色绝对关联度、灰色相对关联度和灰色综合关联度。表 4-9 列出了河北省新型城镇化建设水平与货运量的三种广义灰色关联度。

表 4-9　河北省新型城镇化建设水平与货运量的三种广义灰色关联度

指标	灰色绝对关联度	灰色相对关联度	灰色综合关联度
Y_1	0.500	0.615	0.609
Y_2	0.500	0.530	0.529
Y_3	0.500	0.963	0.940
Y_4	0.500	0.532	0.530
Y_5	0.500	0.909	0.888
Y_6	0.500	0.762	0.749
Y_7	0.500	0.738	0.726
Y_8	0.500	0.626	0.620
Y_9	0.500	0.598	0.594
Y_{10}	0.500	0.523	0.522
Y_{11}	0.500	0.528	0.527
Y_{12}	0.500	0.531	0.530

由表 4-9 中的灰色绝对关联度计算结果可以看出，货运量与 12 个新型城镇化建设水平量化指标之间的灰色绝对关联度值完全相同，均为 0.500，这表明，2006~2015 年，这 12 个指标的变化对货运量的影响程度相同，它们绝对数量的增长与降低幅度和货运量的增长与降低幅度一致。

由表 4-9 中的灰色相对关联度计算结果可以看出，货运量与人均 GDP（Y_3）、城镇人均可支配收入（Y_5）之间的灰色相对关联度是最高的，分别为 0.963 和 0.909，这表明，2006~2015 年，货运量的增长速度与人均 GDP（Y_3）、城镇人均可支配收入（Y_5）的增长速度最为接近。货运量与城镇人均住房面积（Y_6）、每万人拥有卫生技术人员数（Y_7）的灰色相对关联度排在第二位，分别为 0.762 和 0.738，这表明，2006~2015 年，货运量的增长速度与城镇人均住房面积（Y_6）、每万人拥有卫生技术人员数（Y_7）的增长速度比较接近。货运量与城镇人口比重（Y_1）、人均拥有公共图书馆藏量（Y_8）的灰色相对关联度一般，分别为 0.615 和 0.626，这表明，2006~2015 年，货运量的增长速度与城镇人口比重（Y_1）、人均拥有公共图书馆藏量（Y_8）的增长速度有一定的接近。货运量与其他 6 个指标的灰色相对关联度较低，为 0.523~0.598，这表明，2006~2015 年，货运量的增长速度与这 6 个指标的增长速度有一定的差距。

由表 4-9 中的灰色综合关联度计算结果可以看出，货运量与人均 GDP（Y_3）之间的灰色综合关联度是最高的，为 0.940，这表明，2006~2015 年，人均 GDP（Y_3）与货运量的关系最为紧密，是影响货运量变化的首要因素。货运量与城镇人均可支配收入（Y_5）的灰色综合关联度排在第二位，为 0.888，这表明，2006~2015

年，城镇人均可支配收入（Y_5）与货运量的关系很紧密，是影响货运量变化的次要因素。货运量与城镇人均住房面积（Y_6）、每万人拥有卫生技术人员数（Y_7）的灰色综合关联度比较高，分别为 0.749 和 0.726，这表明，2006～2015 年，城镇人均住房面积（Y_6）、每万人拥有卫生技术人员数（Y_7）与货运量的关系较紧密。货运量与城镇人口比重（Y_1）、人均拥有公共图书馆藏量（Y_8）的灰色综合关联度一般，分别为 0.609 和 0.620，这表明，2006～2015 年，城镇人口比重（Y_1）、人均拥有公共图书馆藏量（Y_8）与货运量有一定的关系。货运量与其他 6 个指标的灰色综合关联度较低，为 0.522～0.594，这表明，2006～2015 年，这 6 个指标与货运量的紧密程度相对较小，对货运量变化的影响有限。

3. 货物周转量与新型城镇化建设水平关联关系

将货物周转量设为系统特征行为序列，以 12 个河北省新型城镇化建设水平量化指标作为相关因素序列，根据广义灰色关联分析中三种广义灰色关联度的公式，计算河北省新型城镇化建设水平与货物周转量之间的灰色绝对关联度、灰色相对关联度和灰色综合关联度。表 4-10 列出了河北省新型城镇化建设水平与货物周转量的三种广义灰色关联度。

表 4-10　河北省新型城镇化建设水平与货物周转量的三种广义灰色关联度

指标	灰色绝对关联度	灰色相对关联度	灰色综合关联度
Y_1	0.501	0.645	0.638
Y_2	0.500	0.538	0.536
Y_3	0.500	0.926	0.905
Y_4	0.500	0.540	0.538
Y_5	0.500	0.983	0.959
Y_6	0.501	0.832	0.816
Y_7	0.502	0.801	0.786
Y_8	0.500	0.659	0.651
Y_9	0.501	0.625	0.619
Y_{10}	0.500	0.528	0.526
Y_{11}	0.500	0.535	0.534
Y_{12}	0.500	0.539	0.537

由表 4-10 中的灰色绝对关联度计算结果可以看出，货物周转量与 12 个新型城镇化建设水平量化指标之间的灰色绝对关联度值相差不大，均在 0.500 左右，这表明，2006～2015 年，这 12 个指标的变化对货物周转量的影响程度基本相同，它们绝对数量的增长与降低幅度和货物周转量的增长与降低幅度比较一致。

由表 4-10 中的灰色相对关联度计算结果可以看出，货物周转量与人均 GDP（Y_3）、城镇人均可支配收入（Y_5）之间的灰色相对关联度是最高的，分别为 0.926 和 0.983，这表明，2006～2015 年，货物周转量的增长速度与人均 GDP（Y_3）、城镇人均可支配收入（Y_5）的增长速度最为接近。货物周转量与城镇人均住房面积（Y_6）、每万人拥有卫生技术人员数（Y_7）的灰色相对关联度排在第二位，分别为 0.832 和 0.801，这表明，2006～2015 年，货物周转量的增长速度与城镇人均住房面积（Y_6）、每万人拥有卫生技术人员数（Y_7）的增长速度很接近。货物周转量与城镇人口比重（Y_1）、人均拥有公共图书馆藏量（Y_8）、建成区绿地覆盖率（Y_9）的灰色相对关联度一般，分别为 0.645、0.659 和 0.625，这表明，2006～2015 年，货物周转量的增长速度与城镇人口比重（Y_1）、人均拥有公共图书馆藏量（Y_8）、建成区绿地覆盖率（Y_9）的增长速度有一定的接近。货物周转量与其他 5 个指标的灰色相对关联度较低，为 0.528～0.540，这表明，2006～2015 年，货物周转量的增长速度与这 5 个指标的增长速度有一定的差距。

由表 4-10 中的灰色综合关联度计算结果可以看出，货物周转量与人均 GDP（Y_3）、城镇人均可支配收入（Y_5）之间的灰色综合关联度是最高的，分别为 0.905 和 0.959，这表明，2006～2015 年，人均 GDP（Y_3）、城镇人均可支配收入（Y_5）与货物周转量的关系最为紧密，是影响货物周转量变化的首要因素。货物周转量与城镇人均住房面积（Y_6）的灰色综合关联度排在第二位，为 0.816，这表明，2006～2015 年，城镇人均住房面积（Y_6）与货物周转量的关系很紧密，是影响货物周转量变化的次要因素。货物周转量与每万人拥有卫生技术人员数（Y_7）的灰色综合关联度比较高，为 0.786，这表明，2006～2015 年，每万人拥有卫生技术人员数（Y_7）与货物周转量的关系较紧密。货物周转量与城镇人口比重（Y_1）、人均拥有公共图书馆藏量（Y_8）、建成区绿地覆盖率（Y_9）的灰色综合关联度一般，分别为 0.638、0.651 和 0.619，这表明，2006～2015 年，城镇人口比重（Y_1）、人均拥有公共图书馆藏量（Y_8）、建成区绿地覆盖率（Y_9）与货物周转量有一定的关系。货物周转量与其他 5 个指标的灰色综合关联度较低，为 0.526～0.538，这表明，2006～2015 年，这 5 个指标与货物周转量的紧密程度相对较小，对货物周转量变化的影响有限。

4.3.4　河北省物流发展规模与新型城镇化建设水平的关联关系分析

本节运用广义灰色关联分析法研究河北省物流业发展中的物流发展规模与新型城镇化建设水平的关联关系，从物流业增加值与新型城镇化建设水平的关系角度进行分析。

　　将物流业增加值设为系统特征行为序列，以 12 个河北省新型城镇化建设水平量化指标作为相关因素序列，根据广义灰色关联分析中三种广义灰色关联度的公式，计算河北省新型城镇化建设水平与物流业增加值之间的灰色绝对关联度、灰色相对关联度和灰色综合关联度。表 4-11 列出了河北省新型城镇化建设水平与物流业增加值的三种广义灰色关联度。

表 4-11　河北省新型城镇化建设水平与物流业增加值的三种广义灰色关联度

指标	灰色绝对关联度	灰色相对关联度	灰色综合关联度
Y_1	0.504	0.609	0.604
Y_2	0.500	0.529	0.527
Y_3	0.501	0.942	0.920
Y_4	0.500	0.530	0.529
Y_5	0.500	0.890	0.870
Y_6	0.506	0.750	0.738
Y_7	0.506	0.727	0.716
Y_8	0.500	0.620	0.614
Y_9	0.503	0.594	0.589
Y_{10}	0.500	0.522	0.521
Y_{11}	0.500	0.527	0.526
Y_{12}	0.500	0.530	0.528

　　由表 4-11 中的灰色绝对关联度计算结果可以看出，物流业增加值与 12 个新型城镇化建设水平量化指标之间的灰色绝对关联度相差不大，均在 0.500 左右，这表明，2006～2015 年，这 12 个指标的变化对物流业增加值的影响程度基本相同，它们绝对数量的增长与降低幅度和物流业增加值的增长与降低幅度比较一致。

　　由表 4-11 中的灰色相对关联度计算结果可以看出，物流业增加值与人均 GDP（Y_3）之间的灰色相对关联度是最高的，为 0.942，这表明，2006～2015 年，物流业增加值的增长速度与人均 GDP（Y_3）的增长速度最为接近。物流业增加值与城镇人均可支配收入（Y_5）的灰色相对关联度排在第二位，为 0.890，这表明，2006～2015 年，物流业增加值的增长速度与城镇人均可支配收入（Y_5）的增长速度很接近。物流业增加值与城镇人均住房面积（Y_6）、每万人拥有卫生技术人员数（Y_7）的灰色相对关联度较高，分别为 0.750 和 0.727，这表明，2006～2015 年，物流业增加值的增长速度与城镇人均住房面积（Y_6）、每万人拥有卫生技术人员数（Y_7）的增长速度较接近。物流业增加值与城镇人口比重（Y_1）、人均拥有公共图书馆藏量（Y_8）的灰色相对关联度一般，这表明，2006～2015 年，物流业增加值的增长速度与城镇人口比重（Y_1）、人均拥有公共图书馆藏量（Y_8）的增长速度有一定的接近。物流业增加值与其他 6 个指标的灰色相对关联度较低，为 0.522~0.594，这表明，2006~2015 年，物流业增加值的增长速度与这 6 个指标的增长速度有一定的差距。

由表 4-11 中的灰色综合关联度计算结果可以看出，物流业增加值与人均 GDP（Y_3）之间的灰色综合关联度是最高的，为 0.920，这表明，2006~2015 年，人均 GDP（Y_3）与物流业增加值的关系最为紧密，是影响物流业增加值变化的首要因素。物流业增加值与城镇人均可支配收入（Y_5）的灰色综合关联度排在第二位，为 0.870，这表明，2006~2015 年，城镇人均可支配收入（Y_5）与物流业增加值的关系很紧密，是影响物流业增加值变化的次要因素。物流业增加值与城镇人均住房面积（Y_6）、每万人拥有卫生技术人员数（Y_7）的灰色综合关联度比较高，分别为 0.738 和 0.716，这表明，2006~2015 年，城镇人均住房面积（Y_6）、每万人拥有卫生技术人员数（Y_7）与物流业增加值的关系较紧密。物流业增加值与城镇人口比重（Y_1）、人均拥有公共图书馆藏量（Y_8）的灰色综合关联度一般，分别为 0.604 和 0.614，这表明，2006~2015 年，城镇人口比重（Y_1）、人均拥有公共图书馆藏量（Y_8）与物流业增加值有一定的关系。物流业增加值与其他 5 个指标的灰色综合关联度较低，为 0.521~0.589，这表明，2006~2015 年，这 6 个指标与物流业增加值的紧密程度相对较小，对物流业增加值变化的影响有限。

4.4　本章小结

本章基于广义灰色关联分析法研究了河北省物流业发展与新型城镇化建设水平的关联关系。首先，在遵循科学性、系统性、真实性、稳定性和动态性、可操作性等原则基础上，从物流供给能力、物流需求水平和物流发展规模三方面构建了河北省物流业发展量化指标体系，从人口城镇化、经济城镇化、生活质量、社会进步、生态环境、城乡统筹六方面构建了河北省新型城镇化建设水平量化指标体系。其次，基于三种广义灰色关联度研究了河北省物流业发展与新型城镇化建设水平的关系，结果表明：第一，城镇人均住房面积、每万人拥有卫生技术人员数的变化对物流业就业人数的影响程度最大，物流业就业人数的增长速度与城镇人口比重、建成区绿地覆盖率的增长速度最为接近，建成区绿地覆盖率与物流业就业人数的关系最为紧密；第二，12 个新型城镇化建设水平量化指标的变化对物流业固定资产投资的影响程度基本相同，物流业固定资产投资的增长速度与人均GDP、城镇人均可支配收入的增长速度最为接近，人均 GDP、城镇人均可支配收入与物流业固定资产投资的关系最为紧密；第三，12 个新型城镇化建设水平量化指标的变化对运输里程的影响程度相同，运输里程的增长速度与建成区绿地覆盖率的增长速度最为接近，建成区绿地覆盖率与运输里程的关系也最为紧密；第四，城镇人口比重、城镇人均住房面积、每万人拥有卫生技术人员数的变化对邮政业务量的影响程度最大，邮政业务量的增长速度与人均 GDP 的增长速度最为接近，人均 GDP、城镇人均可支配收入与邮政业务量的关系最为紧密；第五，12 个新型城镇化建设水平量化指标的变化对货运量的影响程度相同，货运量的增长速度与人均 GDP、城镇人均可支配收入的增长速度最为接近，人均 GDP 与货运量的关系最为紧密；第六，12 个新型城镇化建设水平量化指标的变化对货物周转量的影响程度基本相同，货物周转量的增长速度与人均 GDP、城镇人均可支配收入的增长速度最为接近，人均 GDP、城镇人均可支配收入与货物周转量的关系最为紧密；第七，12 个新型城镇化建设水平量化指标的变化对物流业增加值的影响程度基本相同，物流业增加值的增长速度与人均 GDP 的增长速度最为接近，人均 GDP 与物流业增加值的关系最为紧密。

参 考 文 献

邓聚龙. 1987. 灰色系统基本方法[M]. 武汉：华中理工大学出版社.

傅立. 1991. 灰色系统理论及其应用[M]. 北京：科学技术文献出版社.

侯勇，张荣乾，谭忠富，等. 2006. 基于模糊聚类和灰色理论的各行业与全社会用电量关联分析[J]. 电网技术，30（2）：46-50.

刘思峰，郭天榜. 1991. 灰色系统理论及其应用[M]. 开封：河南大学出版社.

任海军. 2006. 基于智能计算的配电网负荷预测方法研究[D]. 重庆：重庆大学博士学位论文.

孙晓东，焦玥，胡劲松. 2006. 基于组合权重的灰色关联理想解法及其应用[J]. 工业工程与管理，11（1）：62-66.

孙玉刚. 2007. 灰色关联分析及其应用的研究[D]. 南京：南京航空航天大学硕士学位论文.

肖新平，谢录臣，黄定容. 1995. 灰色关联度计算的改进及其应用[J]. 数理统计与管理，（5）：27-30.

许凤. 2009. 改进的灰色关联分析法在室内空气品质评价中的应用[J]. 制冷与空调，23（2）：25-28.

章巧秋. 2011. 基于灰色关联分析的制浆造纸厂环境影响评价方法研究[D]. 杭州：杭州电子科技大学硕士学位论文.

Wei G W. 2011. Grey relational analysis model for dynamic hybrid multiple attribute decision making[J]. Knowledge-Based Systems，24（5）：672-679.

Xie N M，Liu S F. 2009. Research on evaluations of several grey relational models adapt to grey relational axioms[J]. Journal of Systems Engineering and Electronics，20（2）：304-309.

Zhang K，Liu S F. 2009. A novel algorithm of image edge detection based on matrix degree of grey incidences[J]. The Journal of Grey System，21（3）：231-240.

第5章 河北省物流业发展与新型城镇化建设水平互动关系研究

本章在第4章研究基础上，在线性回归模型框架下，构建不同的互动作用模型，研究河北省物流业发展中的物流供给能力、物流需求水平、物流发展规模与关系最紧密的新型城镇化建设水平量化指标之间的互动关系。

5.1 线性回归模型

回归分析是一种非常重要的统计方法，注重挖掘数据的线性或非线性结构规律，在自然科学、社会科学和应用技术中都有重要应用（Horel，1962；Horel and Kennard，1970；Friedman et al.，2001；Hastie et al.，2009）。回归分析可以描述变量之间相互依赖但又不完全确定的相关关系，即通过一个变量或一些变量的变化解释另一变量的变化，其基本思路是：根据理论和问题的分析判断，将变量分为自变量与因变量，并找出合适的函数方程（回归模型）来描述变量之间的关系（刘锦萍，2009）。由于涉及的变量具有不确定性，还需要对回归模型进行统计检验，检验通过后，回归模型可以用于分析与预测。

在许多实际问题中，某个变量 y 往往与另外一些变量 $x_1, x_2, \cdots, x_{p-1}$ 相关，但这种相关关系由于机理不明确或由于问题的复杂性而无法准确刻画，只能描述为 y 的取值部分由 $x_1, x_2, \cdots, x_{p-1}$ 的取值决定。在这种情况下，可以认为 y 的值由两部分构成：一部分是由 $x_1, x_2, \cdots, x_{p-1}$ 能够决定的部分，是 $x_1, x_2, \cdots, x_{p-1}$ 的某个函数，记为 $f(x_1, x_2, \cdots, x_{p-1})$；另一部分是不确定因素产生的影响，称为随机误差项，记为 μ。因此，y 与 $x_1, x_2, \cdots, x_{p-1}$ 的关系可以表示为

$$y = f(x_1, x_2, \cdots, x_{p-1}) + \mu \tag{5-1}$$

回归模型就是利用 y 与 $x_1, x_2, \cdots, x_{p-1}$ 的观测数据，在随机误差项的某些假定下确定 $f(x_1, x_2, \cdots, x_{p-1})$，在此基础上，通过统计推断的方法分析所确定函数的合理性及 y 与各 $x_1, x_2, \cdots, x_{p-1}$ 的关系，以进一步应用于预测、控制等问题。

按照自变量个数的不同，回归模型可以分为一元回归模型和多元回归模型。

一元回归模型只包含一个自变量，多元回归模型有两个或两个以上的自变量。按照回归曲线的形态不同，回归模型可以分为线性回归模型和非线性回归模型。实际分析时，应根据客观现象的性质、特点、研究目的与任务，选择合适的回归模型。

5.1.1　线性回归模型构建

线性回归模型是描述一个因变量与一个或多个自变量之间线性依存关系的模型。根据自变量的不同，分为多元线性回归模型和一元线性回归模型两种。多元线性回归模型的一般形式如下：

$$y = \beta_0 + \beta_1 x_1 + \cdots + \beta_{p-1} x_{p-1} + \mu \qquad (5\text{-}2)$$

其中，y 为因变量；$x_1, x_2, \cdots, x_{p-1}$ 为自变量；β_0 为常数项；$\beta_1, \beta_2, \cdots, \beta_{p-1}$ 为 y 对应于 $x_1, x_2, \cdots, x_{p-1}$ 的偏回归系数。偏回归系数表示假设在其他所有自变量不变的情况下，某一个自变量变化引起因变量变化的比率；μ 为随机误差项，包含了除自变量之外的各种因素对因变量影响的总和。

一元线性回归模型是最简单的线性回归模型，可以看作是多元线性回归模型的特例，描述了一个自变量 x 和一个因变量 y 之间的线性关系。一元线性回归模型的一般形式如下：

$$y = \beta_0 + \beta_1 x + \mu \qquad (5\text{-}3)$$

其中，y 为因变量；x 为自变量；β_0 为模型的截距，为常数项；β_1 为模型的斜率，为 y 对应于 x 的偏回归系数，它决定了自变量影响因变量的基本关系；μ 为随机误差项。为构建一元线性回归模型式（5-3），对 y 和 x 进行 n 次独立的观测，得到 n 组观测值（称为样本数据）$(y_i; x_i)$，$i = 1, 2, \cdots, n$，满足关系式如下：

$$y_i = \beta_0 + \beta_1 x_i + \mu_i \quad (i = 1, 2, \cdots, n) \qquad (5\text{-}4)$$

线性回归模型须满足五个假设理论，满足这些假设理论的线性回归模型称为古典线性模型。五个假设如下所述。

（1）正态性假设。假设随机误差项 μ_i 服从均值为零、方差为 σ^2 的正态分布。

（2）等方差性假设。假设对于所有的 x_i，μ_i 的条件方差同为 σ^2，且 σ 为常数，即 $\mathrm{Var}(\mu_i \mid x_i) = \sigma^2$。

（3）独立性假设，即零均值假设。假定在给定 x_i 的条件下，μ_i 的条件期望值为零，即 $E(\mu) = 0$。

（4）无自相关性假设。假设随机误差项 μ 的逐次观测值互不相关。即 $\mathrm{Cov}(\mu_i, \mu_j) = 0 \ (i \neq j)$。

（5）μ_i 与 x_i 的不相关性，即无多重相关性。假设随机误差项 μ_i 与相应的自变量 x_i 对因变量 y 的影响相互独立，$\text{Cov}(\mu_i, x_i) = 0$。

5.1.2　线性回归模型系数估计

估计线性回归模型系数时，常用的方法有普通最小二乘（oridinary least squares，OLS）法和最大似然估计（maximum likelihood estimate，MLE）法。OLS 法以误差平方和最小为原则估计参数，相对于 MLE 法，OLS 法的计算更简单、估计结果更有效。OLS 法估计一元线性回归模型系数的过程如下。

设 y_i 为观测值，$\hat{y}_i$ 为一元线性回归模型的拟合值，$i = 1, 2, \cdots, n$，它们之间的误差可以写为如下形式：

$$e_i = y_i - \hat{y}_i \tag{5-5}$$

误差平方和可以写为如下形式：

$$E = \sum_{i=1}^{n} e_i^2 = \sum_{i=1}^{n} (y_i - \hat{y}_i)^2 = \sum_{i=1}^{n} (y_i - \beta_0 - \beta_1 x_i)^2 \tag{5-6}$$

要使 E 最小，将 E 分别对 β_0 和 β_1 求偏导数并令其等于零，得到方程组如下：

$$\begin{cases} \dfrac{\partial E}{\partial \beta_0} = -2 \sum_{i=1}^{n} (y_i - \beta_0 - \beta_1 x_i) = 0 \\ \dfrac{\partial E}{\partial \beta_1} = -2 \sum_{i=1}^{n} (y_i - \beta_0 - \beta_1 x_i) x_i = 0 \end{cases} \tag{5-7}$$

求解以上方程组，即得到回归系数的 OLS 估计值，形式如下：

$$\hat{\beta}_0 = \bar{y} - \hat{\beta}_1 \bar{x} \tag{5-8}$$

$$\hat{\beta}_1 = \frac{\sum_{i=1}^{n} x_i y_i - n\bar{x}\bar{y}}{\sum_{i=1}^{n} x_i^2 - n\bar{x}^2} \tag{5-9}$$

其中，$\bar{x}$ 和 $\bar{y}$ 的形式如下：

$$\bar{x} = \frac{1}{n} \sum_{i=1}^{n} x_i \tag{5-10}$$

$$\bar{y} = \frac{1}{n}\sum_{i=1}^{n}y_i \tag{5-11}$$

将式（5-8）和式（5-9）代入式（5-3）并略去随机误差项，得到回归方程如下：

$$y = \hat{\beta}_0 + \hat{\beta}_1 x \tag{5-12}$$

通过回归方程可由自变量 x 的观测值求出 y 的拟合值。

5.1.3　线性回归模型检验

线性回归模型往往是一种假定，为了检验这一假定是否符合实际观测结果，还需要进行一系列的假设检验，主要包括拟合优度检验、回归方程的显著性检验和自变量的显著性检验（刘爽，2010；罗袅，2012）。

1. 拟合优度检验

拟合优度检验主要通过拟合优度系数 R^2 和经调整的拟合优度系数测定因变量与自变量之间的线性相关程度。R^2 是因变量观测值与拟合值相关系数的平方，也可用于解释线性回归模型中自变量的变异在因变量的变异中所占的比重。但拟合优度系数 R^2 的值随着进入回归方程的自变量个数或样本量大小的增加而增大，为了消除自变量的个数及样本量的大小对拟合优度系数的影响，还需要引入经调整的拟合优度系数。拟合优度系数和经调整的拟合优度系数越大，表明因变量与自变量之间的线性相关性越强。

2. 回归方程的显著性检验

回归方程的显著性检验通过 F 检验来完成，主要用于检验自变量与因变量之间的线性关系是否显著，能否用线性和来表示。检验的原假设是总体的回归参数为零或都不为零。如果 F 统计量较大，则说明自变量造成因变量的线性变动远大于随机因素对因变量的影响，自变量与因变量之间的线性关系显著。

3. 自变量的显著性检验

自变量的显著性检验通过 t 检验完成，用于检验自变量对因变量的线性影响是否显著，检验的原假设是各自变量回归参数和常数项为零。如果回归参数没有通过检验，一定程度上说明它们对应的自变量在方程中可有可无，为简化线性回归模型，需剔除不显著的自变量，重新建立回归方程。但在实际应用中，有时为了使线性回归模型结构合理，也保留个别对因变量影响不大的自变量。

5.2 河北省物流供给能力与新型城镇化建设水平互动关系研究

本节根据第 4 章的广义灰色关联分析结果，研究河北省物流业发展中的物流供给能力与新型城镇化建设水平的互动关系，分别分析物流业就业人数、物流业固定资产投资、运输里程与其关系最紧密的新型城镇化建设水平量化指标之间的互动作用。

5.2.1 物流业就业人数与新型城镇化建设水平互动关系

由广义灰色关联分析结果可知，建成区绿地覆盖率与物流业就业人数的关系最为紧密，是影响物流业就业人数的首要因素，这里对物流业就业人数与建成区绿地覆盖率的互动关系进行分析。

基于表 4-3 和表 4-4 中的数据，作出河北省物流业就业人数与建成区绿地覆盖率的散点关系图，图 5-1 给出了 2006～2015 年河北省物流业就业人数与建成区绿地覆盖率散点关系图。从图 5-1 可以看出，河北省物流业就业人数随建成区绿地覆盖率的增长而有所增长，两者之间存在线性相关关系。

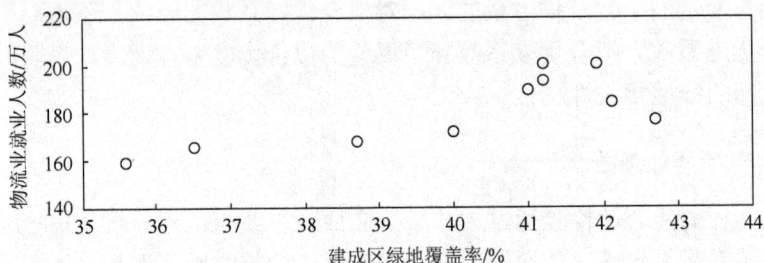

图 5-1 2006～2015 年河北省物流业就业人数与建成区绿地覆盖率散点关系图

基于一元线性回归模型框架，构建河北省物流业就业人数与建成区绿地覆盖率的互动作用模型如下：

$$\ln X_1 = \kappa_{10} + \kappa_{11} Y_9 \qquad (5\text{-}13)$$

其中，$\ln X_1$ 为河北省物流业就业人数的对数；Y_9 为河北省建成区绿地覆盖率；κ_{10} 和 κ_{11} 为模型系数，κ_{11} 决定了河北省物流业就业人数与建成区绿地覆盖率的互动关系。

　　以河北省物流业就业人数的对数为因变量，建成区绿地覆盖率为自变量进行回归分析，表 5-1 列出了 2006～2015 年河北省物流业就业人数与建成区绿地覆盖率回归分析结果。

表 5-1　2006～2015 年河北省物流业就业人数与建成区绿地覆盖率回归分析结果

回归系数	系数值	标准误差	t 统计量	P 值	F 统计量	R^2	调整后 R^2
κ_{10}	4.142	0.305	13.569	0.000	11.964 (0.009)	0.599	0.549
κ_{11}	0.026	0.008	3.459	0.009			

　　注：P 值表示回归系数 t 统计量的显著性水平；小括号中的数字表示 F 统计量的显著性水平；R^2 表示回归模型的拟合优度

　　由表 5-1 可知，回归方程的拟合优度 R^2 为 0.599，调整后的 R^2 为 0.549，回归方程的拟合度较高；回归方程的 F 统计量为 11.964，在 1%水平下通过了显著性检验，即回归方程的线性关系在概率为 99%的水平下显著成立；回归系数 κ_{10} 的 t 统计量为 13.569，回归系数 κ_{11} 的 t 统计量为 3.459，均在 1%水平下通过了显著性检验。由以上检验结果可知，回归方程通过了检验，可用于分析河北省物流业就业人数与建成区绿地覆盖率之间的关系。因此，河北省物流业就业人数与建成区绿地覆盖率的互动作用表达式为

$$\ln X_1 = 0.026Y_9 + 4.142 \tag{5-14}$$

　　由式（5-14）可以看出，河北省物流业就业人数与建成区绿地覆盖率呈正相关关系，建成区绿地覆盖率每上升 1 个百分点，物流业就业人数提高约 260 人，说明建成区绿地覆盖率对物流业就业人数具有一定的促进作用，即河北省物流业就业人数随着省内建成区绿地覆盖率的增长而增长。同时，河北省建成区绿地覆盖率也随着省内物流业就业人数的增长而有一定程度的增长，物流业就业人数每上升 1 万人，建成区绿地覆盖率将增加约 38.462 个百分点。因此，河北省物流业就业人数与建成区绿地覆盖率具有一定的相互促进关系，而且建成区绿地覆盖率对于物流业就业人数的促进作用小于物流业就业人数对于建成区绿地覆盖率的促进作用。

5.2.2　物流业固定资产投资与新型城镇化建设水平互动关系

　　由广义灰色关联分析结果可知，人均 GDP、城镇人均可支配收入与物流业固定资产投资的关系最为紧密，是影响物流业固定资产投资的两个首要因素，本节分别对物流业固定资产投资与人均 GDP、城镇人均可支配收入的互动关系进行分析。

1. 物流业固定资产投资与人均 GDP 互动关系

基于表 4-3 和表 4-4 中的数据，作出河北省物流业固定资产投资与人均 GDP 的散点关系图，图 5-2 给出了 2006～2015 年河北省物流业固定资产投资与人均 GDP 散点关系图。从图 5-2 可以看出，河北省物流业固定资产投资随着人均 GDP 的增长而增长，两者之间存在线性相关关系。

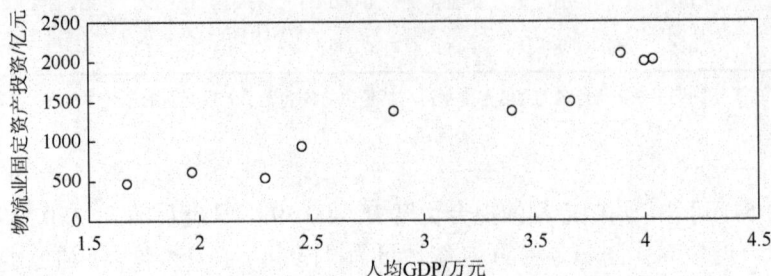

图 5-2　2006～2015 年河北省物流业固定资产投资与人均 GDP 散点关系图

基于一元线性回归模型框架，构建河北省物流业固定资产投资与人均 GDP 的互动作用模型如下：

$$X_2 = \kappa_{20} + \kappa_{21} Y_3 \tag{5-15}$$

其中，X_2 为河北省物流业固定资产投资；Y_3 为河北省人均 GDP；κ_{20} 和 κ_{21} 为模型系数，κ_{21} 决定了河北省物流业固定资产投资与人均 GDP 的互动关系。

以河北省物流业固定资产投资为因变量，人均 GDP 为自变量进行回归分析，表 5-2 列出了 2006～2015 年河北省物流业固定资产投资与人均 GDP 回归分析结果。

表 5-2　2006～2015 年河北省物流业固定资产投资与人均 GDP 回归分析结果

回归系数	系数值	标准误差	t 统计量	P 值	F 统计量	R^2	调整后 R^2
κ_{20}	−783.773	206.049	−3.804	0.005	110.834 (0.000)	0.933	0.924
κ_{21}	690.907	65.627	10.528	0.000			

注：P 值表示回归系数 t 统计量的显著性水平；小括号中的数字表示 F 统计量的显著性水平；R^2 表示回归模型的拟合优度

由表 5-2 可知，回归方程的拟合优度 R^2 为 0.933，调整后的 R^2 为 0.924，回归方程的拟合度比较高；回归方程的 F 统计量为 110.834，在 1% 水平下通过了显著性检验，即回归方程的线性关系在概率为 99% 的水平下显著成立；回归系数 κ_{20} 的

t 统计量为−3.804，回归系数 κ_{21} 的 t 统计量为 10.528，均在 1%水平下通过了显著性检验。由以上检验结果可知，回归方程通过了检验，可用于分析河北省物流业固定资产投资与人均 GDP 之间的关系。因此，河北省物流业固定资产投资与人均GDP 的互动作用表达式为

$$X_2 = 690.907Y_3 - 783.773 \tag{5-16}$$

由式（5-16）可以看出，河北省物流业固定资产投资与人均 GDP 呈正相关关系，人均 GDP 每上升 1 万元，物流业固定资产投资提高约 690.907 亿元，说明人均 GDP 对物流业固定资产投资具有明显的促进作用，即河北省物流业固定资产投资随省内人均 GDP 的增长而扩张。同时，河北省人均 GDP 也随物流业固定资产投资的增长而有一定程度的增长，物流业固定资产投资每增加 1 亿元，人均 GDP将提升约 0.001 万元。因此，河北省物流业固定资产投资与人均 GDP 存在相互促进关系，其中，人均 GDP 对于物流业固定资产投资存在显著的促进作用，而物流业固定资产投资对于人均 GDP 的促进作用相对较小。

2. 物流业固定资产投资与城镇人均可支配收入互动关系

基于表 4-3 和表 4-4 中的数据，作出河北省物流业固定资产投资与城镇人均可支配收入的散点关系图，图 5-3 给出了 2006～2015 年河北省物流业固定资产投资与城镇人均可支配收入散点关系图。从图 5-3 可以看出，河北省物流业固定资产投资随着城镇人均可支配收入的增长而增长，两者之间存在线性相关关系。

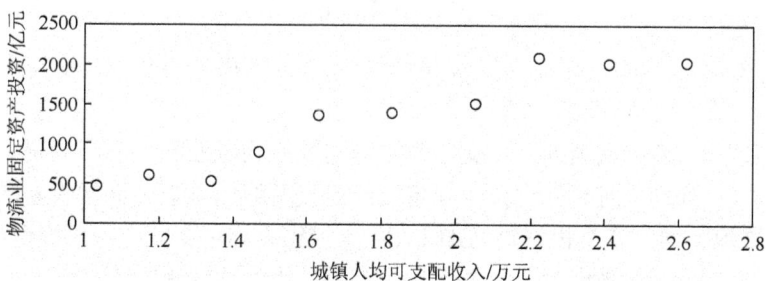

图 5-3　2006～2015 年河北省物流业固定资产投资与城镇人均可支配收入散点关系图

基于一元线性回归模型框架，构建河北省物流业固定资产投资与城镇人均可支配收入的互动作用模型如下：

$$X_2 = v_{20} + v_{21}Y_5 \tag{5-17}$$

其中，X_2 为河北省物流业固定资产投资；Y_5 为河北省城镇人均可支配收入；v_{20} 和 v_{21} 为模型系数，v_{21} 决定了河北省物流业固定资产投资与城镇人均可支配收入的互动关系。

以河北省物流业固定资产投资为因变量，城镇人均可支配收入为自变量进行回归分析，表 5-3 列出了 2006~2015 年河北省物流业固定资产投资与城镇人均可支配收入回归分析结果。

表 5-3　2006~2015 年河北省物流业固定资产投资与城镇人均可支配收入回归分析结果

回归系数	系数值	标准误差	t 统计量	P 值	F 统计量	R^2	调整后 R^2
v_{20}	−698.710	216.032	−3.234	0.012	93.273 (0.000)	0.921	0.911
v_{21}	1128.267	116.825	9.658	0.000			

注：P 值表示回归系数 t 统计量的显著性水平；小括号中的数字表示 F 统计量的显著性水平；R^2 表示回归模型的拟合优度

由表 5-3 可知，回归方程的拟合优度 R^2 为 0.921，调整后的 R^2 为 0.911，回归方程的拟合度比较高；回归方程的 F 统计量为 93.273，在 1%水平下通过了显著性检验，即回归方程的线性关系在概率为 99%的水平下显著成立；回归系数 v_{20} 的 t 统计量为−3.234，在 5%水平下通过了显著性检验，回归系数 v_{21} 的 t 统计量为 9.658，在 1%水平下通过了显著性检验。由以上检验结果可知，回归方程通过了检验，可用于分析河北省物流业固定资产投资与城镇人均可支配收入之间的关系。因此，河北省物流业固定资产投资与城镇人均可支配收入的互动作用表达式为

$$X_2 = 1128.267Y_5 - 698.710 \tag{5-18}$$

由式（5-18）可以看出，河北省物流业固定资产投资与城镇人均可支配收入呈正相关关系，城镇人均可支配收入每提升 1 万元，物流业固定资产投资上升约 1128.267 亿元，说明城镇人均可支配收入对河北省物流业固定资产投资具有明显的促进作用。但是，河北省物流业固定资产投资对城镇人均可支配收入的促进作用很小，物流业固定资产投资每增加 1 亿元，城镇人均可支配收入仅提升约 0.001 万元。因此，河北省物流业固定资产投资与城镇人均可支配收入具有相互促进关系，其中，城镇人均可支配收入对物流业固定资产投资具有显著的促进作用，而物流业固定资产投资对城镇人均可支配收入的促进作用相对较小。

5.2.3　运输里程与新型城镇化建设水平互动关系

由广义灰色关联分析结果可知，建成区绿地覆盖率与运输里程的关系最为紧

密，是影响运输里程的首要因素，本节对运输里程与建成区绿地覆盖率的互动关系进行分析。

　　基于表 4-3 和表 4-4 中的数据，作出河北省运输里程与建成区绿地覆盖率的散点关系图，图 5-4 给出了 2006～2015 年河北省运输里程与建成区绿地覆盖率散点关系图。由图 5-4 可以看出，河北省运输里程随建成区绿地覆盖率的增长而有所增长，两者之间存在近似线性相关关系。

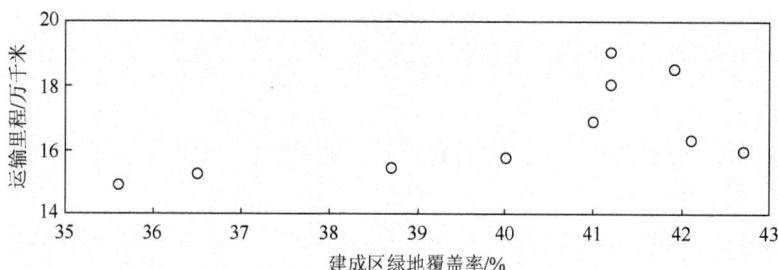

图 5-4　2006～2015 年河北省运输里程与建成区绿地覆盖率散点关系图

　　基于一元线性回归模型框架，构建河北省运输里程与建成区绿地覆盖率的互动作用模型如下：

$$\ln X_3 = \kappa_{30} + \kappa_{31} Y_9 \tag{5-19}$$

其中，$\ln X_3$ 为河北省运输里程的对数；Y_9 为河北省建成区绿地覆盖率；κ_{30} 和 κ_{31} 为模型系数，κ_{31} 决定了河北省运输里程与建成区绿地覆盖率的互动关系。

　　以河北省运输里程的对数为因变量，建成区绿地覆盖率为自变量进行回归分析，表 5-4 列出了 2006～2015 年河北省运输里程与建成区绿地覆盖率回归分析结果。

表 5-4　2006～2015 年河北省运输里程与建成区绿地覆盖率回归分析结果

回归系数	系数值	标准误差	t 统计量	P 值	F 统计量	R^2	调整后 R^2
κ_{30}	1.875	0.380	4.938	0.001	6.070 (0.039)	0.431	0.360
κ_{31}	0.023	0.009	2.464	0.039			

　　注：P 值表示回归系数 t 统计量的显著性水平；小括号中的数字表示 F 统计量的显著性水平；R^2 表示回归模型的拟合优度

　　由表 5-4 可知，回归方程的拟合优度 R^2 为 0.431，调整后的 R^2 为 0.360，回归方程的拟合度较低；回归方程的 F 统计量为 6.070，在 5%水平下通过了显著性检验，即回归方程的线性关系在概率为 95%的水平下显著成立；回归系数 κ_{30} 的 t 统计量为 4.938，在 1%水平下通过了显著性检验，回归系数 κ_{31} 的 t 统计量为 2.464，在 5%水平下通过了显著性检验。由以上检验结果可知，虽然回归方程的拟合度较低，但 F 统计量和 t 统计量均通过了显著性检验，回归方程的整体拟合效果较好，可用于分析河北省运输里程与建成区绿地覆盖率之间的关系。因此，河北省运输里程与建成区绿地覆盖率的互动作用表达式为

$$\ln X_3 = 0.023Y_9 + 1.875 \qquad\qquad (5\text{-}20)$$

由式（5-20）可以看出，河北省运输里程与建成区绿地覆盖率呈正相关关系，建成区绿地覆盖率每提升 1 个百分点，运输里程上升约 0.023 万千米，说明建成区绿地覆盖率对运输里程具有一定的促进作用，即河北省运输里程随省内建成区绿地覆盖率的增长而增长。同时，河北省建成区绿地覆盖率也随省内运输里程的增长而增长，运输里程每上升 1 万千米，建成区绿地覆盖率可提高约 43.478 个百分点。因此，河北省运输里程与建成区绿地覆盖率具有一定的相互促进关系，而且建成区绿地覆盖率对运输里程的促进作用小于运输里程对建成区绿地覆盖率的促进作用。

5.3　河北省物流需求水平与新型城镇化建设水平互动关系研究

本节根据第 4 章的广义灰色关联分析结果，研究河北省物流业发展中的物流需求水平与新型城镇化建设水平的互动关系，分别分析邮政业务量、货运量、货物周转量与其关系最紧密的新型城镇化建设水平量化指标之间的互动作用。

5.3.1　邮政业务量与新型城镇化建设水平互动关系

由广义灰色关联分析结果可知，人均 GDP、城镇人均可支配收入与邮政业务量的关系最为紧密，是影响邮政业务量的两个首要因素，本节对邮政业务量与人均 GDP、城镇人均可支配收入的互动关系进行分析。

基于表 4-3 和表 4-4 中的数据，分别作出河北省邮政业务量与人均 GDP、城镇人均可支配收入的散点关系图，图 5-5 给出了 2006～2015 年河北省邮政业务量与人均 GDP 散点关系图，图 5-6 给出了 2006～2015 年河北省邮政业务量与城镇人均可支配收入散点关系图。由图 5-5 和图 5-6 可以看出，河北省邮政业务量随人均 GDP、城镇人均可支配收入的增长而增长，两者之间均存在线性相关关系。

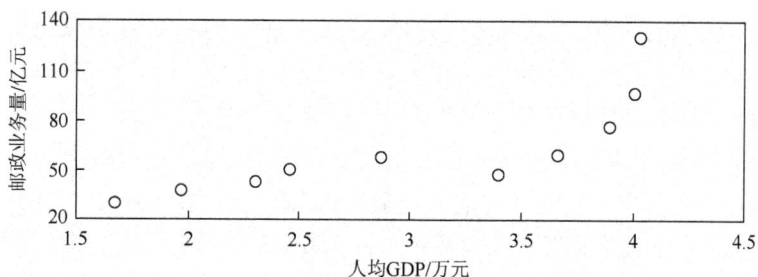

图 5-5　2006～2015 年河北省邮政业务量与人均 GDP 散点关系图

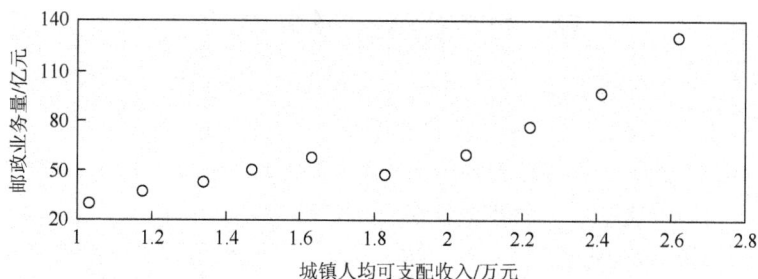

图 5-6　2006～2015 年河北省邮政业务量与城镇人均可支配收入散点关系图

基于多元线性回归模型框架，构建河北省邮政业务量与人均 GDP、城镇人均可支配收入的互动作用模型如下：

$$X_4 = \kappa_{40} + \kappa_{41}Y_3 + \kappa_{42}Y_5 \tag{5-21}$$

其中，X_4 为河北省邮政业务量；Y_3 为河北省人均 GDP；Y_5 为河北省城镇人均可支配收入；κ_{40}、κ_{41} 和 κ_{42} 为模型系数，κ_{41} 和 κ_{42} 分别决定了河北省邮政业务量与人均 GDP、城镇人均可支配收入的互动关系。

以河北省邮政业务量为因变量，人均 GDP 和城镇人均可支配收入为自变量进行回归分析，表 5-5 给出了 2006～2015 年河北省邮政业务量与人均 GDP、城镇人均可支配收入回归分析结果。

表 5-5　2006～2015 年河北省邮政业务量与人均 GDP、城镇人均可支配收入回归分析结果

回归系数	系数值	标准误差	t 统计量	P 值	F 统计量	R^2	调整后 R^2
κ_{40}	−18.900	4.737	−3.990	0.005	264.548 （0.000）	0.987	0.983
κ_{41}	−64.309	7.165	−8.976	0.000			
κ_{42}	155.744	11.774	13.228	0.000			

注：P 值表示回归系数 t 统计量的显著性水平；小括号中的数字表示 F 统计量的显著性水平；R^2 表示回归模型的拟合优度

由表 5-5 可知，回归方程的拟合优度 R^2 为 0.987，调整后的 R^2 为 0.983，回归方程的拟合度很高；回归方程的 F 统计量为 264.548，在 1%水平下通过了显著性检验，即回归方程的线性关系在概率为 99%的水平下显著成立；回归系数 κ_{40} 的 t 统计量为-3.990，回归系数 κ_{41} 的 t 统计量为-8.976，回归系数 κ_{43} 的 t 统计量为 13.228，均在 1%水平下通过了显著性检验。由以上检验结果可知，回归方程通过了检验，可用于分析河北省邮政业务量与人均 GDP、城镇人均可支配收入之间的关系。因此，河北省邮政业务量与人均 GDP、城镇人均可支配收入的互动作用表达式为

$$X_4 = -64.309Y_3 + 155.744Y_5 - 18.900 \qquad (5\text{-}22)$$

由式（5-22）可以看出，河北省邮政业务量与人均 GDP 呈负相关关系、与城镇人均可支配收入呈正相关关系：在城镇人均可支配收入不变的情况下，人均 GDP 每增加 1 万元，邮政业务量下降约 64.309 亿元，在人均 GDP 不变的情况下，城镇人均可支配收入每增加 1 万元，邮政业务量提高约 155.744 亿元，说明人均 GDP 对邮政业务量具有一定的阻碍作用，城镇人均可支配收入对邮政业务量具有明显的促进作用，即河北省邮政业务量随人均 GDP 的增长而下降，随城镇人均可支配收入的增长而增长。同时，河北省人均 GDP 随邮政业务量的增长而有一定程度的下降，河北省城镇人均可支配收入随邮政业务量的增长而有一定程度的增长。邮政业务量每上升 1 亿元，人均 GDP 下降约 0.016 万元，城镇人均可支配收入提高约 0.006 万元。因此，河北省邮政业务量与人均 GDP 具有一定的相互阻碍关系；人均 GDP 对邮政业务量的阻碍作用大于邮政业务量对人均 GDP 的阻碍作用；邮政业务量与城镇人均可支配收入具有一定的相互促进关系，城镇人均可支配收入对邮政业务量的促进作用大于邮政业务量对城镇人均可支配收入的促进作用。

5.3.2　货运量与新型城镇化建设水平互动关系

由广义灰色关联分析结果可知，人均 GDP 与货运量的关系最为紧密，是影响货运量的首要因素，本节对货运量与人均 GDP 的互动关系进行分析。

基于表 4-3 和表 4-4 中的数据，作出河北省货运量与人均 GDP 的散点关系图，图 5-7 给出了 2006～2015 年河北省货运量与人均 GDP 散点关系图。由图 5-7 可以看出，河北省货运量随人均 GDP 的增长而不断增长，两者之间存在线性相关关系。

基于一元线性回归模型框架，构建河北省货运量与人均 GDP 的互动作用模型如下：

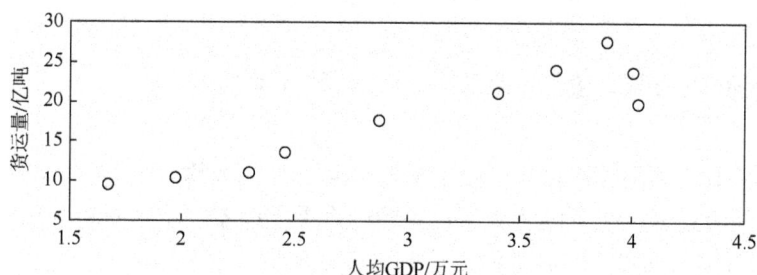

图 5-7 2006～2015 年河北省货运量与人均 GDP 散点关系图

$$\ln X_5 = \kappa_{50} + \kappa_{51} Y_3 \qquad (5-23)$$

其中，$\ln X_5$ 为河北省货运量的对数；Y_3 为河北省人均 GDP；κ_{50} 和 κ_{51} 为模型系数，κ_{51} 决定了河北省货运量与人均 GDP 的互动关系。

以河北省货运量的对数为因变量，人均 GDP 为自变量进行回归分析，表 5-6 给出了 2006～2015 年河北省货运量与人均 GDP 回归分析结果。

表 5-6 2006～2015 年河北省货运量与人均 GDP 回归分析结果

回归系数	系数值	标准误差	t 统计量	P 值	F 统计量	R^2	调整后 R^2
κ_{50}	1.572	0.151	10.437	0.000	74.472 (0.000)	0.903	0.891
K_{51}	0.414	0.048	8.630	0.000			

注：P 值表示回归系数 t 统计量的显著性水平；小括号中的数字表示 F 统计量的显著性水平；R^2 表示回归模型的拟合优度

由表 5-6 可知，回归方程的拟合优度 R^2 为 0.903，调整后的 R^2 为 0.891，回归方程的拟合度很高；回归方程的 F 统计量为 74.472，在 1%水平下通过了显著性检验，即回归方程的线性关系在概率为 99%的水平下显著成立；回归系数 κ_{50} 的 t 统计量为 10.437，回归系数 κ_{51} 的 t 统计量为 8.630，均在 1%水平下通过了显著性检验。由以上检验结果可知，回归方程通过了检验，可用于分析河北省货运量与人均 GDP 之间的关系。因此，河北省货运量与人均 GDP 的互动作用表达式为

$$\ln X_5 = 0.414 Y_3 + 1.572 \qquad (5-24)$$

由式（5-24）可以看出，河北省货运量与人均 GDP 呈正相关关系，人均 GDP 每上升 1 万元，货运量提高约 0.414 亿吨，说明人均 GDP 对货运量具有一定的促进作用，即河北省货运量随着人均 GDP 的增长而增长。同时，河北省人均 GDP 也随货运量的增长而有一定程度的增长，货运量每增加 1 亿吨，人均 GDP 将提升约 2.415 万元。因此，河北省货运量与人均 GDP 具有一定的促进关系，人均 GDP 对货运量的促进作用小于货运量对人均 GDP 的促进作用。

5.3.3　货物周转量与新型城镇化建设水平互动关系

由广义灰色关联分析结果可知，人均 GDP、城镇人均可支配收入与货物周转量的关系最为紧密，是影响货物周转量的两个首要因素，本节对货物周转量与人均 GDP、城镇人均可支配收入的互动关系进行分析。

1. 货物周转量与人均 GDP 互动关系

基于表 4-3 和表 4-4 中的数据，作出河北省货物周转量与人均 GDP 的散点关系图，图 5-8 给出了 2006～2015 年河北省货物周转量与人均 GDP 散点关系图。由图 5-8 可以看出，河北省货物周转量随人均 GDP 的增长而不断增长，两者之间存在线性相关关系。

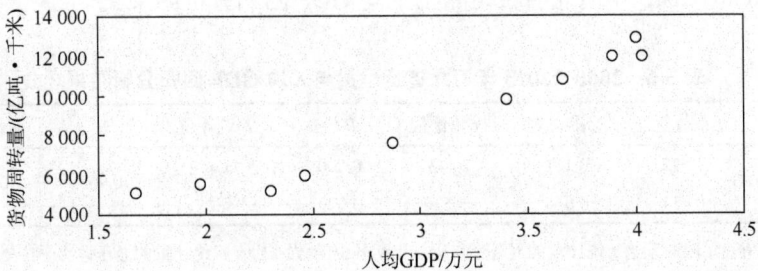

图 5-8　2006～2015 年河北省货物周转量与人均 GDP 散点关系图

基于一元线性回归模型框架，构建河北省货物周转量与人均 GDP 的互动作用模型如下：

$$X_6 = \kappa_{60} + \kappa_{61}Y_3 \qquad (5\text{-}25)$$

其中，X_6 为河北省货物周转量；Y_3 为河北省人均 GDP；κ_{60} 和 κ_{61} 为模型系数，κ_{61} 决定了河北省货物周转量与人均 GDP 的互动关系。

以河北省货物周转量为因变量，人均 GDP 为自变量进行回归分析，表 5-7 给出了 2006～2015 年河北省货物周转量与人均 GDP 回归分析结果。

表 5-7　2006～2015 年河北省货物周转量与人均 GDP 回归分析结果

回归系数	系数值	标准误差	t 统计量	P 值	F 统计量	R^2	调整后 R^2
κ_{60}	−1780.257	861.025	−2.068	0.073	160.245 (0.000)	0.952	0.947
κ_{61}	3471.523	274.238	12.659	0.000			

注：P 值表示回归系数 t 统计量的显著性水平；小括号中的数字表示 F 统计量的显著性水平；R^2 表示回归模型的拟合优度

由表 5-7 可知，回归方程的拟合优度 R^2 为 0.952，调整后的 R^2 为 0.947，回归方程的拟合度很高；回归方程的 F 统计量为 160.245，在 1%水平下通过了显著性检验，即回归方程的线性关系在概率为 99%的水平下显著成立；回归系数 κ_{60} 的 t 统计量为–2.068，在 10%水平下通过了显著性检验，回归系数 κ_{61} 的 t 统计量为 12.659，在 1%水平下通过了显著性检验。由以上检验结果可知，回归方程通过了检验，可用于分析河北省货物周转量与人均 GDP 之间的关系。因此，河北省货物周转量与人均 GDP 的互动作用表达式为

$$X_6 = 3471.523Y_3 - 1780.257 \tag{5-26}$$

由式（5-26）可以看出，河北省货物周转量与人均 GDP 呈正相关关系，人均 GDP 每上升 1 万元，货物周转量提升约 3471.523 亿吨·千米，说明人均 GDP 对货物周转量具有非常显著的促进作用，即河北省货物周转量随省内人均 GDP 的增长而快速增长。同时，河北省人均 GDP 也随省内货物周转量的增长而有一定程度的增长，货物周转量每增加 1 亿吨·千米，人均 GDP 将提升约 2 元。因此，河北省货物周转量与人均 GDP 具有相互促进关系，其中，货物周转量对人均 GDP 存在显著的促进作用，而人均 GDP 对货物周转量的促进作用相对较小。

2. 货物周转量与城镇人均可支配收入互动关系

基于表 4-3 和表 4-4 中的数据，作出河北省货物周转量与城镇人均可支配收入的散点关系图，图 5-9 给出了 2006～2015 年河北省货物周转量与城镇人均可支配收入散点关系图。由图 5-9 可以看出，河北省货物周转量随城镇人均可支配收入的增长而增长，两者之间存在线性相关关系。

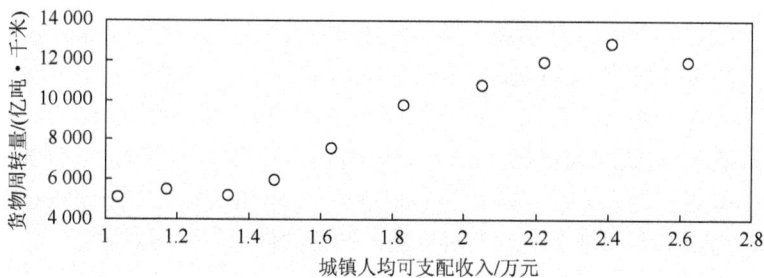

图 5-9　2006～2015 年河北省货物周转量与城镇人均可支配收入散点关系图

基于一元线性回归模型框架，构建河北省货物周转量与城镇人均可支配收入的互动作用模型如下：

$$\ln X_6 = v_{60} + v_{61}Y_5 \tag{5-27}$$

其中，$\ln X_6$ 为河北省货物周转量的对数；Y_5 为河北省城镇人均可支配收入；v_{60} 和

v_{61} 为模型系数，v_{61} 决定了河北省货物周转量与城镇人均可支配收入的互动关系。

以河北省货物周转量的对数为因变量，城镇人均可支配收入为自变量进行回归分析，表 5-8 给出了 2006~2015 年河北省货物周转量与城镇人均可支配收入回归分析结果。

表 5-8　2006~2015 年河北省货物周转量与城镇人均可支配收入回归分析结果

回归系数	系数值	标准误差	t 统计量	P 值	F 统计量	R^2	调整后 R^2
v_{60}	7.816	0.136	57.626	0.000	84.064 (0.000)	0.913	0.902
v_{61}	0.672	0.073	9.169	0.000			

注：P 值表示回归系数 t 统计量的显著性水平；小括号中的数字表示 F 统计量的显著性水平；R^2 表示回归模型的拟合优度

由表 5-8 可知，回归方程的拟合优度 R^2 为 0.913，调整后的 R^2 为 0.902，回归方程的拟合度很高；回归方程的 F 统计量为 84.064，在 1%水平下通过了显著性检验，即回归方程的线性关系在概率为 99%的水平下显著成立；回归系数 v_{60} 的 t 统计量为 57.626，回归系数 v_{61} 的 t 统计量为 9.169，均在 1%水平下通过了显著性检验。由以上检验结果可知，回归方程通过了检验，可用于分析河北省货物周转量与城镇人均可支配收入之间的关系。因此，河北省货物周转量与城镇人均可支配收入的互动作用表达式为

$$\ln X_6 = 0.672Y_5 + 7.816 \tag{5-28}$$

由式（5-28）可以看出，河北省货物周转量与城镇人均可支配收入呈正相关关系，城镇人均可支配收入每增加 1 万元，货物周转量增加约 0.672 亿吨·千米，说明城镇人均可支配收入对货物周转量具有非常显著的促进作用，即河北省货物周转量随省内城镇人均可支配收入的增长而快速增长。同时，河北省城镇人均可支配收入也随省内货物周转量的增长而有一定程度的增长，货物周转量每增加 1 亿吨·千米，城镇人均可支配收入将提升约 1.488 万元。因此，河北省货物周转量与城镇人均可支配收入具有相互促进关系，其中，货物周转量对城镇人均可支配收入存在显著的促进作用，而城镇人均可支配收入对货物周转量的促进作用相对较小。

5.4　河北省物流发展规模与新型城镇化建设水平互动关系研究

本节根据第 4 章的广义灰色关联分析结果，研究河北省物流业发展中的物流发展规模指标与新型城镇化建设水平的互动关系，分析物流业增加值与其关系最紧密的新型城镇化建设水平量化指标之间的互动作用。

由广义灰色关联分析结果可知，人均 GDP 与物流业增加值的关系最为紧密，是影响物流业增加值的首要因素，本节对物流业增加值与人均 GDP 的互动关系进行分析。

基于表 4-3 和表 4-4 中的数据，作出河北省物流业增加值与人均 GDP 的散点关系图，图 5-10 给出了 2006～2015 年河北省物流业增加值与人均 GDP 散点关系图。从图 5-10 可以看出，河北省物流业增加值随人均 GDP 的增长而不断增长，两者之间存在显著的线性相关关系。

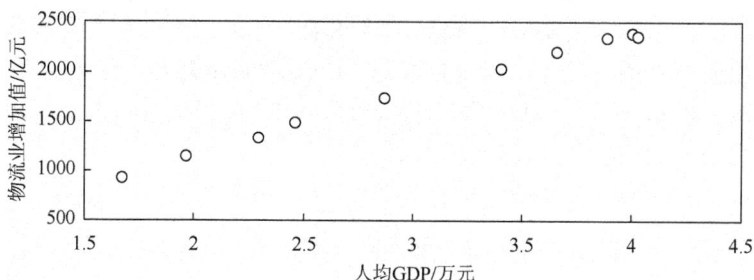

图 5-10　2006～2015 年河北省物流业增加值与人均 GDP 散点关系图

基于一元线性回归模型框架，构建河北省物流业增加值与人均 GDP 的互动作用模型如下：

$$\ln X_7 = \kappa_{70} + \kappa_{71} Y_3 \tag{5-29}$$

其中，$\ln X_7$ 为河北省物流业增加值的对数；Y_3 为河北省人均 GDP；κ_{70} 和 κ_{71} 为模型系数，κ_{71} 决定了河北省物流业增加值与人均 GDP 的互动关系。

以河北省物流业增加值的对数为因变量，人均 GDP 为自变量进行回归分析，表 5-9 给出了 2006～2015 年河北省物流业增加值与人均 GDP 回归分析结果。

表 5-9　2006～2015 年河北省物流业增加值与人均 GDP 回归分析结果

回归系数	系数值	标准误差	t 统计量	P 值	F 统计量	R^2	调整后 R^2
κ_{70}	6.323	0.068	93.112	0.000	296.883	0.974	0.970
κ_{71}	0.373	0.022	17.230	0.000	(0.000)		

注：P 值表示回归系数 t 统计量的显著性水平；小括号中的数字表示 F 统计量的显著性水平；R^2 表示回归模型的拟合优度

由表 5-9 可知，回归方程的拟合优度 R^2 为 0.974，调整后的 R^2 为 0.970，回归方程的拟合度很高；回归方程的 F 统计量为 296.883，在 1%水平下通过了显著性检验，即回归方程的线性关系在概率为 99%的水平下显著成立；回归系数 κ_{70} 的 t

统计量为 93.112，回归系数 κ_{71} 的 t 统计量为 17.230，均在 1%水平下通过了显著性检验。由以上检验结果可知，回归方程通过了检验，可用于分析河北省物流业增加值与人均 GDP 之间的关系。因此，河北省物流业增加值与人均 GDP 的互动作用表达式为

$$\ln X_7 = 0.373Y_3 + 6.323 \tag{5-30}$$

由式（5-30）可以看出，河北省物流业增加值与人均 GDP 呈正相关关系，人均 GDP 每上升 1 万元，物流业增加值提升约 0.373 亿元，说明人均 GDP 对物流业增加值具有较显著的促进作用，即河北省物流业增加值随人均 GDP 的增长而较快速增长。同时，河北省人均 GDP 也随物流业增加值的增长而有一定程度的增长，物流业增加值每增加 1 亿元，人均 GDP 将提升约 2.681 万元。因此，河北省物流业增加值与人均 GDP 具有相互促进关系，而且物流业增加值对人均 GDP 的促进作用明显大于人均 GDP 对物流业增加值的促进作用。

5.5　本章小结

本章基于线性回归模型框架下的互动作用模型，研究了河北省物流业发展中的物流供给能力、物流需求水平、物流发展规模与新型城镇化建设水平的互动关系。结果表明，第一，物流业就业人数与建成区绿地覆盖率具有一定的相互促进关系，而且建成区绿地覆盖率对物流业就业人数的促进作用小于物流业就业人数对建成区绿地覆盖率的促进作用；物流业固定资产投资与人均 GDP、城镇人均可支配收入均存在相互促进关系，其中，人均 GDP 和城镇人均可支配收入对物流业固定资产投资存在显著的促进作用，而物流业固定资产投资对人均 GDP 和城镇人均可支配收入的促进作用相对较小；运输里程与建成区绿地覆盖率具有一定的相互促进关系，而且建成区绿地覆盖率对运输里程的促进作用小于运输里程对建成区绿地覆盖率的促进作用。第二，邮政业务量与人均 GDP 具有一定的相互阻碍关系，而且人均 GDP 对邮政业务量的阻碍作用大于邮政业务量对人均 GDP 的阻碍作用；邮政业务量与城镇人均可支配收入具有一定的相互促进关系，城镇人均可支配收入对邮政业务量的促进作用大于邮政业务量对城镇人均可支配收入的促进作用；货运量与人均 GDP 具有一定促进作用，而且人均 GDP 对货运量的促进作用小于货运量对人均 GDP 的促进作用；货物周转量与人均 GDP、城镇人均可支配收入均具有相互促进关系，其中，人均 GDP 和城镇人均可支配收入对于货物周转量存在显著的促进作用，而货物周转量对人均 GDP 和城镇人均可支配收入的促进作用相对较小。第三，物流业增加值与人均 GDP 具有相互促进关系，而且物流业增加值对人均 GDP 的促进作用明显大于人均 GDP 对物流业增加值的促进作用。

参 考 文 献

刘锦萍. 2009. 粒子群算法的改进及其在回归模型参数估计中的应用[D].上海：华东师范大学博士学位论文.

刘爽. 2010. 我国物流业与国民经济协调发展研究[D]. 长沙：中南大学博士学位论文.

罗裒. 2012. 河北省物流业发展与经济增长关系研究[D]. 秦皇岛：燕山大学硕士学位论文.

Friedman J，Hastie T，Tibshirani R. 2001. The Elements of Statistical Learning[M]. New York：Springer.

Hastie T，Tibshirani R，Friedman J. 2009. Overview of Supervised Learning[M]. New York：Springer.

Horel A E. 1962. Application of ridge analysis to regression problems[J]. Chemical Engineering Progress，58：54-59.

Hoerl A E，Kennard R W. 1970. Ridge regression：biased estimation for nonorthogonal problems[J]. Technometrics，
    12（1）：55-67.

第6章 河北省物流业发展与新型城镇化建设水平协调关系研究

本章首先利用主成分分析法计算河北省物流业发展和新型城镇化建设水平的综合发展指数；以此为基础，构建河北省物流业发展与新型城镇化建设水平的协调发展模型，分析两者的协调度与协调发展度；最后利用灰色预测模型预测河北省物流业发展与新型城镇化建设水平的协调度与协调发展度。

6.1 河北省物流业发展与新型城镇化建设水平主成分分析

6.1.1 主成分分析

1. 主成分分析原理

系统的特征可以用特征参数来描述。复杂系统中大量的特征通常包含许多彼此相关的因素，从而造成信息的重复和浪费。进行系统分析时，应该判别哪些特征是系统分析的重要因素，哪些特征是系统分析的冗余信息。主成分分析是一种有效的线性特征提取方法，其主要目标是在高维输入空间中寻找合适的特征向量，从所有的特征中提取主要特征。理论上，特征空间和数据空间的维数是一样的，当变换后的特征中有几个特征能够包含原有变量的主要信息时，就可以考虑减少特征的个数而提取主要的特征，降低特征空间的维数。

主成分分析是利用一组包含较多信息量的特征尽可能精确地表示原始数据样本的分布，一般采用数据样本协方差矩阵的特征向量系作为展开基，将前几个最大非零特征值对应的特征向量称为主成分，数据样本在这些主成分上线性投影后所得的投影系数称为主成分特征，从而将原始数据样本表示为主成分与投影系数乘积的代数和。通过主成分分析提取线性特征不仅可以从二阶上消除数据样本之间的相关性，而且能够实现原始数据样本的维数压缩，为高维数据提供了一种简约的表示形式。由于具备以上优点，主成分分析广泛地应用于数据压缩、指标选取、模式识别等领域（Ali et al.，1995；Anderson et al.，2002；Jablonsky，2012）。

设 $X = (x_1, x_2, \cdots, x_p) = (x_{ij})_{n \times p}$ 是一个 p 维的随机变量，其中，

$$(x_{ij})_{n \times p} = \begin{bmatrix} x_{11} & x_{12} & \cdots & x_{1p} \\ x_{21} & x_{22} & \cdots & x_{2p} \\ \vdots & \vdots & & \vdots \\ x_{n1} & x_{n2} & \cdots & x_{np} \end{bmatrix} \quad (i = 1, 2, \cdots, n; j = 1, 2, \cdots, p) \qquad (6\text{-}1)$$

通过主成分分析，可以将它们转化为 p 个综合变量，形式如下：

$$\begin{cases} z_1 = c_{11}x_1 + c_{12}x_2 + \cdots + c_{1p}x_p \\ z_2 = c_{21}x_1 + c_{22}x_2 + \cdots + c_{2p}x_p \\ \qquad\qquad \cdots \\ z_p = c_{p1}x_1 + c_{p2}x_2 + \cdots + c_{pp}x_p \end{cases} \qquad (6\text{-}2)$$

其中，$c_{k1}^2 + c_{k2}^2 + \cdots + c_{kp}^2 = 1(k = 1, 2, \cdots, p)$；$z_i$ 和 z_j $(i \neq j, i, j = 1, 2, \cdots, p)$ 互不相关。综合变量 $z_1, z_2, \cdots, z_p$ 是原始变量 $x_1, x_2, \cdots, x_p$ 的主成分，按主成分包含信息量的大小依次为第一主成分，第二主成分，$\cdots$，第 p 主成分，且主成分的方差依次递减。

2. 主成分分析步骤

主成分分析的计算过程主要涉及特征选择和特征提取两个过程。特征选择过程主要是将数据从输入空间映射到输出空间，从而获得输入的特征，即输入的主成分；特征提取的过程就是降低特征空间维数的过程，也就是选取主要特征而舍弃其他特征成分。主成分计算步骤如下。

1）数据标准化

原始变量 $(x_{ij})_{n \times p}$ 的方差与其度量单位有关，度量单位越小，变量数值越大，其方差也越大。为消除变量度量单位不同带来的不利影响，应先对 $(x_{ij})_{n \times p}$ 进行标准化处理，得到标准化变量 $Y = (y_1, y_2, \cdots, y_p) = (y_{ij})_{n \times p}$，其中，

$$y_{ij} = \frac{x_{ij} - \overline{x_{\cdot j}}}{S_j} \qquad (6\text{-}3)$$

$$\overline{x_{\cdot j}} = \frac{1}{n} \sum_{i=1}^{n} x_{ij} \qquad (6\text{-}4)$$

$$S_j = \sqrt{\frac{1}{n-1} \sum_{i=1}^{n} \left(x_{ij} - \overline{x_{\cdot j}}\right)^2} \qquad (6\text{-}5)$$

其中，$i = 1, 2, \cdots, n; j = 1, 2, \cdots, p$；$\overline{x_{\cdot j}}$ 为样本均值；S_j 为样本标准差。

2）相关系数矩阵计算

计算标准化变量$(y_{ij})_{n \times p}$的相关系数矩阵 $\boldsymbol{R} = (r_{ij})_{p \times p}$，其中，

$$r_{ij} = \frac{1}{n-1} \sum_{k=1}^{n} y_{ki} \cdot y_{kj} = \frac{1}{n-1} \sum_{k=1}^{n} \frac{(x_{ki} - \overline{x_{\cdot i}})}{S_i} \cdot \frac{(x_{kj} - \overline{x_{\cdot j}})}{S_j} \tag{6-6}$$

$$r_{ii} = 1, \quad r_{ij} = r_{ji} \qquad (i, j = 1, 2, \cdots, p) \tag{6-7}$$

3）特征值与特征向量计算

计算相关系数矩阵 $\boldsymbol{R}$ 的特征值与特征向量，若 $\boldsymbol{R}$ 能通过正交单位矩阵 $\boldsymbol{Q}$ 作变换，使式（6-8）成立：

$$\boldsymbol{Q}^{\mathrm{T}} \boldsymbol{R} \boldsymbol{Q} = \begin{bmatrix} \lambda_1 & 0 & \cdots & 0 \\ 0 & \lambda_2 & \cdots & 0 \\ \vdots & \vdots & & \vdots \\ 0 & 0 & \cdots & \lambda_p \end{bmatrix} \tag{6-8}$$

那么，$\lambda_1, \lambda_2, \cdots, \lambda_p$ 为 $\boldsymbol{R}$ 的特征值。设 $\lambda_1 \geqslant \lambda_2 \geqslant \cdots \geqslant \lambda_p > 0$，则正交单位矩阵 $\boldsymbol{Q}$ 各列 $\boldsymbol{l}_j = \begin{bmatrix} l_{1j} & l_{2j} & \cdots & l_{pj} \end{bmatrix}^{\mathrm{T}}$ 为 $\lambda_j (j = 1, 2, \cdots, p)$ 对应的正交单位特征向量。

4）主成分提取

第 k 个主成分的方差累积贡献率的计算公式如下：

$$\Gamma_k = \sum_{j=1}^{k} \lambda_j \bigg/ \sum_{j=1}^{p} \lambda_j \tag{6-9}$$

其中，Γ_k 反映了前 k 个主成分综合所有原始变量的能力。根据 Γ_k 确定 k 值后，可提取出前 k 个主成分 $\boldsymbol{C}_p = (C_{p1}, C_{p2}, \cdots, C_{pk}) = (C_{pij})_{n \times k}$ 代替所有原始变量，形式如下：

$$C_{pj} = \boldsymbol{Y} \boldsymbol{l}_j^{\mathrm{T}} = l_{1j} y_1 + l_{2j} y_2 + \cdots + l_{pj} y_p \qquad (j = 1, 2, \cdots, k) \tag{6-10}$$

6.1.2　河北省物流业发展主成分分析

选取 2006～2015 年河北省物流业发展量化指标数据进行主成分分析，相关数据见表 4-3。

为消除各指标单位不一致带来的不利影响，首先对河北省物流业发展量化指标进行标准化处理。表 6-1 列出了 2006～2015 年河北省物流业发展量化指标标准化结果。

表 6-1　2006～2015 年河北省物流业发展量化指标标准化结果

年份	ZX_1	ZX_2	ZX_3	ZX_4	ZX_5	ZX_6	ZX_7
2006	−1.445	−1.294	−1.196	−1.065	−1.283	−1.130	−1.588
2007	−1.027	−1.083	−0.947	−0.840	−1.168	−1.019	−1.189
2008	−0.876	−1.203	−0.788	−0.659	−1.057	−1.114	−0.855
2009	−0.630	−0.583	−0.569	−0.413	−0.664	−0.869	−0.571
2010	−0.278	0.129	−0.416	−0.168	−0.038	−0.332	−0.105
2011	0.197	0.142	−0.232	−0.487	0.504	0.355	0.447
2012	0.560	0.341	0.188	−0.121	0.976	0.674	0.753
2013	0.819	1.267	0.979	0.444	1.517	1.041	0.996
2014	1.356	1.133	1.305	1.104	0.912	1.347	1.091
2015	1.325	1.150	1.676	2.205	0.301	1.048	1.022

计算河北省物流业发展量化指标的相关系数矩阵，表 6-2 列出了河北省物流业发展量化指标相关系数矩阵。相关系数 r 用于分析变量之间线性相关性的强弱，如果两个变量的相关系数 $|r|=1$，则表示两个变量之间是函数关系；如果 $0<|r|<1$，则表示两个变量之间是统计关系，而 $r=0$ 则表示两个变量之间线性不相关。一般地，当 $|r|>0.95$ 时，表明两个变量之间存在显著性相关；当 $0.95\geqslant|r|\geqslant0.80$ 时，表明两个变量之间高度相关；当 $0.50<|r|<0.80$ 时，表明两个变量之间低度相关；当 $0.30\leqslant|r|<0.50$ 时，表明两个变量之间关系极弱，可以认为不存在相关性。

表 6-2　河北省物流业发展量化指标相关系数矩阵

指标	X_1	X_2	X_3	X_4	X_5	X_6	X_7
X_1	1.000	0.965	0.968	0.878	0.881	0.979	0.979
X_2	0.965	1.000	0.942	0.838	0.921	0.967	0.965
X_3	0.968	0.942	1.000	0.950	0.790	0.934	0.913
X_4	0.878	0.838	0.950	1.000	0.589	0.802	0.789
X_5	0.881	0.921	0.790	0.589	1.000	0.930	0.943
X_6	0.979	0.967	0.934	0.802	0.930	1.000	0.971
X_7	0.979	0.965	0.913	0.789	0.943	0.971	1.000

由表 6-2 可得出以下结论：物流业就业人数（X_1）与物流业固定资产投资（X_2）、运输里程（X_3）、货物周转量（X_6）、物流业增加值（X_7）存在显著的相关性，相关系数都超过了 0.95；与邮政业务量（X_4）、货运量（X_5）存在高度相关

性，相关系数均在 0.80 与 0.95 之间。物流业固定资产投资（X_2）与货物周转量（X_6）、物流业增加值（X_7）具有显著的相关性，相关系数均在 0.95 以上；与运输里程（X_3）、邮政业务量（X_4）、货运量（X_5）具有高度相关性，相关系数均在 0.80 与 0.95 之间。运输里程（X_3）与邮政业务量（X_4）存在显著的相关性，相关系数为 0.950；与货运量（X_5）低度相关，相关系数为 0.790；与货物周转量（X_6）、物流业增加值（X_7）存在高度相关性，相关系数分别为 0.934 和 0.913。邮政业务量（X_4）与货运量（X_5）、物流业增加值（X_7）低度相关，相关系数分别为 0.589 和 0.789；与货物周转量（X_6）具有高度相关性，相关系数为 0.802。货运量（X_5）与货物周转量（X_6）、物流业增加值（X_7）存在高度相关性，相关系数分别为 0.930 和 0.943。货物周转量（X_6）与物流业增加值（X_7）之间存在显著的相关性，相关系数达到 0.971。

　　根据相关系数矩阵，计算河北省物流业发展量化指标的特征值，并将特征值由大到小排列，计算相应的单位特征向量，进而得到主成分的方差贡献率和方差累计贡献率。表 6-3 列出了河北省物流业发展主成分分析结果。根据主成分提取原则，提取方差累计贡献率大于 85% 的主成分代替原始全部指标。由表 6-3 可知，第一主成分的特征值 λ_1=6.411，相应的方差累计贡献率达到 91.590%，说明第一个主成分包含了河北省物流业发展全部量化指标 91.590% 的信息，所以选取第一个主成分代替原始 7 个指标来量化河北省物流业综合发展水平是合理的。

表 6-3　河北省物流业发展主成分分析结果

主成分	初始提取结果			最终提取结果		
	特征值	方差贡献率/%	方差累计贡献率/%	特征值	方差贡献率/%	方差累计贡献率/%
1	6.411	91.590	91.590	6.411	91.590	91.590
2	0.493	7.049	98.639			
3	0.045	0.641	99.280			
4	0.033	0.467	99.747			
5	0.013	0.188	99.935			
6	0.004	0.055	99.990			
7	0.001	0.010	100.000			

　　根据选取的第一主成分计算初始因子载荷矩阵，每一个载荷量表示主成分与对应指标的相关系数；再根据初始因子载荷矩阵得到第一主成分的载荷，即河北省物流业发展主成分载荷。表 6-4 列出了河北省物流业发展主成分载荷。

表 6-4　河北省物流业发展主成分载荷

主成分	X_1	X_2	X_3	X_4	X_5	X_6	X_7
1	0.994	0.986	0.970	0.872	0.906	0.984	0.981

由表 6-4 可知，与第一主成分密切相关的指标是物流业就业人数（X_1）、物流业固定资产投资（X_2）、运输里程（X_3）、货运量（X_5）、货物周转量（X_6）和物流业增加值（X_7），它们与第一主成分的相关系数均为正，数值超过了 0.906，其代表了物流供给能力、物流需求水平和物流发展规模的影响。

表 6-5 列出了河北省物流业发展主成分单位特征向量。将表 6-5 的单位特征向量与标准化后的数据相乘，得到河北省物流业发展的第一主成分得分，即综合得分，表达式如下：

$$F(X)=F_1=0.393ZX_1+0.389ZX_2+0.383ZX_3+0.344ZX_4 \\ +0.358ZX_5+0.389ZX_6+0.387ZX_7 \tag{6-11}$$

表 6-5　河北省物流业发展主成分单位特征向量

指标	X_1	X_2	X_3	X_4	X_5	X_6	X_7
特征向量	0.393	0.389	0.383	0.344	0.358	0.389	0.387

主成分的表达式中，系数为负的指标对系统的协调发展起负作用，阻碍协调发展的进行，系数为正的指标对系统的协调发展起促进作用，应大力支持。由式（6-11）可知，河北省物流业发展的所有 7 个量化指标均对河北省物流业的协调发展具有促进作用，河北省相关部门应制定相关的政策，支持这 7 个量化指标的快速发展。

将标准化后的数据代入式（6-11），计算出河北省物流业发展的综合得分，即河北省物流业发展综合指数。表 6-6 列出了 2006～2015 年河北省物流业发展综合指数。

表 6-6　2006～2015 年河北省物流业发展综合指数

年份	河北省物流业发展综合指数	年份	河北省物流业发展综合指数
2006	−3.409	2011	0.368
2007	−2.752	2012	1.286
2008	−2.483	2013	2.676
2009	−1.631	2014	3.126
2010	−0.460	2015	3.279

由表 6-6 可知，河北省物流业发展综合指数呈现逐年稳定增长的发展趋势，从 2006 年的−3.409 增加到 2015 年的 3.279，说明河北省物流业综合发展水平在不断提高。

6.1.3　河北省新型城镇化建设水平主成分分析

选取 2006～2015 年河北省新型城镇化建设水平量化指标数据进行主成分分析，相关数据见表 4-4。为消除各指标单位不一致带来的不利影响，对河北省新型城镇化建设水平量化指标进行标准化处理。表 6-7 列出了 2006～2015 年河北省新型城镇化建设水平量化指标标准化结果。

表 6-7　2006～2015 年河北省新型城镇化建设水平量化指标标准化结果

年份	ZY_1	ZY_2	ZY_3	ZY_4	ZY_5	ZY_6
2006	−1.565	−0.893	−1.528	−0.763	−1.386	−2.360
2007	−1.191	−0.961	−1.192	−1.643	−1.129	−0.187
2008	−0.784	−0.961	−0.817	−0.694	−0.804	−0.423
2009	−0.323	−0.756	−0.637	−0.867	−0.567	−0.313
2010	−0.119	0.129	−0.176	−0.452	−0.281	−0.169
2011	0.141	0.879	0.422	0.791	0.095	0.256
2012	0.440	1.492	0.717	0.549	0.513	0.331
2013	0.769	1.492	0.979	0.704	0.825	0.618
2014	1.063	0.266	1.100	1.049	1.180	1.071
2015	1.569	−0.688	1.131	1.326	1.553	1.177
年份	ZY_7	ZY_8	ZY_9	ZY_{10}	ZY_{11}	ZY_{12}
2006	−1.723	−0.938	−1.861	1.347	0.560	−0.052
2007	−0.778	−0.691	−1.488	1.176	0.615	−0.309
2008	−0.754	−0.691	−0.576	0.864	1.059	−0.567
2009	−0.521	−1.432	−0.037	0.608	1.391	0.206
2010	−0.174	−0.444	1.082	0.437	0.671	−0.309
2011	−0.019	0.049	0.833	−0.358	−0.216	2.009
2012	0.476	0.790	0.377	−0.699	−0.382	1.494
2013	0.811	0.543	0.460	−0.898	−1.048	−0.824
2014	1.146	1.284	0.750	−1.182	−1.325	−1.082
2015	1.535	1.531	0.460	−1.295	−1.325	−0.567

计算河北省新型城镇化建设水平量化指标的相关系数矩阵，表 6-8 列出了河北省新型城镇化建设水平量化指标相关系数矩阵。由表 6-8 可得出以下结论。

表 6-8　河北省新型城镇化建设水平量化指标相关系数矩阵

指标	Y_1	Y_2	Y_3	Y_4	Y_5	Y_6
Y_1	1.000	0.517	0.972	0.902	0.992	0.890
Y_2	0.517	1.000	0.685	0.606	0.535	0.447
Y_3	0.972	0.685	1.000	0.933	0.978	0.874
Y_4	0.902	0.606	0.933	1.000	0.925	0.695
Y_5	0.992	0.535	0.978	0.925	1.000	0.871
Y_6	0.890	0.447	0.874	0.695	0.871	1.000
Y_7	0.985	0.504	0.963	0.856	0.985	0.935
Y_8	0.877	0.501	0.897	0.890	0.925	0.772
Y_9	0.797	0.631	0.815	0.710	0.743	0.745
Y_{10}	−0.975	−0.632	−0.992	−0.949	−0.988	−0.855
Y_{11}	−0.829	−0.538	−0.867	−0.883	−0.889	−0.693
Y_{12}	−0.097	0.396	0.013	0.094	−0.115	−0.102
指标	Y_7	Y_8	Y_9	Y_{10}	Y_{11}	Y_{12}
Y_1	0.985	0.877	0.797	−0.975	−0.829	−0.097
Y_2	0.504	0.501	0.631	−0.632	−0.538	0.396
Y_3	0.963	0.897	0.815	−0.992	−0.867	0.013
Y_4	0.856	0.890	0.710	−0.949	−0.883	0.094
Y_5	0.985	0.925	0.743	−0.988	−0.889	−0.115
Y_6	0.935	0.772	0.745	−0.855	−0.693	−0.102
Y_7	1.000	0.904	0.748	−0.964	−0.851	−0.156
Y_8	0.904	1.000	0.556	−0.922	−0.954	−0.103
Y_9	0.748	0.556	1.000	−0.751	−0.478	0.147
Y_{10}	−0.964	−0.922	−0.751	1.000	0.900	0.006
Y_{11}	−0.851	−0.954	−0.478	0.900	1.000	0.145
Y_{12}	−0.156	−0.103	0.147	0.006	0.145	1.000

城镇人口比重（Y_1）与城镇第二、第三产业就业人员比重（Y_2）及建成区绿地覆盖率（Y_9）存在低度相关性，相关系数分别为 0.517 和 0.797；与人均 GDP

（Y_3）、城镇人均可支配收入（Y_5）、每万人拥有卫生技术人员数（Y_7）、单位 GDP 能耗（Y_{10}）存在显著的相关性，相关系数均在 0.95 以上；与第二、第三产业产值比重（Y_4），城镇人均住房面积（Y_6），人均拥有公共图书馆藏量（Y_8），城乡收入比（Y_{11}）存在高度相关性，相关系数均在 0.80 与 0.95 之间；与城乡恩格尔系数比（Y_{12}）不存在相关性，相关系数仅为 −0.097。

城镇第二、第三产业就业人员比重（Y_2）与城镇人均住房面积（Y_6）不存在相关性，相关系数为 0.447；与其他 10 个新型城镇化建设水平量化指标均存在低度相关性，相关系数均在 0.50 与 0.80 之间。

人均 GDP（Y_3）与第二、第三产业产值比重（Y_4）、城镇人均住房面积（Y_6）、人均拥有公共图书馆藏量（Y_8）、建成区绿地覆盖率（Y_9）、城乡收入比（Y_{11}）均具有高度相关性，相关系数在 0.80 与 0.95 之间；与城镇人均可支配收入（Y_5）、每万人拥有卫生技术人员数（Y_7）、单位 GDP 能耗（Y_{10}）存在显著的相关性，相关系数的绝对值均超过了 0.95；与城乡恩格尔系数比（Y_{12}）不存在相关性，相关系数仅为 0.013。

第二、第三产业产值比重（Y_4）与城镇人均可支配收入（Y_5）、每万人拥有卫生技术人员数（Y_7）、人均拥有公共图书馆藏量（Y_8）、单位 GDP 能耗（Y_{10}）、城乡收入比（Y_{11}）存在高度相关性，相关系数的绝对值均在 0.80 与 0.95 之间；与城镇人均住房面积（Y_6）、建成区绿地覆盖率（Y_9）存在低度相关性，相关系数分别为 0.695 和 0.710；与城乡恩格尔系数比（Y_{12}）不存在相关性，相关系数仅为 0.094。

城镇人均可支配收入（Y_5）与城镇人均住房面积（Y_6）、人均拥有公共图书馆藏量（Y_8）、城乡收入比（Y_{11}）存在高度相关性，相关系数的绝对值在 0.80 与 0.95 之间；与每万人拥有卫生技术人员数（Y_7）、单位 GDP 能耗（Y_{10}）存在显著的相关性，相关系数分别为 0.985 和 −0.988；与建成区绿地覆盖率（Y_9）存在低度相关性，相关系数为 0.743；与城乡恩格尔系数比（Y_{12}）不存在相关性，相关系数仅为 −0.115。

城镇人均住房面积（Y_6）与每万人拥有卫生技术人员数（Y_7）、单位 GDP 能耗（Y_{10}）存在高度相关性，相关系数分别为 0.935 和 −0.855；与人均拥有公共图书馆藏量（Y_8）、建成区绿地覆盖率（Y_9）、城乡收入比（Y_{11}）存在低度相关性，相关系数的绝对值在 0.50 与 0.80 之间；与城乡恩格尔系数比（Y_{12}）不存在相关性，相关系数仅为 −0.102。

每万人拥有卫生技术人员数（Y_7）与人均拥有公共图书馆藏量（Y_8）、单位 GDP 能耗（Y_{10}）、城乡收入比（Y_{11}）存在高度相关性，相关系数的绝对值在 0.80 与 0.95 之间；与建成区绿地覆盖率（Y_9）存在低度相关性，相关系数为 0.748；与城乡恩格尔系数比（Y_{12}）不存在相关性，相关系数仅为 −0.156。

人均拥有公共图书馆藏量（Y_8）与建成区绿地覆盖率（Y_9）存在低度相关性，相关系数为 0.556；与单位 GDP 能耗（Y_{10}）存在高度相关性，相关系数为-0.922；与城乡收入比（Y_{11}）存在显著的相关性，相关系数为-0.954；与城乡恩格尔系数比（Y_{12}）不存在相关性，相关系数仅为-0.103。

建成区绿地覆盖率（Y_9）与单位 GDP 能耗（Y_{10}）存在低度相关性，相关系数为-0.751；与城乡收入比（Y_{11}）存在低度相关性，相关系数为-0.478；与城乡恩格尔系数比（Y_{12}）不存在相关性，相关系数仅为 0.147。

单位 GDP 能耗（Y_{10}）与城乡收入比（Y_{11}）存在高度相关性，相关系数为 0.900；与城乡恩格尔系数比（Y_{12}）不存在相关性，相关系数仅为 0.006。城乡收入比（Y_{11}）与城乡恩格尔系数比（Y_{12}）同样不存在相关性，相关系数仅为 0.145。

计算河北省新型城镇化建设水平量化指标相关系数矩阵的特征值，并将特征值由大到小排列，计算相应的单位特征向量，进而得到主成分的方差贡献率和方差累计贡献率。表 6-9 列出了河北省新型城镇化建设水平主成分分析结果。根据主成分提取原则，提取方差累计贡献率大于 85% 的主成分代替原始全部指标。由表 6-9 可知，第一、第二主成分的特征值分别为 λ_1=9.198 和 λ_2=1.415，相应的方差累计贡献率达到 88.441%，说明第一、第二个主成分包含了河北省新型城镇化建设水平全部量化指标 88.441% 的信息，所以选取第一、第二个主成分代替原始 12 个指标来衡量河北省新型城镇化综合建设水平是合理的。

表 6-9　河北省新型城镇化建设水平主成分分析结果

主成分	初始提取结果			最终提取结果		
	特征值	方差贡献率/%	方差累计贡献率/%	特征值	方差贡献率/%	方差累计贡献率/%
1	9.198	76.652	76.652	9.198	76.652	76.652
2	1.415	11.789	88.441	1.415	11.789	88.441
3	0.647	5.388	93.829			
4	0.381	3.175	97.004			
5	0.233	1.941	98.945			
6	0.070	0.579	99.524			
7	0.035	0.293	99.818			
8	0.020	0.163	99.981			
9	0.002	0.019	100.000			
10	0.000	0.000	100.000			
11	0.000	0.000	100.000			
12	0.000	0.000	100.000			

计算第一、第二主成分的载荷，即得到河北省新型城镇化建设水平主成分载荷。表 6-10 列出了河北省新型城镇化建设水平主成分载荷。

表 6-10   河北省新型城镇化建设水平主成分载荷

指标	第一主成分	第二主成分
Y_1	0.978	−0.09
Y_2	0.638	0.599
Y_3	0.996	0.06
Y_4	0.936	0.093
Y_5	0.988	−0.114
Y_6	0.881	−0.112
Y_7	0.975	−0.157
Y_8	0.926	−0.149
Y_9	0.788	0.282
Y_{10}	−0.994	−0.006
Y_{11}	−0.893	0.161
Y_{12}	−0.026	0.926

由表 6-10 可知，与第一主成分密切相关的指标是城镇人口比重（Y_1），人均 GDP（Y_3），第二、第三产业产值比重（Y_4），城镇人均可支配收入（Y_5），每万人拥有卫生技术人员数（Y_7），人均拥有公共图书馆藏量（Y_8），单位 GDP 能耗（Y_{10}），它们与第一主成分的相关系数绝对值都超过了 0.900，反映了人口城镇化、经济发展、生活质量、社会进步、生态环境的影响。与第二主成分密切相关的指标是城乡恩格尔系数比（Y_{12}），其与第二主成分的相关系数值为 0.926，代表城乡统筹的影响。

表 6-11 列出了河北省新型城镇化建设水平主成分特征向量。将表 6-11 的单位特征向量与标准化后的数据相乘，得到河北省新型城镇化建设水平的第一、第二主成分，表达式如下：

$$
\begin{aligned}
F_1 = &\ 0.322ZY_1 + 0.210ZY_2 + 0.328ZY_3 + 0.309ZY_4 + 0.326ZY_5 + 0.290ZY_6 \\
&+ 0.321ZY_7 + 0.305ZY_8 + 0.260ZY_9 - 0.328ZY_{10} - 0.294ZY_{11} - 0.009ZY_{12}
\end{aligned}
\tag{6-12}
$$

$$F_2 = -0.076ZY_1 + 0.504ZY_2 + 0.050ZY_3 + 0.078ZY_4 - 0.096ZY_5 - 0.094ZY_6$$
$$- 0.132ZY_7 - 0.125ZY_8 + 0.237ZY_9 - 0.005ZY_{10} + 0.135ZY_{11} + 0.778ZY_{12} \tag{6-13}$$

由式（6-12）和式（6-13）可知，河北省新型城镇化建设水平的 12 个量化指标中，城镇人口比重（Y_1），城镇第二、第三产业就业人员比重（Y_2），人均 GDP（Y_3），第二、第三产业产值比重（Y_4），建成区绿地覆盖率（Y_9），对河北省新型城镇化建设水平的协调发展具有促进作用，相关部门应大力支持；而其余 7 个量化指标均对河北省新型城镇化建设水平的协调发展有一定的阻碍作用。

表 6-11　河北省新型城镇化建设水平主成分特征向量

指标	第一主成分	第二主成分
Y_1	0.322	−0.076
Y_2	0.210	0.504
Y_3	0.328	0.050
Y_4	0.309	0.078
Y_5	0.326	−0.096
Y_6	0.290	−0.094
Y_7	0.321	−0.132
Y_8	0.305	−0.125
Y_9	0.260	0.237
Y_{10}	−0.328	−0.005
Y_{11}	−0.294	0.135
Y_{12}	−0.009	0.778

以每个主成分所对应的特征值占所提取主成分总的特征值之和的比例作为权重，计算主成分综合评价函数，表达式如下：

$$F(Y) = 0.269ZY_1 + 0.249ZY_2 + 0.291ZY_3 + 0.278ZY_4 + 0.270ZY_5 + 0.239ZY_6$$
$$+ 0.261ZY_7 + 0.248ZY_8 + 0.257ZY_9 - 0.285ZY_{10} - 0.237ZY_{11} + 0.096ZY_{12} \tag{6-14}$$

将标准化后的数据代入式（6-14），计算出河北省新型城镇化建设水平的综合得分，即河北省新型城镇化建设水平综合指数。表 6-12 列出了 2006～2015 年河北省新型城镇化建设水平综合指数。由表 6-12 可知，河北省新型城镇化建设水平综合指数同样呈现逐年稳定增长的变化趋势，从 2006 年的−3.920 增加到 2015 年的 3.176，说明河北省新型城镇化综合建设水平在不断提高。

表 6-12　2006～2015 年河北省新型城镇化建设水平综合指数

年份	河北省新型城镇化建设水平综合指数	年份	河北省新型城镇化建设水平综合指数
2006	−3.920	2011	1.254
2007	−2.980	2012	1.919
2008	−2.267	2013	2.319
2009	−1.913	2014	2.896
2010	−0.484	2015	3.176

图 6-1 给出了河北省物流业发展与新型城镇化建设水平综合指数曲线图。从图 6-1 可以看出，2006～2010 年，河北省的物流业发展综合指数与新型城镇化建设水平综合指数基本保持一致，2011～2012 年河北省新型城镇化建设水平综合指数明显大于河北省物流业发展综合指数，从 2013 年开始河北省物流业发展综合指数超越了河北省新型城镇化建设水平综合指数，原因可能在于近几年河北省政府部门更加关注物流业发展，对其投入和支持力度较大。从发展趋势看，河北省物流业综合发展水平与新型城镇化综合建设水平均呈现波动性变化特征。2006～2013 年，河北省物流业综合发展水平在 2006～2007 年增长速度较快，2008 年增长速度有所下降，2009～2013 年一直保持较快的增长速度，从 2014 年开始增长速度又有所减缓，表明从 2013 年开始河北省物流业进入了减速发展阶段。河北省新型城镇化综合建设水平在 2006～2008 年具有较快的增长速度，但 2009 年增长速度明显下降，2010～2011 年增长速度明显加快，2012 年之后河北省新型城镇化建设综合水平增长速度逐年减缓，进入减速建设阶段。

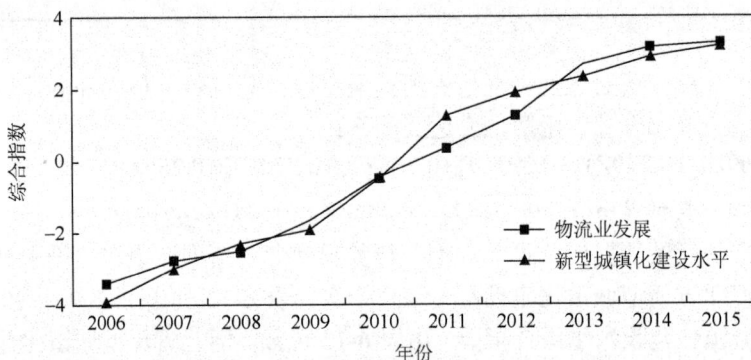

图 6-1　河北省物流业发展与新型城镇化建设水平综合指数曲线图

6.2　河北省物流业发展与新型城镇化建设水平协调分析

6.2.1　协调理论及评价

1. 协调的内涵及特征

系统是由相互作用、相互制约的若干部分组成并具有特定功能的有机整体。一般地，当系统包含若干个相互制约或相互矛盾的子系统，具有利益冲突的多个独立个体时，都需要进行协调。系统协调是通过运用某种方法调控和组织所研究的系统，来寻求解决冲突或矛盾的方法，使系统由无序转为有序，从而达到和谐的状态。协调的实质是充分利用并促进其间的积极关系，体现各系统要素之间及子系统之间优化、协调关系的状态（樊华和陶学禹，2006）。

协调是体现子系统之间及系统内部各要素之间关系的一个重要特征（王晓兰，2007），协调发展主要体现在系统进化的潜力与较强的适应性。如果系统目前的水平较低，但各子系统之间关系和谐、相互推进，那么系统的生命力就会旺盛，有可能迅速发展起来，同时也会促进各子系统的发展；如果系统目前水平较高，但各子系统之间不协调，系统就有可能停滞不前甚至衰退，同时也会阻碍各子系统的发展。

协调不仅是一种状态，也是一种过程。作为一种状态，协调至少包括两个以上的事物，指被协调要素之间的融洽关系，从而表现出最佳的整体效应；作为一个过程，协调是指两个以上的事物相互配合，实现由简单到复杂、由低级到高级的过程；此外，协调还表现为一种管理职能，围绕被协调对象的发展目标，对各种活动的相互关系进行调节，减少矛盾，使它们共同发展，进而促进整体目标的实现。

协调的基本特征主要有以下几方面。第一，协调的事物之间存在密切的内部联系，它们之间相互作用。系统各要素是一个对立统一体（罗铭等，2008），在该对立统一体内部存在相互依存的一面，也存在相互斗争的一面。相互依存使事物之间不能相互分离而独立存在，而相互斗争使事物之间必须协调，若有一方发展受阻，系统整体也会受阻。第二，协调是一个多元复合过程，在这个过程中，协调的各个要素相互配合，这是一种有机的复合过程，能够在这些要素之间形成一种内在的本质联系，并且保证协调的持续性。第三，协调是一个动态过程，外部条件发生了变化，会打破旧的协调，从而使某一方的发展受阻。即在协调过程中，无可避免地会出现子系统变化速率不一致，而造成暂时的不协调状态或协调度降低的情况。但是，这种暂时的不协调会对以后的协调及持续发展起到推动和促进作用。运用各种手段使两者达到协调的状态后，变化机制又会出现新的量变，使原有协调状态中出现新的失调。因此，需要通过调整来使失调变为新的协调，协调的过程应是协调—失调—再协调的动态变化过程，这种循环会使系统的发展趋于高级化。

2. 协调度及协调发展的内涵

协调度是指系统之间或系统要素之间发展过程中和谐、一致的程度（Cheng et al.，2007）。协调度描述了系统内部各要素或子系统之间协调状况的好坏，体现了系统由无序走向有序的趋势。协调度理论指出，系统走向有序的机理不在于系统现状的平衡或不平衡，也不在于系统距平衡状态有多远，关键在于系统内部各子系统之间相互关联的"相互作用"，它左右着系统相变特征与规律，协调度正是这种系统作用的量度。

复合系统协调理论认为，系统协调是指在某一时刻，系统或系统要素合理匹配、有机组合的状态。协调发展则是指系统在一定的约束条件下，从简单到复杂、从无序到有序、从低级到高级的进化趋势。系统处于不断地动态变化中，只有子系统之间或系统要素之间协调有序，系统的发展才可能达到最优状态。系统之间的协调发展是指子系统及其构成要素之间的互补、合作等关系，以及通过利用这些关系，使整个系统实现协调的状态及子系统之间的良性循环，达到一种稳定的状态，进一步促进彼此的共同发展。因此，一个良好的协调系统应具备以下四个特征（韦笑，2012）。

1）动态性

子系统之间的协调是一个动态的过程，在这个过程中，暂时的不协调是无法避免的，我们应允许并且正确看待这种暂时的不协调，因为这种不协调将对以后的进一步协调产生积极的影响，并为推动系统的快速、持续发展起到一定的促进作用。

2）整体性

要想达到系统协调，首先必须是整体发展，即要做到子系统的共同发展；其次是系统诸要素之间及内部要素之间协调统一。在两个子系统组成的结构体系中，每个要素都有其特定的作用，一方的发展不应以牺牲另一方的发展为代价。所以，在一定条件下，两子系统的发展目标之间应该是大体平衡的，允许其中的一方适度发展。

3）相互性

一般情况下，由两个子系统构成的系统中，两个子系统的发展目标之间是大致平衡的，它们之间应该具有相互依存、相互促进的状态。但是，如果一方过度超前，就会造成它们发展的不平衡，并最终影响系统各方面的发展。因此，只有子系统协调发展、相互促进，才能实现系统整体最优。

4）可持续性

可持续性是指系统中各子系统当前的发展状况会对今后它们的协调发展产生重要影响，这也是促进各子系统协调发展的意义所在。

3. 协调评价方法

根据协调度，可以从定量角度判断两个系统或内部要素之间的协调发展程度。设两系统分别为 $f(X)$ 和 $g(Y)$，两者的协调度计算公式如下（毛舒乐，2010）：

$$\mathrm{Co} = \left| \frac{f(X) \times g(Y)}{[f(X) + g(Y)]^2} \right|^{1/k} \tag{6-15}$$

其中，k 为调节系数，一般地，k 的取值在[2，5]。

协调度作为反映两系统之间协调程度的重要指标，对判别两者协调作用的强度及作用的时序区间、预警两者发展秩序等具有十分重要的意义。然而，协调度在有些情况下却很难反映出两系统之间的整体"功效"与"协同"效应，特别是可能出现两者的协调度很高，却处于较低发展水平的现象，所以单独依靠协调度判别两者关系有可能产生误导。为此，引入协调发展度指标来评判两系统之间交互耦合的协调程度，计算公式如下：

$$\begin{cases} \mathrm{Do} = |\mathrm{Co} \times \mathrm{To}|^{1/2} \\ \mathrm{To} = \kappa_1 f(X) + \kappa_2 g(Y) \end{cases} \tag{6-16}$$

其中，Do 为协调发展度；Co 为协调度；To 为综合调和指数，反映了两系统之间的整体协同效应或贡献度；κ_1、κ_2 为待定权重，表示两系统的发展重要性，需满足 $\kappa_1 + \kappa_2 = 1$。

按协调发展度的不同，可将两系统的协调程度划分为五个等级，表 6-13 列出了协调发展度的等级及其划分标准。

表 6-13　协调发展度的等级及其划分标准

协调发展度	0<Do<0.2	0.2≤Do<0.4	0.4≤Do<0.7	0.7≤Do<0.9	Do≥0.9
等级	严重失调	中度失调	基本协调	良好协调	优质协调

6.2.2　河北省物流业发展与新型城镇化建设水平协调度计算与分析

根据河北省物流业发展与新型城镇化建设水平综合指数，计算河北省物流业发展与新型城镇化建设水平的协调度与协调发展度。计算协调度时，需要设定调节系数 k 的值，这里设 $k = 2$；计算协调发展度时，需要给出权重 κ_1、κ_2 的值，这里认为河北省物流业发展与新型城镇化建设水平同等重要，取 $\kappa_1 = \kappa_2 = 0.5$。

表 6-14 列出了 2006～2015 年河北省物流业发展与新型城镇化建设水平协调度与协调发展度。图 6-2 给出了 2006～2015 年河北省物流业发展与新型城镇化建设水平协调关系曲线图。

表 6-14　2006～2015 年河北省物流业发展与新型城镇化建设水平协调度与协调发展度

年份	协调度	协调发展度	判定等级
2006	0.499	1.352	优质协调
2007	0.500	1.197	优质协调
2008	0.499	1.089	优质协调
2009	0.498	0.940	优质协调
2010	0.500	0.486	基本协调
2011	0.419	0.583	基本协调
2012	0.490	0.886	良好协调
2013	0.499	1.116	优质协调
2014	0.500	1.226	优质协调
2015	0.500	1.270	优质协调

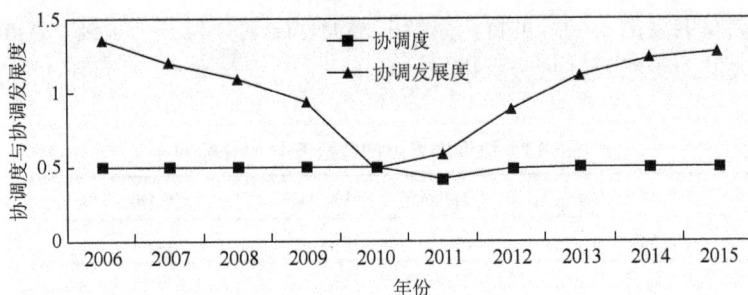

图 6-2　2006～2015 年河北省物流业发展与新型城镇化建设水平协调关系曲线图

由表 6-14 和图 6-2 可以看出，2006～2015 年，河北省物流业发展与新型城镇化建设水平协调度基本在 0.500 上下波动，变化幅度不明显，表明河北省省物流业发展与新型城镇化建设水平几乎没有太大变化。从协调发展度可以看出，河北省物流业发展与新型城镇化建设水平的协调发展度变化幅度明显，具有"先下降，后上升"的变化趋势：2006～2010 年，协调发展度有明显的下降，从 2006 年的1.352 一直降到 2010 年的 0.486，从 2011 年开始协调发展度逐年增长，2015 年协调发展度增长到 1.270。

从协调发展等级来看，2006～2015 年，河北省物流业发展与新型城镇化建设水平协调等级有一定的波动性变化，由起初的优质协调发展下降到2011～2012 年的基本协调，2012 年发展到良好协调，自 2013 年开始呈现出优质协调的发展态势，说明河北省物流业发展与新型城镇化建设水平的协调能力越来越好。

另外，通过比较河北省物流业发展与新型城镇化建设水平综合指数可以发现，2006～2015 年，河北省正由物流业发展滞后型逐渐转变为新型城镇化建设水平滞后型。近几年，河北省的物流业发展水平取得了很大的进步，相比之下，新型城镇化建设水平却表现出一定的落后。因此，今后河北省应该重视新型城镇化建设水平的提高，力求使新型城镇化建设与物流业实现共同发展。

6.3　河北省物流业发展与新型城镇化建设水平协调预测

6.3.1　灰色预测模型

灰色系统理论是一种研究少数据、贫信息不确定性问题的系统分析方法（邓聚龙，2002）。它以"部分信息已知，部分信息未知"的"小样本"、"贫数据"不确定性系统为研究对象，通过对"部分"已知信息的生成、开发，提取有价值的信息，实现对系统运行行为、演化规律的正确描述与有效监控。灰色系统理论经过多年的发展，已初步形成以灰色关联空间为基础的分析体系，以灰色模型为主体的模型体系，以灰色过程及其生成空间为基础与内涵的方法体系，以系统分析、建模、预测、决策、控制、评估为纲的技术体系。

灰色预测模型是灰色系统理论的重要模型之一，其核心思想是累加生成。灰色预测模型用原始数据序列作累加生成处理后，利用规律性更强的新数据序列构建灰色微分方程，进而实现对原始数据序列的拟合与预测。灰色预测模型的特点在于：第一，所需样本数据少，易于实现现场快速响应预测。灰色预测模型是在对原始数据样本作累加生成处理基础上构建的灰色模型，所用数据样本的规律性得到优化与增强。因此，灰色预测模型不要求数据样本必须是大量的，而只是要求有"足够少量"的样本即可建模预测。第二，便于实现"滚动"式预测。灰色预测模型可以将最新信息加到已有数据样本中，使数据样本与预测模型始终保持最新，从而实现"滚动"式预测，提高预测的准确性。第三，预测精度可适当优化修正。当灰色预测模型未达到预测精度要求时，可以对其进行修正。

1. GM（1，1）模型的构建

GM（1，1）模型是灰色预测模型中应用最广泛的模型，由包括一个变量的一阶微分方程构成，其实质是对原始数据序列进行一次累加生成处理，基于新数列建立一阶微分方程和差分方程，求解得到拟合值和预测值后，再通过一次累减还原获得原始序列的拟合值和预测值（耿立艳，2016）。GM（1，1）模型的建模过程如下。

设 $y(0) = \{y_1(0), y_2(0), \cdots, y_n(0)\}$ 为一原始非负数据序列，对 $y(0)$ 进行一次累加生成处理，得到一新数据序列 $y(1) = (y_1(1), y_2(1), \cdots, y_n(1))$，其中，

$$y_t(1) = \sum_{i=1}^{t} y_i(0) \quad (t = 1, 2, \cdots, n) \tag{6-17}$$

基于新数据序列 $y(1)$，构造 GM（1，1）模型的微分方程，形式如下：

$$\frac{\mathrm{d}y(1)}{\mathrm{d}t} + ay(1) = u \tag{6-18}$$

其中，a、u 为模型参数，a 称为发展系数，u 称为灰色作用量。根据最小二乘法求解出参数 a、u 的估计值：

$$\begin{bmatrix} \hat{a} \\ \hat{u} \end{bmatrix} = (\boldsymbol{B}^\mathrm{T}\boldsymbol{B})^{-1}\boldsymbol{B}^\mathrm{T}\boldsymbol{Y} \tag{6-19}$$

其中，$\boldsymbol{B}$ 和 $\boldsymbol{Y}$ 形式如下：

$$\boldsymbol{B} = \begin{bmatrix} -0.5 \times (y_1(1) + y_2(1)) & 1 \\ -0.5 \times (y_2(1) + y_3(1)) & 1 \\ \vdots & \vdots \\ -0.5 \times (y_{n-1}(1) + y_n(1)) & 1 \end{bmatrix}, \quad \boldsymbol{Y} = \begin{bmatrix} y_2(0) \\ y_3(0) \\ \vdots \\ y_n(0) \end{bmatrix}$$

将参数估计值 $\hat{a}$、$\hat{u}$ 值代入式（6-18），推导可得新数据序列的 GM（1，1）模型，形式如下：

$$\hat{y}_{t+1}(1) = \left(y_1(0) - \frac{\hat{u}}{\hat{a}}\right) \times e^{(-\hat{a} \times t)} + \frac{\hat{u}}{\hat{a}} \, (t = 1, 2, \cdots, n) \tag{6-20}$$

通过一次累减生成处理，得到原始数据序列 $y(0)$ 的预测值，形式如下：

$$\hat{y}_{t+1}(0) = \hat{y}_{t+1}(1) - \hat{y}_t(1)\ (t = 1, 2, \cdots, n) \tag{6-21}$$

2. GM（1，1）模型的精度检验

利用 GM（1，1）模型求得预测值后，需要检验预测值的精度是否符合要求，只有通过检验的 GM（1，1）模型才能应用。GM（1，1）模型精度检验方法通常有两种：残差检验和后验差检验。

1）残差检验

残差检验主要用于检验 GM（1，1）模型预测值与实际数据的误差，包括绝对误差序列、相对误差序列及平均相对误差。设原始数据序列为 $y(0) = \{y_1(0), y_2(0), \cdots, y_n(0)\}$，预测值序列为 $\hat{y}(0) = \{\hat{y}_1(0), \hat{y}_2(0), \cdots, \hat{y}_n(0)\}$，$t = 1, 2, \cdots, n$，各误差的计算公式如下。

绝对误差序列：

$$e_t(0) = \hat{y}_t(0) - y_t(0) \tag{6-22}$$

相对误差序列：

$$q_t(0) = \frac{|\hat{y}_t(0) - y_t(0)|}{y_t(0)} \times 100\% \tag{6-23}$$

平均相对误差：

$$\overline{q}(0) = \frac{1}{t-1} \sum_{t=2}^{n} q_t(0) \tag{6-24}$$

以上指标值越小，表明 GM（1，1）模型的精度越高。一般认为，$\overline{q}(0) < 5.00\%$ 时，残差检验通过（夏云红，2014），GM（1，1）模型精度符合要求。

2）后验差检验

后验差检验是根据残差的概率分布检验 GM（1，1）模型的精度，需要计算 GM（1，1）模型预测值的均方差比 c 和小误差概率 p。检验过程如下。

首先，计算原始数据序列的标准差，公式如下：

$$S_1 = \sqrt{\frac{\sum\limits_{t=1}^{n} \left[y_t(0) - \overline{y}(0) \right]^2}{n-1}} \tag{6-25}$$

其中，$y_t(0)$ 为原始数据序列；$\overline{y}(0)$ 为原始数据序列的均值，计算公式如下：

$$\overline{y}(0) = \frac{1}{n} \sum_{t=1}^{n} y_t(0) \tag{6-26}$$

其次，计算绝对误差序列的标准差，表达式如下：

$$S_2 = \sqrt{\frac{\sum_{t=1}^{n}\left[e_t(0)(k) - \overline{e}(0)\right]^2}{n-1}} \qquad (6\text{-}27)$$

其中，$e_t(0)$ 为绝对误差序列；$\overline{e}(0)$ 为绝对误差序列的均值，计算公式如下：

$$\overline{e}(0) = \frac{1}{n}\sum_{t=1}^{n}e_t(0) \qquad (6\text{-}28)$$

最后，分别计算均方差比 c 和小误差概率 p，表达式如下：

$$c = \frac{S_2}{S_1} \qquad (6\text{-}29)$$

$$p = \left\{\,|\,e(0)(k) - \overline{e}(0)| < 0.6745S_1\right\} \qquad (6\text{-}30)$$

表 6-15 列出了 GM（1，1）模型的精度检验等级划分标准。根据 p、c 值判定 GM（1，1）模型的精度等级。p 值越大，c 值越小，GM（1，1）模型的精确度越高。

表 6-15　GM（1，1）模型精度检验等级划分标准

精度等级	p	c
一级（好）	＞0.95	＜0.35
二级（合格）	＞0.80	＜0.50
三级（勉强）	＞0.70	＜0.65
四级（不合格）	≤0.70	≥0.65

若 GM（1，1）模型通过以上两种检验，则说明 GM（1，1）模型符合精度要求，可用于外推预测；否则，应对 GM（1，1）模型进行修正，并再次检验，直到符合精确度要求为止。

6.3.2　河北省物流业发展与新型城镇化建设水平协调度预测

由于四个以上数据即可构建灰色预测模型，选取 2011～2015 年河北省物流业发展与新型城镇化建设水平协调度构建 GM（1，1）模型，相关数据见表 6-14。

将 2011～2015 年河北省物流业发展与新型城镇化建设水平协调度设为原始数据序列，形式如下：

$$y(0) = \{0.419, 0.490, 0.499, 0.500, 0.500\}$$

通过一阶累加生成处理，将原始数据序列转换为新数据序列，结果如下：

$$y(1) = \{0.419, 0.909, 1.408, 1.908, 2.408\}$$

构造矩阵 $\boldsymbol{B}$ 和向量 $\boldsymbol{Y}$，形式如下：

$$\boldsymbol{B} = \begin{bmatrix} -0.664 & 1 \\ -1.159 & 1 \\ -1.658 & 1 \\ -2.158 & 1 \end{bmatrix}, \quad \boldsymbol{Y} = \begin{bmatrix} 0.490 \\ 0.499 \\ 0.500 \\ 0.500 \end{bmatrix}$$

利用最小二乘法计算参数 a、u 的估计值，结果如下：

$$\begin{bmatrix} \hat{a} \\ \hat{u} \end{bmatrix} = \begin{bmatrix} -0.006 \\ 0.489 \end{bmatrix}$$

由此，确定 GM（1，1）模型的微分方程如下：

$$\frac{\mathrm{d}y(1)}{\mathrm{d}t} - 0.006y(1) = 0.489$$

进而获得新数据序列的 GM（1，1）模型，形式如下：

$$\hat{y}_{t+1}(1) = \left(y_1(0) + \frac{0.489}{0.006} \right) \times e^{(0.006 \times t)} - \frac{0.489}{0.006}$$

利用 GM（1，1）模型计算河北省 2011～2015 年物流业发展与新型城镇化建设水平协调度，再利用一阶累减生成处理转换为原始协调度拟合值。

表 6-16 列出了 2011～2015 年河北省物流业发展与新型城镇化建设水平协调度拟合值及残差检验，图 6-3 给出了 2011～2015 年河北省物流业发展与新型城镇化建设水平协调度拟合值曲线图。

表 6-16　2011～2015 年河北省物流业发展与新型城镇化建设水平协调度拟合值及残差检验

年份	实际值	预测值	绝对误差	相对误差/%	平均相对误差/%
2011	0.419	0.419	0.000	0.000	
2012	0.490	0.493	0.002	0.536	
2013	0.499	0.496	−0.003	0.662	0.455
2014	0.500	0.499	−0.001	0.243	
2015	0.500	0.502	0.002	0.378	

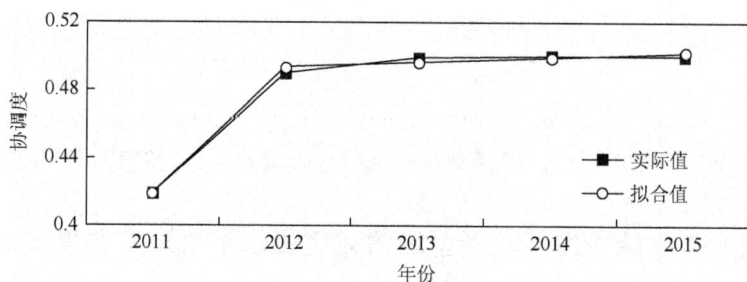

图 6-3　2011～2015 年河北省物流业发展与新型城镇化建设水平协调度拟合值曲线图

由表 6-16 和图 6-3 可知，GM（1，1）模型很好地模拟出 2011～2015 年河北省物流业发展与新型城镇化建设水平协调度变动趋势，具有较高的拟合精确度，最大、最小相对误差分别为 0.662% 和 0.243%，平均相对误差为 0.455%，远小于标准值 5.00%，说明 GM（1，1）模型的拟合精确度满足要求。

计算均方差比和小误差概率的值，结果分别如下：

$$c = \frac{S_1}{S_2} 0.068$$

$$p = \{|e_t(0) - \overline{e}(0)| < 0.6745 S_1\} = 1$$

根据表 6-15 的精度检验等级划分标准，若 $p > 0.95$ 且 $c > 0.35$，GM（1，1）模型达到"一级（好）"的等级，因此，GM（1，1）模型符合后验差检验要求，可用于预测。

运用所构建的 GM（1，1）模型预测 2016～2020 年河北省物流业发展与新型城镇化建设水平协调度。表 6-17 列出了 2016～2020 年河北省物流业发展与新型城镇化建设水平协调度预测值，图 6-4 给出了 2016～2020 年河北省物流业发展与新型城镇化建设水平协调度预测值曲线图。由表 6-17 和图 6-4 可知，河北省物流业发展与新型城镇化建设水平协调度在未来几年将呈现逐年稳定增长的趋势，2020 年两者的协调度为 0.518。

表 6-17　2016～2020 年河北省物流业发展与新型城镇化建设水平协调度预测值

年份	2016	2017	2018	2019	2020
协调度	0.505	0.508	0.511	0.515	0.518

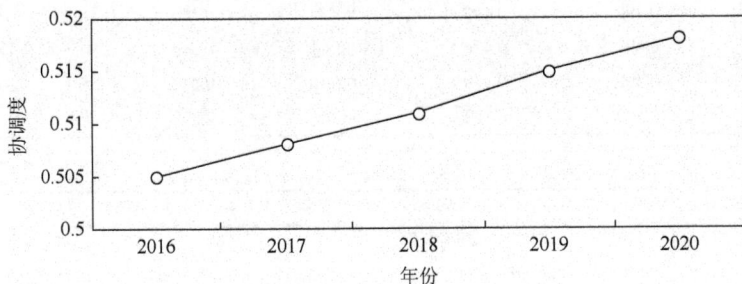

图 6-4　2016～2020 年河北省物流业发展与新型城镇化建设水平协调度预测值曲线图

6.3.3　河北省物流业发展与新型城镇化建设水平协调发展度预测

选取 2011～2015 年河北省物流业发展与新型城镇化建设水平协调发展度构

建 GM（1，1）模型，相关数据见表 6-14。

将 2011～2015 年河北省物流业发展与新型城镇化建设水平协调发展度设为原始数据序列，形式如下：

$$y(0) = \{0.583, 0.886, 1.116, 1.226, 1.270\}$$

通过一阶累加生成处理，将原始数据序列转换为新数据序列，结果如下：

$$y(1) = \{0.583, 1.469, 2.585, 3.811, 5.081\}$$

构造矩阵 $\boldsymbol{B}$ 和向量 $\boldsymbol{Y}$，形式如下：

$$\boldsymbol{B} = \begin{bmatrix} -1.026 & 1 \\ -2.027 & 1 \\ -3.198 & 1 \\ -4.446 & 1 \end{bmatrix}, \quad \boldsymbol{Y} = \begin{bmatrix} 0.886 \\ 1.116 \\ 1.226 \\ 1.270 \end{bmatrix}$$

利用最小二乘法计算参数 a、u 的估计值，结果如下：

$$\begin{bmatrix} \hat{a} \\ \hat{u} \end{bmatrix} = \begin{bmatrix} -0.108 \\ 0.835 \end{bmatrix}$$

由此，确定 GM（1，1）模型的微分方程如下：

$$\frac{\mathrm{d}y(1)}{\mathrm{d}t} - 0.108 y(1) = 0.835$$

进而获得新数据序列的 GM（1，1）模型，形式如下：

$$\hat{y}_{t+1}(1) = \left(y_1(0) + \frac{0.835}{0.108} \right) \times e^{(0.108 \times t)} - \frac{0.835}{0.108}$$

利用 GM（1，1）模型计算 2011～2015 年河北省物流业发展与新型城镇化建设水平协调发展度，再利用一阶累减生成处理转换为原始协调发展度拟合值。

表 6-18 列出了 2011～2015 年河北省物流业发展与新型城镇化建设水平协调发展度拟合值及残差检验，图 6-5 给出了 2011～2015 年河北省物流业发展与新型城镇化建设水平协调发展度拟合值曲线图。

表 6-18　2011～2015 年河北省物流业发展与新型城镇化建设水平协调发展度拟合值及残差检验

年份	实际值	预测值	绝对误差/%	相对误差/%	平均相对误差/%
2011	0.583	0.583	0.000	0.000	
2012	0.886	0.948	0.062	7.040	
2013	1.116	1.057	−0.059	5.296	4.905
2014	1.226	1.178	−0.048	3.928	
2015	1.270	1.313	0.043	3.356	

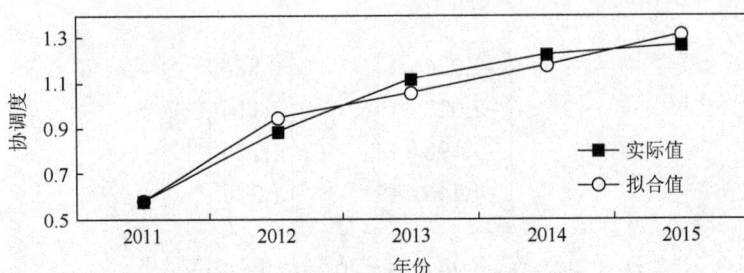

图 6-5　2011～2015 年河北省物流业发展与新型城镇化建设水平协调发展度拟合值曲线图

由表 6-18 和图 6-5 可知，GM（1，1）模型较好地模拟出 2011～2015 年河北省物流业发展与新型城镇化建设水平协调发展度变动趋势，具有较高的拟合精确度，最大、最小相对误差分别为 7.040% 和 3.356%，平均相对误差为 4.905%，小于标准值 5.00%，说明 GM（1，1）模型的拟合精确度满足要求。

计算均方差比和小误差概率的值，结果分别如下：

$$c = \frac{S_1}{S_2} 0.189$$

$$p = \{|e_t(0) - \bar{e}(0)| < 0.6745 S_1\} = 1$$

根据表 6-15 的精度检验等级划分标准，GM（1，1）模型的精确度为"一级（好）"的等级，因此，GM（1，1）模型符合后验差检验要求，可用于预测。

运用所构建的 GM（1，1）模型预测 2016～2020 年河北省物流业发展与新型城镇化建设水平协调发展度。表 6-19 列出了 2016～2020 年河北省物流业发展与新型城镇化建设水平协调发展度预测值，图 6-6 给出了 2016～2020 年河北省物流业发展与新型城镇化建设水平协调发展度预测值曲线图。由表 6-19 和图 6-6 可知，河北省物流业发展与新型城镇化建设水平协调发展度在未来几年将呈现逐年稳定增长的趋势，2020 年两者的协调度为 2.256。

表 6-19　2016～2020 年河北省物流业发展与新型城镇化建设水平协调发展度预测值

年份	2016	2017	2018	2019	2020
协调发展度	1.463	1.630	1.817	2.025	2.256

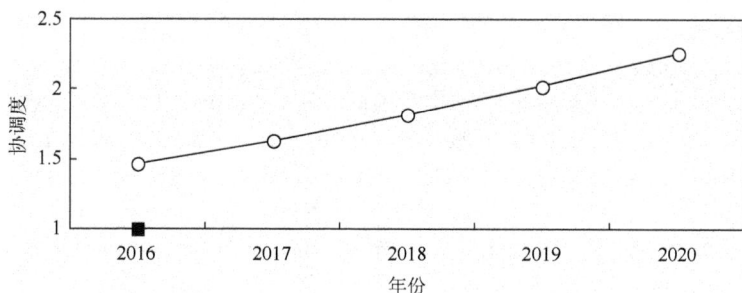

图 6-6　2016～2020 年河北省物流业发展与新型城镇化建设水平协调发展度预测值曲线图

6.4　本 章 小 结

　　本章研究了河北省物流业发展与新型城镇化建设水平的协调关系。首先，应用主成分分析法计算了 2006～2015 年河北省物流业发展与新型城镇化建设水平的综合指数，结果表明，河北省物流业发展与新型城镇化建设水平的综合水平在不断提高，它们的综合指数均呈现逐年稳定增长的变化趋势。2006～2010 年，物流业综合发展水平与新型城镇化综合建设水平基本保持一致，2011～2012 年新型城镇化建设综合水平明显超过了物流业综合发展水平，从 2013 年开始物流业综合发展水平超越了新型城镇化综合建设水平。其次，在总结协调理论基础上，根据协调评价公式计算了 2006～2015 年河北省物流业发展与新型城镇化建设水平的协调度与协调发展度，结果表明，河北省物流业发展与新型城镇化建设水平协调度基本在 0.500 上下波动，变化幅度不明显；河北省物流业发展与新型城镇化建设水平的协调发展度变化幅度明显，具有"先下降，后上升"的变化趋势；河北省物流业发展与新型城镇化建设水平的协调发展能力越来越好，除 2010～2012 年外，其他年份均具有优质协调的发展等级。近几年，河北省正由物流业发展滞后型逐渐转变为新型城镇化建设水平滞后型。最后，运用 GM（1，1）模型预测了河北省物流业发展与新型城镇化建设水平协调度与协调发展度。结果显示，河北省物流业发展与新型城镇化建设水平协调度与协调发展度在未来几年都将呈现逐年稳定增长的趋势，2020 年两者的协调度与协调发展度将达到0.518 和 2.256。

参 考 文 献

邓聚龙. 2002. 灰理论基础[M]. 武汉：华中科技大学出版社.

樊华，陶学禹. 2006. 复合系统协调度模型及其应用[J]. 中国矿业大学学报，35（4）：515-520.

耿立艳. 2016. 物流需求的智能预测方法[M]. 北京：科学出版社.

罗铭,陈艳艳,刘小明. 2008. 交通-土地利用复合系统协调度模型研究[J]. 武汉理工大学学报(交通科学与工程版)，32（4）：585-588.

毛舒乐. 2010. 城镇化对安徽省经济发展影响研究[D]. 蚌埠：安徽财经大学硕士学位论文.

王晓兰. 2007. 江苏省交通建设与区域经济协调发展的实证研究[D]. 南京：南京理工大学硕士学位论文.

韦笑. 2012. 江苏省物流业与区域经济发展相关性及协调性研究[D]. 南京：南京理工大学硕士学位论文.

夏云红. 2014. 基于灰色预测 GM（1，1）模型的河南省物流经济发展规模实证分析及预测[J]. 物流技术，33（8）：263-266.

Ali A I，Lerme C S，Seiford L M. 1995. Components of efficiency evaluation in data envelopment analysis[J]. European Journal of Operational Research，80（3）：462-473.

Anderson T R，Hollingsworth K，Inman L. 2002. The fixed weighting nature of a cross-evaluation model[J]. Journal of Productivity Analysis，17（3）：249-255.

Cheng L，Wang X，Sun Y. 2007. Coordination between the transportation development and economy development of Jiangsu Province[C]. Chengdu：Proceedings of International Conference on Transportation Engineering.

Jablonsky J. 2012. Multicriteria approaches for ranking of efficient units in DEA models[J]. Central European Journal of Operations Research，20（3）：435-449.

第7章 基于 LSSVM-ADPSO 的河北省物流业发展规模预测研究

本章在自适应惯性权重粒子群优化算法和动态加速系数粒子群优化算法基础上，提出自适应动态粒子群优化算法，并构建最小二乘支持向量机-自适应动态粒子群优化算法模型，通过自适应动态粒子群优化算法选择最小二乘支持向量机的最优参数向量，最后利用该模型预测河北省物流业发展规模。

7.1 最小二乘支持向量机

最小二乘支持向量机（least squares support vector machines，LSSVM）是用于解决分类问题和回归问题的新型支持向量机方法。支持向量机是一种基于统计学习理论的机器学习技术（Vapnik，1995，1998；张学工，2000），它具有坚实的理论基础、直观的几何解释、良好的实时计算与泛化能力，在处理小样本学习问题上具备独特的优越性，表现出优异的分类能力和非线性逼近能力。本质上，支持向量机求解的是一个带有不等式约束的二次规划问题，且约束条件数量等于样本容量，当样本容量很大时，求解速度很慢。LSSVM 是对支持向量机的进一步补充和发展，通过引入变量将支持向量机中的不等式约束转化为等式约束，从而将支持向量机中求解二次规划问题转变为求解一组线性方程组，降低了计算复杂度，提高了求解速度（Suykens and Vandevalle，1999）。目前，LSSVM 已成为机器学习方向的研究热点之一，并在模式识别、多维函数预测、回归分析、综合评价、建模控制等领域得到了广泛应用。

7.1.1 统计学习理论

统计学习理论（statistical learning theory，SLT）是一种研究小样本统计学习规律和预测的理论。相比于针对大数据样本集发展起来的统计学和基于各种先验信息的统计学相比，SLT 体系是专门针对小数据样本集发展起来的，并且不依赖于所解问题的先验知识与信息，而是只考虑学习机器所实现的函数集的一种结构，并在结构上定义了一种子集容量的特定度量（谢春利，2011）。统计学习理论的主要内容有：VC（vapnic-cheronenkis）维理论、推广能力的界和结构风险最小化原则。

机器学习是一种基于数据的学习方法，它主要研究从有限的观测数据（样本）出发构造一个模型（学习机器），利用该模型对未知或无法观测的数据进行预测（田景文和高美娟，2006）。机器学习的过程就是构造学习机的过程，也就是利用训练样本来寻找依赖关系问题的过程，即根据给定的训练样本求系统输入、输出之间的关系，以对任意输入的输出做出准确判断。学习的形式化表述一般为：已知输入 x 与输出 y 服从某一未知的联合概率 $F(x,y)$，机器学习根据 n 个独立同分布的观测样本 $(x_1,y_1),(x_2,y_2),\cdots,(x_n,y_n)$，在一组函数 $\{g(x,\omega)\}$ 中求一个最优函数 $g(x,\omega^*)$，使预测的期望风险值 $R(\omega)$ 最小，$R(\omega)$ 定义为

$$R(\omega) = \int L(y, g(x,\omega)) \mathrm{d}F(x,y) \tag{7-1}$$

其中，$\{g(x,\omega)\}$ 为机器学习的预测函数集，可以表示任何函数集；$\omega \in \Omega$ 为函数的广义参数；$L(y, g(x,\omega))$ 为损失函数，度量了由于使用 $\{g(x,\omega)\}$ 对 y 进行预测而造成的损失。

学习过程的核心问题是对期望风险最小化原则的探索。由于联合概率 $F(x,y)$ 未知，无法对 $R(\omega)$ 直接进行计算。传统方法都是在样本数目足够多的前提下进行研究的，所提出的各种方法只有在样本数趋于无穷大时其性能才有理论上的保证。而在实际的应用中，样本数目通常是有限的，于是，传统机器学习方法采用了经验风险最小化（empirical risk minimization，ERM）原则，即用样本定义经验风险 $R_{\text{emp}}(\omega)$ 作为对期望风险的估计，形式如下：

$$R_{\text{emp}}(\omega) = \frac{1}{n}\sum_{i=1}^{n} L(y_i, g(x_i, \omega)) \tag{7-2}$$

ERM 原则是利用对参数 ω 求经验风险 $R_{\text{emp}}(\omega)$ 的最小值来逼近实际风险 $R(\omega)$ 的最小值。根据大数定理，当训练样本数目趋于无穷大时，$R_{\text{emp}}(\omega)$ 可收敛于 $R(\omega)$。但是，由于实际问题中无法取得无穷大的样本量，因而当样本数趋向于无穷大时，$R_{\text{emp}}(\omega)$ 趋近于 $R(\omega)$ 几乎没有实际意义。

1. VC 维理论

VC 维是统计学习理论中最重要的理论基础，是一种定量反映函数集学习能力的概念，它是目前对于函数集学习性能最好的描述指标。在模式识别方法中，VC 维的直观定义为（阮俊虎，2010）：对一个指示函数集（假设函数集），如果存在 h 个样本能够被函数集中的函数按所有可能的 2^h 种形式分开，则称函数集能

够把 h 个样本打散；如果存在 h 个样本的样本集能够被函数集打散，而不存在有 $h+1$ 个样本的样本集能够被函数集打散，则函数集的 VC 维就是 h。如果对于任意的样本数，总能找到一个样本集能够被这个函数集打散，则函数集的 VC 维就是无穷大。有界实函数的 VC 维可以通过一定的闭值将它转化为指示函数来定义，这对克服"维数灾难"创造了一个很好的机会，即以一个包含很多参数但却有较小的 VC 维的函数集为基础，实现较好的推广性。VC 维反映了函数集的学习能力，VC 维越大，则学习机器越复杂（容量越大）。目前还没有关于任意函数集 VC 维计算的通用理论，仅对一些特殊的函数集可以确定其 VC 维。比如，神经网络的 VC 维除了与神经网结构有关外，通常还受到学习算法等因素的影响，确定更加困难。

2. 推广能力的界

推广能力的界即经验风险和实际风险之间的关系。统计学习理论对各种类型函数集推广性的界做了系统性的研究，具有好的推广能力的学习机器，不仅对训练样本分类能力较好，同时对未参与训练的识别数据也有较高的分类正确率，换句话说，学习机器的实际风险和经验风险都应很小。在两类分类问题中，推广能力的界是指对于指示函数集中的所有函数（包括使经验风险最小的函数），经验风险 $R_{emp}(\omega)$ 和实际风险 $R(\omega)$ 之间至少以 $1-\eta$ 的概率满足如下关系：

$$R(\omega) \leqslant R_{emp}(\omega) + \sqrt{\frac{h[\ln(2n/h)+1] - \ln(\eta/4)}{n}} \tag{7-3}$$

其中，h 为函数集的 VC 维；n 为样本数；η 为满足 $0 \leqslant \eta \leqslant 1$ 的参数。由式（7-3）可知，学习机器的实际风险是由两部分组成的：经验风险（训练误差）和置信范围（置信界限），它随 h 的增加而增加。将置信范围简写为 $\Phi(h/n)$ 的形式，学习机器的实际风险可以简单地表示为

$$R(\omega) \leqslant R_{emp}(\omega) + \Phi(h/n) \tag{7-4}$$

式（7-3）和式（7-4）给出了关于经验风险和实际风险之间差距的上界，反映了根据经验风险最小化原则得到的学习机器的推广能力，称为推广能力的界。置信范围反映了实际风险和经验风险差值的上界。当 h/n 较大（即样本数较少）时，置信范围较大，用经验风险近似实际风险就会有较大的误差，用经验风险最小化得到的最优解可能具有较差的推广性，这就是出现过学习现象的原因；如果样本数较多，即 h/n 较小时，置信范围会很小，那么经验风险最小

化的最优解就接近实际的最优解。机器学习过程不但要使经验风险最小，还要使 VC 维尽量小，以缩小置信范围，从而才能取得较小的实际风险，即对未来样本有较好的推广性。

3. 结构风险最小化原则

结构风险最小化（structural risk minimization，SRM）原则的基本思想是（邓乃扬和田英杰，2004）：若要实现风险最小，就需要式（7-4）中的两项相互平衡，共同趋于最小。在获得的学习模型经验风险最小的同时，希望学习模型的泛化能力尽可能地大，这样就需要度量学习机器复杂性的 VC 维 h 值尽可能地小，从而使置信风险最小。

由式（7-4）可知，若保持训练样本数 n 不变，则控制风险 $R(\omega)$ 的参量有两个：$R_{\text{emp}}(\omega)$ 和 h。经验风险 $R_{\text{emp}}(\omega)$ 的大小依赖于学习机器所选定的函数 $g(x,\omega)$，可以通过控制 ω 来控制经验风险。VC 维依赖于学习机器所工作的函数集合。为了控制 h，可以将函数集合结构化，建立与各函数子结构之间的关系，通过控制对函数结构的选择来达到控制 VC 维 h 的目的。具体做法是将函数集合 $\{g(x,\omega)\}$ 结构化，即考虑如下的函数嵌套子集的集合。

$$S_1 \subset S_2 \subset \cdots \subset S_k \subset \cdots \subset S_n \subset \cdots \subset S \qquad （7\text{-}5）$$

其中，$S_k = \{g(x,\omega)|\omega \in \Omega_k)\}$，并且有 $S^* = \bigcup S_k$，结构 S 中的任何元素 S_k（或一个函数集合）拥有一个有限的 VC 维 h_k，且满足

$$h_1 \subset h_2 \subset \cdots \subset h_k \subset \cdots \subset h_n \subset \cdots \subset h \qquad （7\text{-}6）$$

若给定一组样本 $(x_1,y_1),\cdots,(x_i,y_i),\cdots,(x_l,y_l)$，SRM 原则是在函数子集 S_k 中选择一个函数 $g(x,\omega^k)$ 来最小化经验风险，同时 S_k 确保置信风险是最小的。

实现 SRM 原则策略是保持置信范围或经验风险中的一个值固定，选择另一个变量的最小值，通过不断调整预先设定变量值的大小，选择置信风险与经验风险和最小的一组数据。第一，假设保持置信风险不变，在这个置信风险下可以找到每个子集到经验风险的最小值；通过调整模型结构得到另一个置信范围的固定值，并在此寻找经验风险的最小值，依次类推，可以得到多组置信范围和经验风险值，在其中选择两者之和最小的一组，这个和就是最后的风险。这种方法比较费时，当子集数目很大甚至是无穷时不可行。第二，保持经验风险不变，求置信范围的最小值，即设计每个子集中的函数结构，求得每个子集中的最小置信区间，选取经验风险和置信区间和最小的子集，并在该子集中选择最优函数。支持向量机就是基于这种思想实现的。

7.1.2　最小二乘支持向量机回归算法

设训练样本集为 $\left\{(x_i, y_i), x_i \in R^n, y_i \in R\right\}_{i=1}^l$，其中，$x_i$ 为第 i 种输入变量；y_i 为相应于 x_i 的输出变量；l 为样本数目。函数回归问题就是找到一个函数 $f(\cdot)$，使之经过训练后，对于样本以外的 x，通过 $f(\cdot)$ 能够找出对应的 y。LSSVM 求解的优化问题如下（黄为勇，2009）：

$$\min_{w,b,e} \quad \frac{1}{2}\|w\|^2 + \frac{\gamma}{2}\sum_{i=1}^l e_i^2 \tag{7-7}$$

约束条件：

$$y_i\left(w^{\mathrm{T}}\phi(x_i)+b\right)=1-e_i, \quad i=1,2,\cdots,l \tag{7-8}$$

其中，$\phi(\cdot)$ 为输入空间到高维特征空间的映射函数；w 为权重向量；b 为偏差量。

定义上述优化问题的拉格朗日函数，形式如下：

$$\ell(w,b,e_i,\alpha_i)=\frac{1}{2}\|w\|^2+\frac{\gamma}{2}\sum_{i=1}^l e_i^2-\sum_{i=1}^l \alpha_i\left[y_i\left(w^{\mathrm{T}}\phi(x_i)+b\right)-1+e_i\right] \tag{7-9}$$

其中，$\alpha_i(i=1,2,\cdots,l)$ 为拉格朗日乘子。对拉格朗日函数进行优化，即求 ℓ 对 w, b, e_i, α_i 的偏导数等于零，可以得到最优条件如下：

$$\begin{cases} \dfrac{\partial \ell}{\partial w}=0 \Rightarrow w-\displaystyle\sum_{i=1}^l \alpha_i y_i \phi(x_i)=0 \\[3mm] \dfrac{\partial \ell}{\partial b}=0 \Rightarrow \displaystyle\sum_{i=1}^l y_i \alpha_i=0 \\[3mm] \dfrac{\partial \ell}{\partial e_i}=0 \Rightarrow \gamma e_i-\alpha_i=0 \\[3mm] \dfrac{\partial \ell}{\partial \alpha_i}=0 \Rightarrow y_i\left(w^{\mathrm{T}}\phi(x_i)+b\right)-1+e_i=0 \end{cases} \quad i=1,2,\cdots,l \tag{7-10}$$

将式（7-10）写成矩阵形式为

$$\begin{bmatrix} I & 0 & 0 & -Z^{\mathrm{T}} \\ 0 & 0 & 0 & -y^{\mathrm{T}} \\ 0 & 0 & \gamma I & -I \\ Z & y & I & 0 \end{bmatrix} \begin{bmatrix} w \\ b \\ e \\ \alpha \end{bmatrix} = \begin{bmatrix} 0 \\ 0 \\ 0 \\ \bar{l} \end{bmatrix} \tag{7-11}$$

其中，$Z = \left[y_1\phi(x_1), y_2\phi(x_2), \cdots, y_l\phi(x_l) \right]^{\mathrm{T}}$，$y = \left[y_1, y_2, \cdots, y_l \right]^{\mathrm{T}}$，$\vec{1} = [1,1,\cdots,1]^{\mathrm{T}}$，$e = [e_1, e_2, \cdots, e_l]^{\mathrm{T}}$，$\alpha = [\alpha_1, \alpha_2, \cdots, \alpha_l]^{\mathrm{T}}$。

由同解变换消去式（7-11）的 w 和 e 后，得到如下方程形式：

$$\begin{bmatrix} 0 & -y^{\mathrm{T}} \\ y & \Omega + \gamma^{-1}I \end{bmatrix} \begin{bmatrix} b \\ \alpha \end{bmatrix} = \begin{bmatrix} 0 \\ \vec{1} \end{bmatrix} \tag{7-12}$$

其中，$\Omega = y_i y_j K(x_i, x_j)$；$K(x_i, x_j)$ 为满足 Mercer 条件的核函数。求解式（7-12），可得到 b 和 α 的值如下：

$$b = \frac{y^{\mathrm{T}} A^{-1} \vec{1}}{y^{\mathrm{T}} A^{-1} y} \tag{7-13}$$

$$\alpha = A^{-1}(\vec{1} - by) \tag{7-14}$$

其中，$A = \Omega + \gamma^{-1}I$。由式（7-10）可知，$w = \sum_{i=1}^{l} \alpha_i y_i \phi(x_i)$，从而导出回归函数 $f(x)$ 的形式如下：

$$f(x) = \sum_{i=1}^{l} \alpha_i y_i K(x, x_i) + b \tag{7-15}$$

7.1.3　最小二乘支持向量机选择

1. 最小二乘支持向量机训练样本集选择

从理论上讲，LSSVM 是建立在统计学习理论基础之上的，根据推广能力的界来估计算法的泛化能力，不必知道训练样本集的分布形式。但是，无论是分类还是回归问题，LSSVM 的基础数据是训练样本集，选择适当的训练样本集对于 LSSVM 非常重要（方瑞明，2007）。首先，训练样本集中的数据不能过多，过多的数据不仅会花费时间与空间成本，而且可能引入较多的噪声，但数据也要足够多，应包括求解问题的不同状态。其次，训练样本集中所含的特征不能太少，要能够反映所求解问题的重要特征，但特征也不能太多，过多的特征不仅无助于问题的解决，而且会增加计算的难度和训练的时间，与求解问题无关的特征不应包括在内。所以，有必要对 LSSVM 的高维输入数据进行属性约简，降低输入空间的维数，缩小求解问题的规模，从而获取更优的 LSSVM 决策函数，提高准确性（Dash and Liu，1997）。

2. 最小二乘支持向量机核函数选择

LSSVM 的一个显著特点是用核函数代替原输入空间向量之间的内积运算来

实现非线性变换，而不是使用非线性变换的具体形式。非线性变换函数只具有概念下的意义，真正体现非线性变换思想的是核函数，其实质是将原输入空间转换为一个高维特征空间，进而在高维特征空间中实现模式分析、聚类、回归等，从而将原输入空间的非线性分析问题变换为高维特征空间里的线性分析问题（陈其松，2009）。若高维特征空间中各坐标分量之间的相互作用限于内积，则不需要知道非线性变换函数的具体形式，只要利用满足 Mercer 条件的核函数替代线性算法中的内积，就可以得到原输入空间中对应的非线性算法。由于高维特征空间的结构由核函数决定，核函数的形式对于 LSSVM 非常重要，其设计的优劣直接影响 LSSVM 的分类与回归效果。

采用不同的函数作为核函数，可以构造出不同的 LSSVM，用以实现输入空间不同类型非线性决策面。在实际应用中，应根据具体问题选择核函数。使用最多的核函数有：线性核函数、多项式核函数、径向基（radial basis function，RBF）核函数和多层感知器（sigmoid）核函数等，它们的表达式如下：

（1）线性核函数

$$K(x, x_i) = x^{\mathrm{T}} x_i \tag{7-16}$$

（2）多项式核函数

$$K(x, x_i) = (x^{\mathrm{T}} x_i + c)^d \tag{7-17}$$

其中，c 和 d 为参数。d 为多项式核函数的阶次；$c = 0$ 时为齐次多项式核。

（3）RBF 核函数

$$K(x, x_i) = \exp\left(-\frac{\|x - x_i\|^2}{2\sigma^2}\right) \tag{7-18}$$

其中，σ 为核参数，它决定了输入变量在学习算法中的缩放程度。σ 以类似于多项式核函数阶次 d 的方式控制核函数的灵活性，较大的 σ 值相当于较大的 d 值。

（4）多层感知器核函数

$$K(x, x_i) = \tanh(z \cdot (x^{\mathrm{T}} x_i) + \theta) \tag{7-19}$$

其中，z 和 θ 为根据先验知识指定的参数。

线性核函数将原始数据样本向高维特征空间进行线性映射，无法解决非线性分类与回归问题。多项式核函数在许多情况下都可以获得不错的分类与回归效果，但是在多项式次数较高的情况下，计算复杂程度将急剧增加。RBF 核函数不但可以将数据样本非线性地映射到高维空间，而且计算复杂程度较低，从而解决分类标签和属性之间非线性的关系问题。线性核函数是 RBF 核函数的一种特例（Keerthi and Lin，2003）。当 RBF 核函数取较大的参数值时，其性能类似于多项式核函数；当 RBF 核函数取较小的参数值时，其性能类似于线性核函数（Walczak and Massart，2000；Wang et al.，2003）。采用 sigmoid 核函数的矩阵不一定会正有界，而且通常 sigmoid 的准确性也不如 RBF 核函数，只是在某些特定参数下性能和 RBF 相同（李元诚等，2003）。另外，多项式核函数的参数比 RBF 核函数多，导致计算更为复杂，其数值可能会趋于不定值或零值且幂值更高；RBF 核函数的数值限制条件少，将数值限制在 0 和 1 之间即可；sigmoid 核函数只是对特定的参数才满足 Mercer 条件，对某些参数可能是无效的（贾存良等，2007）；而多项式函数和 RBF 核函数总是满足 Mercer 条件。因此，对于无先验知识、数据量较小的样本集，RBF 核函数应是 LSSVM 首选的核函数。

3. 最小二乘支持向量机参数向量选择

1）参数向量对最小二乘支持向量机性能的影响

LSSVM 的性能优劣与其参数向量密切相关，若将 RBF 核函数选作核函数，则在回归问题中，LSSVM 共有两个参数需要确定：正则化参数 γ 和核参数 σ，这两个参数构成了 LSSVM 的参数向量 $[\gamma,\sigma]$。参数向量 $[\gamma,\sigma]$ 中，两个参数之间存在一个最佳匹配问题，它们选择的恰当与否直接影响 LSSVM 的学习能力与泛化能力。

正则化参数 γ 的主要作用是平衡模型的结构复杂度与训练误差，使 LSSVM 有较好的泛化能力。γ 取值越小，对样本数据中误判的样本惩罚越小，使训练误差变大，LSSVM 的泛化能力变差，当 LSSVM 对新数据样本进行分类时，错分率会很高，即出现"欠学习"现象；相反，如果 γ 取值太大，相应地，权重小，则 LSSVM 接近实际经验风险最小化，不考虑 LSSVM 的复杂性，虽然对已有数据的错分率很低，但是 LSSVM 的泛化能力很差，对新数据的错分率很高，即出现"过学习"现象。每个数据样本集至少存在一个合适的 γ 值，使 LSSVM 泛化性能最好。因此，正确选择正则化参数 γ 值，可以消除 LSSVM 对异常点的敏感性。

核参数 σ 用于控制数据样本在高维特征空间分布的复杂性，其值可以控制支持向量的个数，对于分类面的形成具有直接的影响。σ 取值过小，则支持向量的个数过多，支持向量之间的影响越弱，LSSVM 结构将过于复杂，容易产生"过学习"现象，使 LSSVM 的泛化能力变差；相反，σ 取值过大，则支持向量的个数过少，支持向量之间的影响越强，LSSVM 结构过于简单，容易产生"欠学习"现象，使 LSSVM 难以达到足够的预测精度。在实际应用中，σ 与 LSSVM 其他参数一样需要人为调节，其取值太大或太小都会导致 LSSVM 的泛化性能变差。若待拟合的曲线或曲面的变化幅度较大，应取较小的 σ 值；若待拟合的曲线或曲面变化比较平缓，应取较大的 σ 值。

2）参数向量的选择与优化

LSSVM 本身没有给出确定其参数向量$[\gamma, \sigma]$的最佳取值方法。传统的参数向量选择方法有核校准法、试验法、网格搜索法（grid search method）、交叉验证法（cross validation method）等。核校准法涉及核矩阵的研究工作，复杂程度较高。试验法根据经验和有限的实验给定一组 LSSVM 参数向量，通过大量实验方法得到较优的参数向量，这种方法简单但不能得到最优参数向量，而且需要大量时间。网格搜索法是非线性规划中的一种常用方法，可以实现较大范围内的参数向量自动寻优，其基本思路是对于要求寻优的参数向量，在其给定的可选择区间内划出网格，在网格点上计算目标函数值，根据目标函数的大小，选择相对应的参数向量作为最优参数向量。网格搜索法实质上是一种穷举法，直观性强，容易理解，但计算量仍然较大，花费时间较多，计算精度不高。交叉验证法将全部数据样本随机均匀分为若干份，先取出其中一份，用剩下的样本作为训练集对 LSSVM 进行训练，然后用取出的那一份样本作为验证集进行验证，计算相应的预测误差；然后再把取出的那份样本放回原样本集中，取出另外一份，再用剩下样本作为训练集来训练。这样一共重复训练 LSSVM 若干次，检验若干次，并计算平均预测误差，以此作为选择最优参数向量的依据。交叉验证法实际上还是一种试验法，需要进行大量计算，且具有人为选择的盲目性，将使 LSSVM 收敛速度减慢、难以得到最优解。

7.2　基于自适应动态粒子群优化算法的最小二乘支持向量机

近些年来，群智能优化算法被广泛引入 LSSVM 参数向量优化中，较常用的有遗传算法、蚁群算法、蜂群算法、模拟退火算法、粒子群优化（particle swarm optimization，PSO）算法等。其中，粒子群优化算法由于具有实现简单、搜索范围大、寻优效果好等优点（Poli et al.，2007），在 LSSVM 参数选择方面的有效性已得到证明。传统 PSO 算法中，惯性权重、加速系数的取值对算法的优化性能起到非常重要的作用。国内外学者对这两个参数进行了不同的修正，形成了不同的改进 PSO 算法，其中，有代表性的有基于惯性权重自适应调整的自适应惯性权重粒子群优化（adaptive inertia weight particle swarm optimization，AIWPSO）算法（Shi and Eberhart，1999）和基于加速系数动态调整的动态加速系数粒子群优化（dynamic acceleration coefficients particle swarm optimization，DACPSO）算法（纪震等，2009），这两种改进 PSO 算法均在一定程度上改善了传统 PSO 算法的寻优效率。为进一步提高 PSO 算法的寻优能力，本节基于这两种改进 PSO 算法，提出自适应动态粒子群优化（adaptive dynamic particle swarm optimization，ADPSO）算法，并利用 ADPSO 算法选择 LSSVM 最优参数。

7.2.1　自适应动态粒子群优化算法

1. 粒子群优化算法

PSO 算法是基于鸟类的群体行为而提出的一种群智能随机优化算法。由于自身的优势，在群智能算法的研究中占有重要地位。PSO 算法最初用来处理连续优化问题，因其表现出较好的特性，已经广泛应用到函数优化、模糊系统控制、神经网络训练、其他遗传算法的应用领域等。在利用 PSO 算法求解优化问题时，可用种群的粒子代表求解问题可能存在的解，每个粒子对应三个属性，分别是速度、位置和适应度值，其中，适应度值由被优化的函数求得，粒子运动的方向与位移由粒子速度决定，粒子根据个体最优位置和整个种群的最优位置（全局最优位置）进行搜索，并且不断更新自己的速度与位置。

假设在 D 维目标搜索空间中，有一个由 m 个粒子组成的种群，每个粒子代表所优化问题的一个潜在解，第 i 个粒子的位置向量记为 $\boldsymbol{S}_i = (s_{i1}, \cdots, s_{iD})$，其速度向量记为 $\boldsymbol{V}_i = (v_{i1}, \cdots, v_{iD})$。在整个种群中，每个粒子通过目标函数的适应度值搜索个体最优位置 $\boldsymbol{P}_{i\text{best}} = (s_{i1\text{best}}, \cdots, s_{iD\text{best}})$ 和全局最优位置 $\boldsymbol{G}_{\text{best}} = (s_{1\text{best}}, \cdots, s_{D\text{best}})$。每个粒子的速度与位置更新公式如下：

$$\begin{cases} \boldsymbol{V}_i^{k+1} = \delta \boldsymbol{V}_i^k + c_1 r_1^k \times (\boldsymbol{P}_{i\text{best}}^k - \boldsymbol{S}_i^k) + c_2 r_2^k \times (\boldsymbol{G}_{\text{best}}^k - \boldsymbol{S}_i^k) \\ \boldsymbol{S}_i^{k+1} = \boldsymbol{S}_i^k + \boldsymbol{V}_i^{k+1} \end{cases} \tag{7-20}$$

其中，k 为当前迭代步数；$\boldsymbol{V}_i^k$、$\boldsymbol{S}_i^k$ 分别为粒子 i 的当前速度与位置；$\boldsymbol{P}_{i\text{best}}^k$、$\boldsymbol{G}_{\text{best}}^k$ 分别为粒子 i 的个体最优位置与整个种群的最优位置；δ 为惯性权重（inertia weight）；c_1 和 c_2 为两个加速系数；r_1^k 和 r_2^k 为两个在[0, 1]的随机数。此外，粒子 i 的速度 $\boldsymbol{V}_i$ 被一个最大速度 $V_{\max}$ 所限制。若当前对粒子的加速导致它的速度超出最大速度 $V_{\max}$，则该速度被限制为最大速度 $V_{\max}$。

由式（7-20）可知，粒子 i 新的速度主要通过三部分来计算：第一部分 $\delta \boldsymbol{V}_i^k$ 为粒子之前的速度；第二部分 $c_1 r_1^k \times (\boldsymbol{P}_{i\text{best}}^k - \boldsymbol{S}_i^k)$ 为"认知"部分，表示粒子本身的思考，可以理解为粒子 i 当前位置与自己最好位置之间的距离；第三部分 $c_2 r_2^k \times (\boldsymbol{G}_{\text{best}}^k - \boldsymbol{S}_i^k)$ 为"社会"部分，表示粒子之间的信息共享与相互合作，可以理解为当前位置与群体最好位置之间的距离。

2. 自适应动态粒子群优化算法提出

惯性权重 δ 和加速系数 c_1、c_2 是影响 PSO 算法性能的两个重要控制参数，它们的取值直接影响算法的搜索能力和收敛速度。其中，δ 描述了粒子上一步迭代的速度对当前速度影响的程度。δ 取值越大，粒子的速度越大，有利于粒子发现新的解域，算法的全局搜索能力越强；δ 取值越小，粒子的速度越小，有利于粒子在当前空间搜索更优解，算法的局部搜索能力越强。目前采用较多的惯性权重取值方法是线性递减策略，其值随迭代次数的增加而线性减小。线性递减策略虽可一定程度上平衡全局搜索能力和局部搜索能力，但粒子的实际搜索过程是一个非线性过程，该策略难以正确反映粒子的真实搜索过程，而且线性递减策略无法考虑适应度函数提供的信息，将导致粒子搜索方向的启发性不强，使算法的搜索速度较慢而易陷入局部最优值（姜长弘等，2016）。c_1、c_2 反映了粒子自身认知信息与社会认知信息的交流程度。迭代前期阶段，希望 c_1 取值较大、c_2 取值较小，便于粒子进行全局寻优、避免陷入局部极值；迭代后期阶段，应有 c_1取值较小、c_2 取值较大，使粒子迅速、准确地收敛于全局最优解。传统 PSO 算法中，c_1、c_2 取相同的固定值，即粒子的自身认知能力与社会认知能力相同，算法在迭代初期虽可保持较快的收敛速度，但到迭代后期，由于粒子逐步统一化，容易陷入局部最优。

PSO 算法中，惯性权重、加速系数两参数相辅相成，共同影响算法的寻优能力。若对它们单独进行调整，将削弱粒子搜索过程的统一性，难以适应复杂非线性问题的优化。ADPSO 算法采用自适应动态调整策略，使惯性权重与加速系数同时随适应度值而变化，以增强粒子的全局搜索能力与局部搜索能力、获得更优的搜索结果。惯性权重 δ 采用自适应策略，即 δ 值随粒子的搜索状态自动调整，调整公式如下：

$$\delta = \begin{cases} \delta_{\min} - \dfrac{(\delta_{\max} - \delta_{\min}) \times (F - F_{\min})}{(F_{\text{avg}} - F_{\min})}, & F \leqslant F_{\text{avg}} \\ \delta_{\max}, & F > F_{\text{avg}} \end{cases} \tag{7-21}$$

其中，$\delta_{\max}$、$\delta_{\min}$ 分别为惯性权重的最大值与最小值；F 为粒子的当前适应度值；F_{avg}、$F_{\min}$ 分别为粒子群的平均适应度值与最小适应度值。由式（7-21）可知，当 F 高于 F_{avg} 时，应取较大的 δ 值，使粒子更快地飞向更优的目标搜索空间；当 F 低于 F_{avg} 时，应取较小的 δ 值，使粒子在当前目标搜索空间中寻找更优位置。

加速系统 c_1 和 c_2 设为随适应度值进行动态更新，更新公式如下：

$$c_1(k) = 4 \times \frac{|F_{\text{avg}}(k) - F_g(k)|}{F_{\text{avg}}(k)} \tag{7-22}$$

$$c_2(k) = 4 - c_1(k) \tag{7-23}$$

其中，$F_{\text{avg}}(k)$ 为粒子第 k 步迭代的平均适应度值；$F_g(k)$ 为整个种群第 k 步迭代的最优适应度值；$c_1(k)$、$c_2(k)$ 的取值在[0, 4]。由式（7-22）和式（7-23）可知，迭代前期阶段，$F_{\text{avg}}(k)$ 与 $F_g(k)$ 的差异较大，可获得较大的 $c_1(k)$ 值、较小的 $c_2(k)$ 值，便于粒子进行全局搜索、免于陷入局部最优值；迭代后期阶段，$F_{\text{avg}}(k)$ 与 $F_g(k)$ 的差异较小，可获得较小的 $c_1(k)$ 值、较大的 $c_2(k)$ 值，有利于增加粒子的多样性，提高算法的收敛速度与搜索精度。

7.2.2　ADPSO 算法优化 LSSVM 参数向量

利用 ADPSO 算法选择 LSSVM 最优参数向量，本质上是将 LSSVM 的构建过程与 ADPSO 算法的寻优过程有机融合，以每个粒子代表 LSSVM 的一组参数向量 $[\gamma, \sigma]$，在参数向量 $[\gamma, \sigma]$ 构成的两维目标搜索空间中，粒子种群通过目标函数确定的适应度值来搜寻全局最优解。ADPSO 算法选择 LSSVM 最优参数向量（记作 LSSVM-ADPSO 模型）构建及预测的具体步骤如下。

步骤 1　数据标准化处理。对原始样本数据进行标准化处理，计算公式如下：

$$\theta' = \frac{\theta - \theta_{\min}}{\theta_{\max} - \theta_{\min}} \tag{7-24}$$

其中，$\theta_{\max}$、$\theta_{\min}$ 分别为原始样本数据的最大、最小值；θ、θ' 分别为标准化前、标准化后的数据样本。将 θ' 划分为训练样本集 L 与验证样本集 Z 两部分。

步骤 2　粒子群初始化。设置粒子群的各种参数，包括种群规模数 m，惯性权重的最大值 $\delta_{\max}$ 与最小值 $\delta_{\min}$，最大迭代步数 $k_{\max}$ 等。随机给出粒子的初始速度与初始位置及粒子位置对应 LSSVM 的参数向量 $[\gamma, \sigma]$。

步骤 3　适应度函数定义。将 L 划分为训练样本子集 U 和检验样本子集 V，定义适应度函数为 LSSVM 的训练误差与检验误差之和，如下：

$$F = \frac{1}{l}\sum_{p=1}^{l}(y_p^U - y(\boldsymbol{x}_p^U))^2 + \frac{1}{N-l}\sum_{q=1}^{N-l}(y_q^V - y(\boldsymbol{x}_q^V))^2 \tag{7-25}$$

其中，N 为训练样本集 L 的数据个数；y_p^U、$y(\boldsymbol{x}_p^U)$ 分别为训练样本子集 U 的实际数据值与 LSSVM 预测值；y_q^V、$y(\boldsymbol{x}_q^V)$ 分别为检验样本子集 V 的实际数据值与 LSSVM 预测值。

步骤 4　粒子群最优位置更新。根据式（7-25）计算粒子 i 的适应度值，比较粒子 i 的当前适应度值与自身最优适应度值，若更优，更新粒子的个体最优位置为当前位置；比较每个粒子的个体最优位置适应度值与种群最优位置适应度值，若更优，更新种群的最优位置为该粒子的个体最优位置。惯性权重 δ 值按式（7-21）进行更新，两加速系数 $c_1(k)$、$c_2(k)$ 值分别按式（7-22）和式（7-23）进行更新。

步骤 5　终止条件判断。若满足期望误差或预设的迭代步数，则停止搜索，粒子群的全局最优位置即为 LSSVM 的最优参数向量 $[\gamma^*, \sigma^*]$；若不满足要求，转回步骤 3，进行新一轮搜索。

步骤 6　模型构建与预测。根据最优参数向量 $[\gamma^*, \sigma^*]$ 建立 LSSVM 并进行预测，再将预测值通过逆归一化转换为原始数据预测值，逆归一化公式如下：

$$\hat{\theta} = \theta'(\theta_{max} - \theta_{min}) + \theta_{min} \tag{7-26}$$

7.3　基于 LSSVM-ADPSO 模型的河北省物流业发展规模预测

7.3.1　指标选取

河北省物流业增加值可用于衡量河北省物流发展规模，本节利用 LSSVM-ADPSO 模型预测河北省物流业增加值。以 2006～2015 年河北省物流业增加值进行 LSSVM-ADPSO 模型的训练与检验，相关数据见表 4-3。

7.3.2　模型训练与检验

LSSVM-ADPSO 模型训练与检验步骤如下：首先，通过归一化公式将河北省物流业增加值的全部数据样本归一化到[0, 1]。然后利用归一化后的数据样本分为训练样本集与检验样本集。其中，2006～2013 年的数据样本作为训练样本集，2014 年和 2015 年的数据样本作为验证样本集，构建 LSSVM-ADPSO 模型进行训练与检验。ADPSO 算法优化 LSSVM 时，其自身控制参数设定如下：群体规模 m 设为 10；最大迭代步数 k_{max} 设为 20；惯性权重的最大值 δ_{max}、最小值 δ_{min} 分别设为 0.9 和 0.1。由于 ADPSO 算法为随机优化算法，每次优化的结果可能在一定范围内产生偏差。为减少 ADPSO 算法优化偏差对 LSSVM 参数选择的影响，通过 ADPSO 算法连续优化 LSSVM 参数多次，以最小误差对应的参数向量作为最优参数向量 $[\gamma^*, \sigma^*]$。根据 $[\gamma^*, \sigma^*]$ 构建 LSSVM 并预测 2006～2015 年河北省物流业增加值。最后，利用逆归一化公式将预测值转换为原始河北省物流业增加值的预测值。

为检验 LSSVM-ADPSO 模型的有效性，基于相同数据样本集，分别利用 LSSVM-AIWPSO 模型、LSSVM-DACPSO 模型、LSSVM-PSO 模型预测物流业增加值，并将它们的预测结果与 LSSVM-ADPSO 模型进行比较。其中，LSSVM-AIWPSO 模型是以 AIWPSO 算法优化 LSSVM 参数向量 $[\gamma, \sigma]$，AIWPSO 算法的自身控制参数设定如下：群体规模 m 设为 10；最大迭代步数 k_{max} 设为 20；惯性权重的最大值 δ_{max}、最小值 δ_{min} 分别设为 0.9 和 0.1；两加速系数 c_1、c_2 均设为 2；LSSVM-DACPSO 模型是以 DACPSO 算法优化 LSSVM 参数向量 $[\gamma, \sigma]$，DACPSO 算法的自身控制参数设定如下：群体规模 m 设为 10；最大迭代步数 k_{max} 设为 20；惯性权重的最大值 δ_{max}、最小值 δ_{min} 分别设为 0.9 和 0.1，两加速系数 $c_1(k)$、$c_2(k)$ 无需进行设定；LSSVM-PSO 模型是以 PSO 算法优化 LSSVM 参数向量 $[\gamma, \sigma]$，PSO 算法的自身控制参数设定如下：群体规模 m 设为 10；最大迭代步

数 k_{max} 设为 20；惯性权重的最大值 δ_{max}、最小值 δ_{min} 分别设为 0.9 和 0.1，两加速系数 c_1、c_2 均设为 2。

7.3.3 检验结果分析

选用五种指标评价四种模型的预测性能，它们分别是：均方根误差（root mean squared error，RMSE）、平均绝对误差（mean absolute error，MAE）、异方差调整的均方根误差（heteroskedasticity adjusted root mean squared error，HRMSE）、异方差调整的平均绝对误差（heteroskedasticity adjusted mean absolute error，HMAE）和西尔（Theil）统计量。五种评价指标定义如下：

$$RMSE = \sqrt{\frac{1}{Z}\sum_{\zeta=1}^{Z}\left(y_\zeta - \hat{y}_\zeta\right)^2} \tag{7-27}$$

$$MAE = \frac{1}{Z}\sum_{\zeta=1}^{Z}\left|y_\zeta - \hat{y}_\zeta\right| \tag{7-28}$$

$$HRMSE = \left[\frac{1}{Z}\sum_{\zeta=1}^{Z}\left(1 - \frac{\hat{y}_\zeta}{y_\zeta}\right)^2\right]^{1/2} \tag{7-29}$$

$$HMAE = \frac{1}{Z}\sum_{\zeta=1}^{Z}\left|1 - \frac{\hat{y}_\zeta}{y_\zeta}\right| \tag{7-30}$$

$$Theil = \frac{RMSE}{\left[\frac{1}{Z}\sum_{\zeta=1}^{Z}\left(y_\zeta\right)^2\right]^{1/2} + \left[\frac{1}{Z}\sum_{\zeta=1}^{Z}\left(\hat{y}_\zeta\right)^2\right]^{1/2}} \tag{7-31}$$

其中，$\zeta = 1,2,\cdots,Z$，Z 为预测样本个数；y_ζ、$\hat{y}_\zeta$ 分别为物流业增加值的实际值与各模型得到的预测值。以上评价指标值越小，表明该模型的预测性能越优异。另外，通过时间（Time 值）分别记录 ADPSO 算法、AIWPSO 算法、DACPSO 算法、PSO 算法搜索 LSSVM 参数向量[γ, σ]所用的时间，Time 值越小，表明该算法的搜索能力越强。表 7-1 列出了四种模型的预测性能评价结果。

表 7-1 四种模型的预测性能评价结果

评价指标	LSSVM-ADPSO	LSSVM-AIWPSO	LSSVM-DACPSO	LSSVM-PSO
RMSE	27.614	47.292	48.397	76.253
MAE	23.513	38.887	39.933	68.442
HRMSE	0.015	0.029	0.029	0.044
HMAE	0.012	0.023	0.024	0.039
Theil	0.007	0.012	0.012	0.020
Time	2.281	2.406	2.812	1.813

注：Time 的单位为秒

由表 7-1 可知，LSSVM-ADPSO 模型的预测性能优于 LSSVM-AIWPSO 模型、LSSVM-DACPSO 模型和 LSSVM-PSO 模型，其 RMSE、MAE、HRMSE、HMAE、Theil 的值均小于 LSSVM-AIWPSO 模型、LSSVM-DACPSO 模型和 LSSVM-PSO 模型的对应值。这主要是由于 ADPSO 算法能够根据适应度值同时更新惯性权重和加速系数的值，显著增强了算法的寻优能力，能正确指导 LSSVM 全局最优参数向量的搜索，进而提高了 LSSVM 物流业增加值的预测性能。LSSVM-AIWPSO 模型和 LSSVM-DACPSO 模型的物流业增加值预测性能优于 LSSVM-PSO 模型，表现在 LSSVM-AIWPSO 模型和 LSSVM-DACPSO 模型的 RMSE、MAE、HRMSE、HMAE、Theil 值均小于 LSSVM-PSO 模型的对应值。LSSVM-AIWPSO 模型和 LSSVM-DACPSO 模型具有基本相同的物流业增加值预测性能，因为它们的 RMSE、MAE、HRMSE、HMAE、Theil 值相差不大。

从表 7-1 的 Time 值可以看出，五种 PSO 算法具备较强的全局搜索能力，均能够在较短时间搜索到 LSSVM 最优参数向量，提高 LSSVM 建模速度。其中，ADPSO 算法、AIWPSO 算法和 DACPSO 算法搜索 LSSVM 最优参数向量所用时间稍大于 PSO 算法所用时间，这可能是三种算法对 PSO 算法进行了不同程度的改进，使计算复杂性稍有增加；在三种改进 PSO 算法中，ADPSO 算法具备更强的搜索能力，其搜索 LSSVM 最优参数向量所用时间稍小于 AIWPSO 算法和 DACSPO 算法所用时间，而 AIWPSO 算法搜索 LSSVM 最优参数向量所用时间稍小于 DACSPO 算法所用时间，说明 AIWPSO 算法的搜索能力稍强于 DACPSO 算法。

表 7-2 列出了四种模型的河北省物流业增加值预测值及相对误差，同时图 7-1 给出了四种模型的河北省物流业增加值预测值曲线图。由表 7-2 和图 7-1 可以看出，相比于 LSSVM-AIWPSO 模型、LSSVM-DACPSO 模型和 LSSVM-PSO 模型，LSSVM-ADPSO 模型能更准确地预测出物流业增加值的变动趋势。LSSVM-ADPSO 模型的最小相对误差为–0.391%，稍大于其他三种模型的对应值，但其最大相对误差仅为 2.932%，显著小于 LSSVM-AIWPSO 模型的 5.609%、LSSVM-DACPSO 模型的 5.652% 和 LSSVM-PSO 模型的 –6.999%，表明 LSSVM-ADPSO 模型的预测精度高于 LSSVM-AIWPSO 模型、LSSVM-DACPSO 模型和 LSSVM-PSO 模型。另外，从表 7-2 还可以看出，LSSVM-ADPSO 模型 2007～2008 年的相对误差较小，分别为–0.515%和–0.391%，2009 年增加到最大值 2.932%，之后几年，相对误差均未超过 2.031%，因此，LSSVM-ADPSO 模型适合于河北省物流业增加值的长期预测。

表 7-2　四种模型的河北省物流业增加值预测值及相对误差

年份	实际值/亿元	LSSVM-ADPSO		LSSVM-AIWPSO		LSSVM-DACPSO		LSSVM-PSO	
		预测值/亿元	相对误差/%	预测值/亿元	相对误差/%	预测值/亿元	相对误差/%	预测值/亿元	相对误差/%
2007	1156	1150	−0.515	1111	−3.866	1111	−3.846	1226	6.119
2008	1338	1332	−0.391	1373	2.631	1374	2.731	1408	5.289
2009	1492	1536	2.932	1576	5.609	1576	5.652	1561	4.614
2010	1746	1723	−1.340	1735	−0.611	1735	−0.641	1690	−3.194
2011	2046	2012	−1.687	1971	−3.653	1969	−3.770	1903	−6.999
2012	2213	2258	2.031	2206	−0.310	2203	−0.426	2155	−2.633
2013	2345	2336	−0.402	2314	−1.307	2314	−1.347	2294	−2.164
2014	2396	2369	−1.139	2389	−0.308	2391	−0.246	2405	0.363
2015	2359	2376	0.726	2415	2.379	2418	2.494	2448	3.772

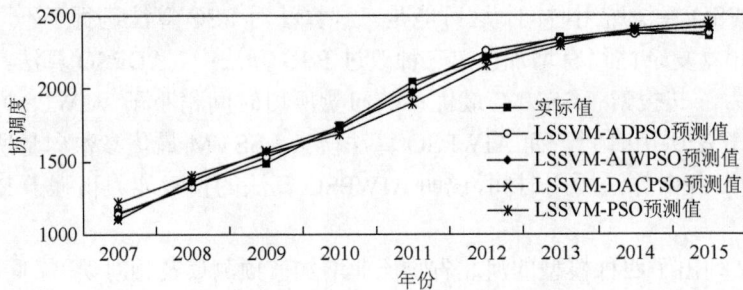

图 7-1　四种模型的河北省物流业增加值预测值曲线图

7.3.4　外推预测

上述检验结果表明，LSSVM-ADPSO 模型是一种有效的河北省物流业增加值预测方法。本节利用 LSSVM-ADPSO 模型对 2017～2020 年河北省物流业增加值进行外推预测。表 7-3 列出了 2017～2020 年河北省物流业增加值预测值，图 7-2 给出了 2017～2020 年河北省物流业增加值预测值曲线图。

表 7-3　2017～2020 年河北省物流业增加值预测值

年份	2017	2018	2019	2020
河北省物流业增加值/亿元	2395	2415	2498	2583

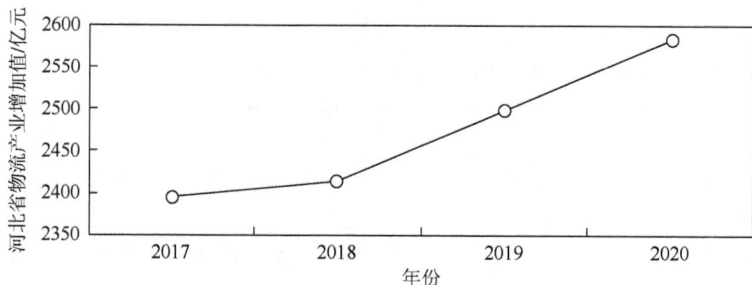

图 7-2　2017～2020 年河北省物流业增加值预测值曲线图

由表 7-3 和图 7-2 可以看出，2017～2010 年，河北省物流业增加值将出现逐年增长的趋势，其中，2017 年和 2018 年的增长速度相对较小，2018 年之后增长速度明显加快，到 2020 年，河北省物流业增加值将达到 2583 亿元。

7.4　本章小结

本章构建 LSSVM-ADPSO 模型对河北省物流业发展规模进行了预测。第一，在简述统计学习理论基础上，详细介绍了 LSSVM 的回归算法及 LSSVM 的训练样本集、核函数、参数向量的选择问题。第二，为进一步提高 PSO 算法的寻优能力，将 AIWPSO 算法和 DACPSO 算法的优势有机融合，提出了 ADPSO 算法，采用自适应动态调整策略，使惯性权重与加速系数同时随适应度值变化，以增强粒子的全局搜索能力与局部搜索能力。第三，将 ADPSO 算法与 LSSVM 相结合，构建 LSSVM-ADPSO 模型，以 ADPSO 算法优化 LSSVM 的最优参数向量。第四，利用 LSSVM-ADPSO 模型预测河北省物流业增加值，通过预测性能评价指标 RMSE、MAE、HRMSE、HMAE、Theil 和 Time 检验了 LSSVM-ADPSO 模型的预测性能。结果表明，相比于 LSSVM-AIWSPO 模型、LSSVM-AIWSPO 模型和 LSSVM-PSO 模型，LSSVM-ADPSO 模型可以更准确地预测河北省物流业增加值的变化趋势，具有更优的预测精度和预测效率，可用于河北省物流业增加值的外推预测。最后，利用 LSSVM-ADPSO 模型对 2017～2020 年河北省物流业增加值进行了预测，结果发现，河北省物流业增加值在未来几年将出现逐年增长的趋势，2017 年和 2018 年的增长速度相对较小，2018 年之后增长速度明显加快，到 2020 年，河北省物流业增加值将达到 2583 亿元。

参 考 文 献

陈其松. 2009. 智能优化支持向量机预测算法及应用研究[D]. 贵阳：贵州大学博士学位论文.

邓乃扬，田英杰. 2004. 数据挖掘中的新方法——支持向量机[M]. 北京：科学出版社.

方瑞明. 2007. 支持向量机理论及其应用分析[M].北京：中国电力出版社.

黄为勇. 2009. 基于支持向量机数据融合的矿井瓦斯预警技术研究[D]. 北京：中国矿业大学博士学位论文.

纪震，廖惠连，吴青华. 2009. 粒子群算法及应用[M]. 北京：科学出版社.

贾存良，吴海山，巩敦卫. 2007. 煤炭需求量预测的支持向量机模型[J]. 中国矿业大学学报（自然科学版），36（1）：107-110.

姜长弘，张永恒，王盛慧. 2016. 基于自适应粒子群算法的篦冷机电液位置伺服系统 PID 参数优化[J]. 液压与气动，(7)：44-49.

李元诚，方廷健，郑国祥. 2003. 短期电力负荷预测的小波支持向量机方法研究[J]. 中国科学技术大学学报，33（6）：726-732.

阮俊虎. 2010. 基于 GA-SVM 的区域物流需求预测研究[D]. 邯郸：河北工程大学硕士学位论文.

田景文，高美娟. 2006. 人工神经网络算法研究及应用[M]. 北京：北京理工大学出版社.

谢春利. 2011. 基于最小二乘支持向量机的非线性系统自适应控制方法的研究[D]. 大连：大连理工大学博士学位论文.

张学工. 2000. 关于统计学习理论与支持向量机[J]. 自动化学报，26（1）：32-42.

Dash M，Liu H. 1997. Feature selection for classification[J]. Intelligent Data Analysis，1（1-4）：131-156.

Keerthi S S，Lin C J. 2003. Asymptotic behaviors of support vector machines with Gaussian kernel[J]. Neural Computation，15（7）：1667-1689.

Poli R，Kennedy J，Blackwell T. 2007. Particle swarm optimization：an overview[J]. Swarm Intelligence，1（1）：33-57.

Shi Y，Eberhart R C. 1999. Empirical study of particle swarm optimization[C]//Proceedings of the IEEE International Congress on Evolutionary Computation. New Iersery：Piscataway.

Suykens J A K，Vandevalle J. 1999. Least squares support vector machine classifiers[J]. Neural Processing Letters，9（3）：293-300.

Vapnik V N. 1995. The Nature of Statistical Learning Theory[M]. New York：Springer-Verlag.

Vapnik V N. 1998. Statistical Learning Theory [M]. New York：John Wiley.

Walczak B，Massart D L. 2000. Local modelling with radial basis function networks[J]. Chemometrics and Intelligent Laboratory Systems，50（2）：179-198.

Wang W，Xu Z，Lu W，et al. 2003. Determination of the spread parameter in the Gaussian kernel for classification and regression[J]. Neurocomputing，55（3）：643-663.

第8章 基于新型城镇化建设的河北省物流业发展调控对策研究

运用一元线性回归模型实证分析河北省物流业发展规模与河北省物流需求水平、经济发展的关系。在此基础上，提出新型城镇化建设背景下推进河北省物流业合理发展的调控对策。

8.1 河北省物流业发展规模与物流需求关系分析

本节利用一元线性回归模型对河北省物流业发展规模与物流需求水平关系进行实证分析。选取 2006～2015 年河北省物流业发展规模及物流需求水平量化指标数据，分别构建河北省物流业增加值与邮政业务量、货运量、货物周转量的一元线性回归模型，根据回归参数，分析河北省物流业发展规模与物流需求水平的定量关系。相关数据见表 4-3。

8.1.1 河北省物流发展业规模与邮政业务量关系分析

基于表 4-3 中的数据，作出河北省物流业增加值与邮政业务量散点关系图。图 8-1 给出了河北省 2006～2015 年物流业增加值与邮政业务量散点关系图。从图 8-1 可以直观地看出，河北省物流业增加值随邮政业务量的增长而有所增长，两者之间存在正的线性相关关系。

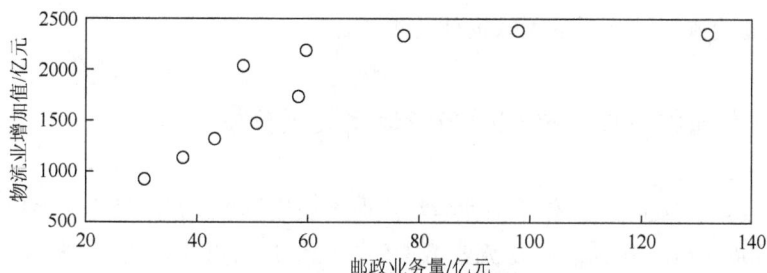

图 8-1 2006～2015 年河北省物流业增加值与邮政业务量散点关系图

以河北省物流业增加值为因变量、邮政业务量为自变量，构建一元线性回归模型如下：

$$X_7 = p_{0,\text{zip}} + p_{1,\text{zip}}X_4 + \mu \tag{8-1}$$

其中，X_7 为河北省物流业增加值；X_4 为河北省邮政业务量；$p_{0,\text{zip}}$ 和 $p_{1,\text{zip}}$ 为回归系数；μ 为随机误差项。采用 OLS 法估计回归系数 $p_{0,\text{zip}}$ 和 $p_{1,\text{zip}}$ 的值，表 8-1 列出了 2006～2015 年河北省物流业增加值与邮政业务量回归统计数据。

表 8-1　2006～2015 年河北省物流业增加值与邮政业务量回归统计数据

回归系数	系数值	标准误差	t 统计量	P 值	F 统计量	R^2	调整后 R^2
$p_{0,\text{zip}}$	923.642	267.004	3.459	0.009	13.171（0.007）	0.622	0.575
$p_{1,\text{zip}}$	13.886	3.826	3.629	0.007			

注：P 值表示回归系数 t 统计量的显著性水平；小括号中的数字表示 F 统计量的显著性水平；R^2 表示回归模型的拟合优度

由表 8-1 可知，回归模型的拟合优度 $R^2=0.622$，调整后的 $R^2=0.575$，说明回归模型的拟合结果较好，拟合值与实际值相差较小；回归模型的 F 统计量为 13.171，在 1%水平下通过了显著性检验；回归系数 $p_{0,\text{zip}}$ 的 t 统计量为 3.459，回归系数 $p_{1,\text{zip}}$ 的 t 统计量为 3.629，均在 1%水平下通过了显著性检验，由以上检验结果可知，该一元线性回归模型通过了检验。因此，得到河北省物流业增加值与邮政业务量的一元线性回归模型表达式为

$$X_7 = 923.642 + 13.886X_4 \tag{8-2}$$

由式（8-2）可以看出，河北省物流业增加值与邮政业务量回归模型的斜率是 13.886，表示河北省邮政业务量每增加 1 亿元，物流业增加值提高约 13.886 亿元，这说明河北省邮政业务量对物流业增加值具有显著的促进作用，即河北省物流业增加值随省内邮政业务量的增长而快速增长。

8.1.2　河北省物流业发展规模与货运量关系分析

基于表 4-3 中的数据，作出河北省物流业增加值与货运量的散点关系图。图 8-2 给出了 2006～2015 年河北省物流业增加值与货运量散点关系图。从图 8-2 可以直观地看出，河北省物流业增加值随货运量的增长呈现波动性变动态势，两者之间不存在线性相关关系。

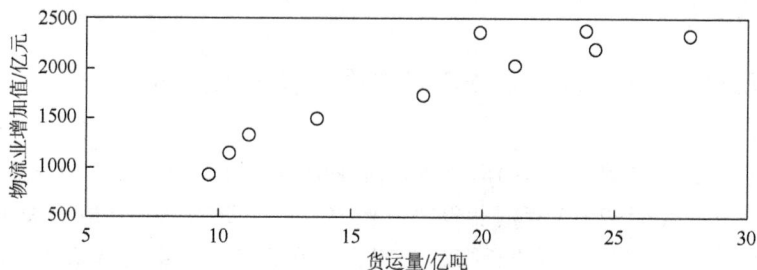

图 8-2　2006～2015 年河北省物流业增加值与货运量散点关系图

以河北省物流业增加值的对数为因变量、货运量为自变量，构建一元线性回归模型如下：

$$\ln X_7 = p_{0,vol} + p_{1,vol}X_5 + \mu \qquad (8\text{-}3)$$

其中，$\ln X_7$ 为河北省物流业增加值的对数；X_5 为河北省货运量；$p_{0,vol}$ 和 $p_{1,vol}$ 为回归系数；μ 为随机误差项。采用 OLS 法估计回归系数 $p_{0,vol}$ 和 $p_{1,vol}$ 的值。表 8-2 列出了 2006～2015 年河北省物流业增加值与货运量回归统计数据。

表 8-2　2006～2015 年河北省物流业增加值与货运量回归统计数据

回归系数	系数值	标准误差	t 统计量	P 值	F 统计量	R^2	调整后 R^2
$p_{0,vol}$	6.585	0.127	51.651	0.000	51.483（0.000）	0.866	0.849
$p_{1,vol}$	0.048	0.007	7.175	0.000			

注：P 值表示回归系数 t 统计量的显著性水平；小括号中的数字表示 F 统计量的显著性水平；R^2 表示回归模型的拟合优度

由表 8-2 可知，回归模型的拟合优度 R^2=0.866，调整后的 R^2=0.849，说明回归模型取得了很好的拟合结果，拟合值与实际值相差很小；回归模型的 F 统计量为 51.483，在 1%水平下通过了显著性检验；回归系数 $p_{0,vol}$ 的 t 统计量为 51.651，回归系数 $p_{1,vol}$ 的 t 统计量为 7.175，均在 1%水平下通过了显著性检验。由以上检验结果可知，该一元线性回归模型通过了检验。因此，得到河北省物流业增加值与货运量的一元线性回归模型表达式为

$$\ln X_7 = 6.585 + 0.048X_5 \qquad (8\text{-}4)$$

由式（8-4）可以看出，河北省物流业增加值与货运量的回归模型的斜率是 0.048，表示河北省货运量每增加 1 万吨，物流业增加值提高约 0.048 亿元，这说明河北省货运量对物流业增加值具有显著的促进作用，即河北省物流业增加值随省内货运量的增长而快速增长。

8.1.3　河北省物流业发展规模与货物周转量关系分析

基于表 4-3 中的数据，作出河北省物流业增加值与货物周转量的散点关系图，图 8-3 给出了 2006～2015 年河北省物流业增加值与货物周转量散点关系图。从图 8-3 可以直观地看出，河北省物流业增加值随货物周转量的增长而有所增长，两者之间存在正的线性相关关系。

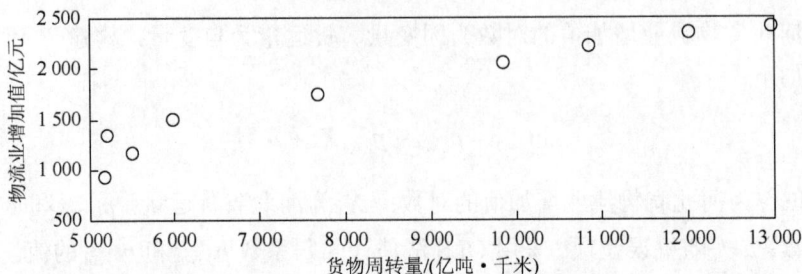

图 8-3　2006～2015 年河北省物流业增加值与货物周转量散点关系图

以河北省物流业增加值为因变量、货物周转量为自变量，构建一元线性回归模型如下：

$$X_7 = p_{0,\text{turnover}} + p_{1,\text{turnover}} X_6 + \mu \tag{8-5}$$

其中，X_7 为河北省物流业增加值；X_6 为河北省货物周转量；$p_{0,\text{turnover}}$ 和 $p_{1,\text{turnover}}$ 为回归系数；μ 为随机误差项。采用 OLS 法估计回归系数 $p_{0,\text{turnover}}$ 和 $p_{1,\text{turnover}}$ 的值，表 8-3 列出了河北省物流业增加值与货物周转量回归统计数据。

表 8-3　2006～2015 年河北省物流业增加值与货物周转量回归统计数据

回归系数	系数值	标准误差	t 统计量	P 值	F 统计量	R^2	调整后 R^2
$p_{0,\text{turnover}}$	341.855	135.453	2.524	0.036	130.036（0.000）	0.942	0.935
$p_{1,\text{turnover}}$	0.168	0.015	11.403	0.000			

注：P 值表示回归系数 t 统计量的显著性水平；小括号中的数字表示 F 统计量的显著性水平；R^2 表示回归模型的拟合优度

由表 8-3 可知，回归模型的拟合优度 $R^2=0.942$，调整后的 $R^2=0.935$，说明回归模型的拟合结果很好，拟合值与实际值相差很小；回归模型的 F 统计量为 130.036，在 1%水平下通过了显著性检验；回归系数 $p_{0,\text{turnover}}$ 的 t 统计量为 2.524，在 5%水平下通过了显著性检验，回归系数 $p_{1,\text{turnover}}$ 的 t 统计量为 11.403，在 1%

水平下通过了显著性检验。由以上检验结果可知，该一元线性回归模型通过了检验。因此，得到河北省物流业增加值与货物周转量的一元线性回归模型表达式为

$$X_7 = 341.855 + 0.168X_6 \tag{8-6}$$

由式（8-6）可以看出，河北省物流业增加值与货运量回归模型的斜率是 0.168，表示河北省货物周转量每增加 1 亿吨千米，物流业增加值提高约 0.168 亿元，这说明河北省货运量对物流业增加值具有一定的促进作用，即河北省物流业增加值随省内货物周转量的增长而增长。

8.2　河北省物流业发展规模与经济发展关系分析

本节运用一元线性回归模型对河北省物流业发展规模与经济发展关系进行实证分析。选取 2006～2015 年的河北省物流业发展规模与经济发展量化指标数据，分别构建河北省物流业增加值与经济发展的一元线性回归模型，根据回归参数，分析河北省物流业发展与经济发展的定量关系。构建模型时，需选取河北省经济发展的量化指标。这里将河北省的 GDP 和固定资产投资作为河北省经济发展的量化指标。表 8-4 列出了 2006～2015 年河北省 GDP 和固定资产投资数据。

表 8-4　2006～2015 年河北省 GDP 和固定资产投资数据

年份	GDP/亿元	固定资产投资/亿元
2006	11 468	5 470
2007	13 607	6 885
2008	16 012	8 867
2009	17 235	12 270
2010	20 394	15 083
2011	24 516	16 389
2012	26 575	19 661
2013	28 443	23 194
2014	29 421	26 672
2015	29 806	29 448

8.2.1　河北省物流业发展规模与 GDP 关系分析

基于表 4-3 和表 8-4 中的数据，作出河北省物流业增加值与 GDP 的散点关系图，图 8-4 给出了 2006～2015 年河北省物流业增加值与 GDP 散点关系图。从

图 8-4 可以看出，河北省物流业增加值随 GDP 的增长而快速增长，两者之间存在正的线性相关关系。

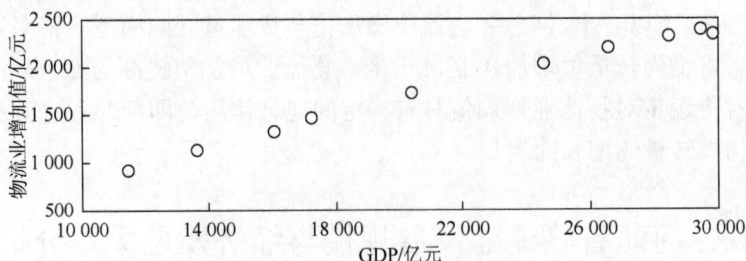

图 8-4 2006～2015 年河北省物流业增加值与 GDP 散点关系图

以河北省物流业增加值为因变量、GDP 为自变量，构建一元线性回归模型如下：

$$X_7 = p_{0,\text{gdp}} + p_{1,\text{gdp}} R_{\text{gdp}} + \mu \tag{8-7}$$

其中，X_7 为河北省物流业增加值；R_{gdp} 为河北省 GDP；$p_{0,\text{gdp}}$ 和 $p_{1,\text{gdp}}$ 为回归系数；μ 为随机误差项。采用 OLS 法估计回归系数 $p_{0,\text{gdp}}$ 和 $p_{1,\text{gdp}}$ 的值。表 8-5 列出了 2006～2015 年河北省物流业增加值与地区 GDP 回归统计数据。

表 8-5 2006～2015 年河北省物流业增加值与地区 GDP 回归统计数据

回归系数	系数值	标准误差	t 统计量	P 值	F 统计量	R^2	调整后 R^2
$p_{0,\text{gdp}}$	140.922	53.675	2.625	0.034	1143.158（0.000）	0.994	0.993
$p_{1,\text{gdp}}$	0.077	0.002	33.811	0.000			

注：P 值表示回归系数 t 统计量的显著性水平；小括号中的数字表示 F 统计量的显著性水平；R^2 表示回归模型的拟合优度

由表 8-5 可知，回归模型的拟合优度 R^2=0.994，调整后的 R^2=0.993，说明回归模型的拟合结果非常好，拟合值与实际值相差很小；回归模型的 F 统计量为 1143.158，在 1%水平下通过了显著性检验；回归系数 $p_{0,\text{gdp}}$ 的 t 统计量为 2.625，在 5%水平下通过了显著性检验，回归系数 $p_{1,\text{gdp}}$ 的 t 统计量为 33.811，在 1%水平下通过了显著性检验。由以上检验结果可知，一元线性回归模型通过了检验。因此，得到河北省物流业增加值与 GDP 的一元线性回归模型表达式为

$$X_7 = 140.922 + 0.077 R_{\text{gdp}} \tag{8-8}$$

由式（8-8）可以看出，河北省物流业增加值与 GDP 回归模型的斜率是 0.077，表示河北省 GDP 每增加 1 亿元，物流业增加值提高约 0.077 亿元，这说明河北省 GDP 对物流业增加值具有促进作用，即河北省物流业增加值随省内 GDP 的增长而增长。

8.2.2　河北省物流业发展规模与固定资产投资关系分析

基于表 4-3 和表 8-4 中的数据，作出河北省物流业增加值与固定资产投资的散点关系图，图 8-5 给出了 2006～2015 年河北省物流业增加值与固定资产投资散点关系图。从图 8-5 可以直观地看出，河北省物流业增加值随固定资产投资的增长而增长，两者之间存在正的线性相关关系。

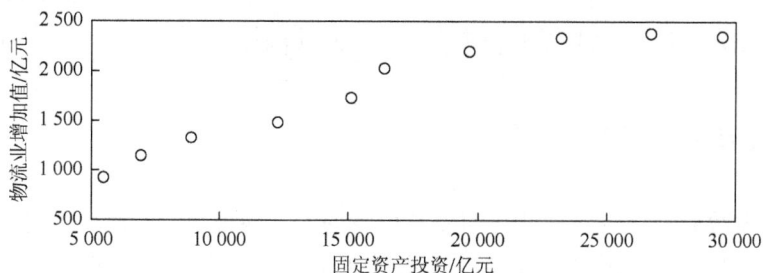

图 8-5　2006～2015 年河北省物流业增加值与固定资产投资散点关系图

以河北省物流业增加值为因变量、固定资产投资为自变量，构建一元线性回归模型如下：

$$X_7 = p_{0,\text{invest}} + p_{1,\text{invest}} R_{\text{invest}} + \mu \tag{8-9}$$

其中，X_7 为河北省物流业增加值；R_{invest} 为河北省固定资产投资；$p_{0,\text{invest}}$ 和 $p_{1,\text{invest}}$ 为回归系数；μ 为随机误差项。采用 OLS 法估计回归系数 $p_{0,\text{invest}}$ 和 $p_{1,\text{invest}}$ 的值，表 8-6 列出了 2006～2015 年河北省物流业增加值与固定资产投资回归统计数据。

表 8-6　2006～2015 年河北省物流业增加值与固定资产投资回归统计数据

回归系数	系数值	标准误差	t 统计量	P 值	F 统计量	R^2	调整后 R^2
$p_{0,\text{invest}}$	772.674	122.507	6.307	0.000	86.989（0.000）	0.916	0.905
$p_{1,\text{invest}}$	0.063	0.007	9.327	0.000			

注：P 值表示回归系数 t 统计量的显著性水平；小括号中的数字表示 F 统计量的显著性水平；R^2 表示回归模型的拟合优度

由表 8-6 可知，回归模型的拟合优度 $R^2=0.916$，调整后的 $R^2=0.905$，说明回归模型的拟合结果很好，拟合值与实际值相差很小；回归模型的 F 统计量为 86.989，在 1%水平下通过了显著性检验；回归系数 $p_{0,\text{invest}}$ 和 $p_{1,\text{invest}}$ 的 t 统计量分别为 6.307 和 9.327，均在 1%水平下通过了显著性检验。由以上检验结果可知，

一元线性回归模型通过了检验。因此，得到河北省物流业增加值与固定资产投资的一元线性回归模型表达式为

$$X_7 = 772.674 + 0.063R_{\text{invest}} \tag{8-10}$$

由式（8-10）可以看出，河北省物流业增加值与固定资产投资回归模型的斜率是 0.063，表示河北省固定资产投资每增加 1 亿元，物流业增加值提高约 0.063 亿元，这说明河北省固定资产投资对物流业增加值具有促进作用，即河北省物流业增加值随省内固定资产投资的增长而增长。

8.3　基于新型城镇化建设的河北省物流业发展调控对策

8.3.1　统筹合理规划

河北省政府相关部门应统一河北省城乡物流发展规划，发挥城市物流对农村物流的辐射与带动作用，应将农村物流视为河北省现代物流体系的重要组成部分。要把农村物流体系建设纳入河北省物流业发展整体系统中，制订出统一的城乡物流发展规划，合理布局全省物流系统。在此过程中，要强化政府相关部门的宏观规划与组织协调功能，实现政府的有效干预。目前，在国家层面，已建立了由国家发展和改革委员会等多个部门组成的部际联席会议制度，以综合协调全国物流的管理体制与机制。河北省政府也应加紧落实类似的跨部门协调制度，根据实事求是、循序渐进与因地制宜的原则，在宏观规划与组织协调等方面，稳步推进城乡物流的一体化。

8.3.2　大力培育市场主体

1. 支持现代物流企业做强做大

我国现阶段正处于经济转型的关键时期，机遇和挑战并存。对于一些抗风险能力差的中小企业，这一时期将相当难熬。通过前面的分析可知，河北省的物流企业大多数为中小型企业，对外界经济环境变化比较敏感，抗风险能力较弱，通常受到外界经济环境发展和经济结构调整的影响。因此，在全球经济发展低迷、我国新型城镇化建设的大背景下，河北省政府相关部门应当站在宏观层面，采取相应的政策保障，以支持河北省中小型物流企业发展，提高其抵御风险的能力，使其能够从逆境中求生存、谋发展。另外，那些发展规模比较大、实力比较强的物流企业，其自身抵御风险的能力也相对较强，对河北省经济发展做出的贡献比较大，政府相关部门应当给予相应的奖励和优惠政策。总之，新型城镇化建设时

期，在推进河北省物流业发展过程中，应扩大大型物流企业的发展优势，保障中小型物流企业的发展，从而使河北省物流企业的整体实力得到提升。

2. 注重第三方物流企业的发展

在现代物流业体系框架内，第三方物流企业应当承担起社会总物流运输任务的 50% 才算合理。然而，我国第三方物流企业的整体实力水平还相对薄弱，并没有达到这一要求，河北省第三方物流企业的发展水平则低于全国平均水平。根据相关统计资料，河北省第三方物流企业仅承担了 20% 左右的总物流运输任务，远低于 50% 的标准。第三方物流企业在整个现代物流体系的建设过程中处于重要的地位，第三方物流企业在物流运输网络的建设过程中，通常更注重高效率、低损耗和高收益等，其发展过程实际上更符合资源优化配置的要求。因此，在新型城镇化建设过程中，河北省现代物流业体系的发展若想取得理想效果，就一定要重视第三方物流企业的发展。

8.3.3　完善相关扶持政策

1. 财政扶持政策

通过对河北省物流业发展水平进行综合评价可知，河北省物流业发展水平并不高。然而，河北省的新型城镇化建设和京津冀一体化战略的实施又亟待河北省物流业的发展，因此，政府相关部门应当发挥宏观调控的作用，对河北省物流业的发展提供更多的财政支持。同时，可以通过制定多种财政优惠政策来帮助河北省物流业吸收来自社会各界的投资，以促进河北省物流企业的快速发展和河北省物流业整体水平的提高。政府的财政支持可以体现在具有公共性物流业发展的基础方面，如建设完善物流基础设施、培养物流业的专业技术和管理人才、引进先进的物流技术及推进物流行业的改革和创新等。

1）加强对物流基础设施建设的财政扶持政策

物流业的发展很大程度上取决于物流业的基础设施建设，其好坏直接关系着物流发展水平的高低。目前，河北省内的物流基础设施并不完善，存在着技术落后、信息沟通不畅等问题，这些问题将会直接导致物流成本的上升。当前，造成这一现象的原因与河北省的规划和投资有着很大的关系，长期以来，河北省对物流业的基础设施进行投资建设的过程中，并没有进行科学合理的统筹规划，并且通常将建设规模放在首要位置，往往忽略基础设施的质量和后期的维护、管理。因此，在今后的物流基础设施建设过程中，应当进行可行性研究，结合区域经济的发展状况，基础设施建设方案及与原有基础设施衔接状况进行统筹、合理的规划，从而有效利用资金，避免资源浪费。同时改变财政投入的理念。传统的财政投入通常以建设干线为主，忽视了干线与支线及专线的有效衔接。在新型城镇化建设的过程中，建设物流基础设施时应当注重物流干线与支线及专线之间衔接的有效性，促进各种线路均衡协调发展。同时，应当注重物流信息化的发展，最终建成"结构合理、衔接有序、高质高效"的综合物流基础设施体系。

　　2）加强对物流公共信息平台的财政扶持政策

　　物流公共信息平台的建设是一个循序渐进、逐步发展的过程，通常需要很长一段时间，相应地，其投资回收期也相对较长。在这种情况下，政府可以采用两种投资策略来建设物流公共信息平台。一种是政府投入部分项目的启动资金，通过政策贴息的方式来招商引资，利用社会资本的力量来推进物流公共信息平台的建设。另一种投资策略是政府作为买方，可以直接从物流公共信息平台的运营商那里购买相应的服务，双方签订买卖合同，并对运营商提供的服务进行考核，对于符合标准的运营商给予财政补贴，对于不符合标准的运营商则不给予财政补贴。通过这种形式来鼓励运营商开发出更加科学、合理、高效的物流公共信息服务平台，从而促进物流公共信息平台的建设和推广。

　　3）加强对先进物流技术创新与应用的财政扶持政策

　　目前，河北省物流企业对先进技术的利用率普遍偏低，这一问题主要源于两方面的因素。一是大家普遍认为物流业本身属于劳动密集型行业，并没有意识到物流行业本身还兼具技术密集型的特征，因此对于先进的技术并没有给予足够的重视。二是在宏观调控层面，政府对于物流先进技术和创新的推广及支持并没有落到实处。因此，若想改变这一现状，在企业微观层面，要转变观念，加强先进技术的应用和勇于改革创新。此外，在宏观层面，政府应当通过财税优惠等实在的政策来降低物流企业的研发成本，调动物流企业研发的积极性，从而促进先进技术的研发、推广和使用。同时，政府还可以对达到一定规模的物流企业发放专项贷款，用于购置先进的技术设备或引进先进的技术。然而，我国目前在这方面的财政投入是非常有限的，因此政府必须通过加大扶持力度，才能加快物流企业技术创新的进程，使河北省物流业的整体实力得到提升。

　　4）加强对农村物流的财政扶持政策

　　在新型城镇化建设的过程中，农村一直是薄弱地带，而农村物流在现代物流建设体系中也同样是薄弱环节。随着河北省新型城镇化建设的不断深入，农村市场将是物流业发展的新增长点。因此，政府相关部门在完善现代物流建设体系过程中，应当重视农村物流体系的建设，加强对农村物流发展的支持力度。政府相关部门可以采取以下三种措施来促进农村物流的发展。首先，应当加强农村基础物流设施的建设，使其能够支撑起农村物流的发展。其次，应当通过发放补贴、减免税收及通报奖励等方式来鼓励自主建设农产品物流企业，还可以通过发放专项贷款的方式来鼓励具有相应资质的企业自主研发冷链运输和建设冷藏仓库等。最后，鼓励和扶持农产品进城物流项目的立项及研发，并给予一定的科研基金或财政补贴，从而降低农村物流企业的运营成本。物流企业的运营成本降低了，农产品的运输成本也会相应降低，进而可以刺激城市对于农产品的需求，带动社会消费；社会消费增加了，对农产品的需求势必增加，一定程度上将促进地区农业生产的发展和经济水平的提高；而农业生产的发展和经济水平的提高又会增加物流需求，物流需求的增加则进一步促进农村物流业的发展，这样就产生了一个良性循环系统。因此，加大政府对农村物流的支持力度是十分必要的。

2. 物流用地保障扶持政策

首先，对于符合城市总体规划、土地利用规划和现代物流发展规划的物流项目用地，应当优先予以安排，并动态管理区域内的重点物流项目。其次，要想使物流业在经济发展过程中更好地发挥推动作用，相关部门应当统一制定物流用地价格机制。物流用地价格机制应包括用地的价格、价格波动范围及用地的使用年限等事项。最后，物流企业在购买用地时，政府可以允许其采用分期付款的方式来支付用地费用，以缓解物流企业的资金压力，在一定程度上降低物流企业的投资风险。

3. 交通管理扶持政策

在交通管理方面，河北省政府应当合理调整对城市物流配送运输工具的交通管制制度。在调整交通管制制度时，应当综合考虑环境的承载能力及城市交通的承受能力，在确保这两者的前提下，最大限度地为城市物流配送工具提供便利，确保物流配送工作方便、快捷、保质保量的完成。

8.3.4　拓宽投融资渠道

1. 缓解物流企业的融资压力

物流基础设施建设具有明显的社会化特征，建设初期需要投入大量的资金，并且投资回收期相当长。目前，河北省物流业的融资渠道较少，且相对单一，这将影响省内物流基础设施的建设规模与速度。物流园区作为城市物流的重要支撑，对物流基础设施建设责无旁贷。但是，河北省政府的相关部门并没有对物流基础设施建设提供用地保障和用地价格等方面的优惠，这势必将增加物流企业的融资成本。在这种情况下，物流基础设施建设压力的很大一部分就落在了物流企业上。现阶段，河北省物流企业的整体实力仍然比较低，单靠河北省物流企业自身很难实现物流基础设施建设与完善的任务。物流基础设施具有明显的社会性，且物流业的发展对整个地区经济具有明显的促进作用，因此在物流业发展过程中，河北省政府相关部门应当予以一定的帮助，这样才有助于推动河北省整个物流行业的发展。为此，河北省政府相关部门可以通过设立物流发展基金，根据统计规划对物流业的发展提供一定的资金支持与贷款优惠等。此外，河北省政府相关部门还可以投资建设物流基础设施，拥有物流基础设施所有权，再采用租赁的方式将这些设施租给物流企业使用，通过收取租金的方式来回收投入的资本，甚至还有可能实现盈利，达到地方政府和物流企业双赢的目的。以上两种措施都将减少河北省物流企业在基础设施建设方面的资金投入，缓解融资压力。

2. 基于针对性的融资支持政策

河北省政府相关部门可以通过颁布相关政策，鼓励商业银行为物流企业提供贷款方面的支持。对于物流企业的贷款，在进行相应的风险评估之后，可以为其开通绿色通道，并对其采取宽松的贷款政策，最大限度地解决物流企业发展过程中的资金短缺问题。通常，商业银行可以通过提供短期周转资金和长期贷款等项目，为物流企业的发展提供资金支持。另外，河北省政府相关部门还可以通过各种途径来鼓励社会闲散资金进入物流企业，促进资金的合理优化配置，提高全社会资金的使用效率，最大限度地为物流业的发展提供资金支持。

3. 完善资本市场，扩大物流企业融资比例

河北省物流企业的融资渠道比较单一，要想借助融资来发展物流企业，必须实现融资渠道的多样化。目前，河北省还没有专门为物流企业开设的融资项目，这就加大了物流企业获取外界资金支持的难度，仅靠物流企业自身的力量很难实现融资渠道的多样化。因此，政府相关部门必须进行干预，以物流业务为主的企业自主发行债券或股票时，在企业具备相应资格的前提下，政府相关部门在审核时可以采取适当宽松的政策。完善物流业资本市场需要企业自身和政府共同做出努力。一方面，物流企业必须健全自身的企业管理制度，构建科学的融资体系，以适应资本市场运作的需求；另一方面，政府相关部门应当从宏观层面给予政策支持，为物流企业提供发行债券和股票的便利条件、努力拓宽物流企业的融资渠道，从而为物流企业争取更多的资金。

8.3.5　健全法律法规体系

新型城镇化建设过程中，物流业的发展环境极不稳定，拥有较大发展空间的

同时也面临巨大挑战，相关政策及法律法规对物流业的稳定发展尤为重要。近年来，河北省物流业得到快速发展，而与物流业相关的政策、法律法规及标准体系建设却相对滞后。随着新型城镇化建设的开展，河北省地区的物流需求进一步扩大、需求多样化，对周边地区的影响力逐渐上升，河北省政府相关部门应出台更多优惠政策，比如，对参与城镇化建设的物流企业给予相应的补贴、税收优惠、专项扶持、吸引现代化物流企业入驻、鼓励本地骨干物流企业转型升级。同时，需要完善的法律法规体系作支撑，可根据河北省实际情况制定地方性的法律法规，涉及各类运输、仓储、快递及海关等方面的法律法规在国家法律基础之上，制定适应城镇化建设阶段性的法律法规体系，保证物流业健康发展。

8.3.6　加强高素质人才培养

物流业的快速发展必须有一支素质高、专业化强的物流管理和技术人才队伍保驾护航。欧美等发达国家和地区的物流教育体系相当完善，能够为物流的专业人才进行系统、科学的教育和培养，为物流业的发展提供了人才保障。目前，河北省的教育资源相对紧缺，物流专业的高等教育仍处于起步阶段，物流专业的人才培养规模和质量远没有达到现阶段物流业发展水平的要求。在新型城镇化建设背景下，应该加强物流专业高素质人才的培养。首先，对于物流专业管理和技术人才的培养不应当仅限于高校的理论培养，还可以通过在职培训的方式对物流行业的就业人员进行培训，提高其理论水平，使理论和实践相结合。其次，在物流管理人才方面，河北省可以从省外甚至是国外引进高素质的管理人才，学习国外先进的管理理念和管理手段，通过"引进—学习—创新"，不断促进河北省物流管理人才水平的整体提升。

8.4　本 章 小 结

本章研究了基于新型城镇化建设的河北省物流发展调控对策。首先，基于一元线性回归模型，实证分析了河北省物流业发展规模与物流需求水平的关系，结果表明，河北省物流业增加值与邮政业务量、货运量、货物周转量均存在正的线性相关关系，货运量对物流业增加值的促进作用最为显著，货运量每增加 1 亿吨，物流业增加值提高约 79.384 亿元；然后是邮政业务量，邮政业务量每增加 1 亿元，物流业增加值提高约 13.886 亿元；货物周转量对物流业增加值具有一定的促进作用，货物周转量每增加 1 亿吨·千米，物流业增加值提高约 0.168 亿元。其次，运用一元线性回归模型实证分析了河北省物流业发展规模与经济发展的关系，结果表明，河北省物流业增加值与 GDP、固定资产投资均存在正的线性相关关系，GDP 和固定资产投资对物流业增加值的促进作用相差不大，GDP 每增加 1 亿元，物流业增加值提高约 0.077 亿元，固定资产投资每增加 1 亿元，物流业增加值提高约 0.063 亿元。最后，在新型城镇化建设背景下，从统筹合理规划、大力培育市场主体、完善相关扶持政策、拓宽投融资渠道、健全法律法规体系、加强高素质人才的培养六个方面提出了促进河北省物流业合理发展的调控对策。

第9章 研究结论与展望

9.1 研究结论

本书借助多种相关理论与方法，对新型城镇化建设背景下的河北省物流业发展进行了全面系统的分析，并提出新型城镇化建设过程中推动河北省物流业合理发展的调控对策，得出如下结论。

（1）近年来，河北省政府颁布了众多与物流业相关的政策和措施，为河北省物流业的稳步发展创造了良好的政策环境，已经形成了以公路、铁路、内河、航空为主的运输体系，成为中国北方的物流交通中心；河北省物流业发展速度明显加快，各种衡量指标表现出整体增长趋势。河北省城镇人口比重出现逐年稳定上升，但与全国城镇人口比重仍存在一定的差距；河北省为居民提供了较好的绿化环境，但在公共交通配置及城市居民用水、燃气、公厕服务方面有待进一步改善；河北省的基本社会保险参保人数及占城镇人口比重总体上还不高，但具有不断增长的态势；城乡居民人均收支逐年增长，收支差距逐年减小；城乡居民生活水平均得到改善，城镇居民生活水平略优于农村居民。

（2）河北省物流业发展与新型城镇化水平关联关系研究表明，河北省物流业发展与新型城镇化建设水平关系紧密。其中，建成区绿地覆盖率与物流业就业人数、运输里程的关系最为紧密；人均 GDP 与货运量、物流业增加值的关系最为紧密；人均 GDP、城镇人均可支配收入与物流业固定资产投资、邮政业务量、货物周转量的关系最为紧密。

（3）河北省物流业发展与新型城镇化水平互动关系研究表明，整体上，河北省物流业发展与新型城镇化水平是相互促进的。其中，物流业就业人数与建成区绿地覆盖率具有一定的相互促进关系；物流业固定资产投资、货物周转量分别与人均 GDP、城镇人均可支配收入均存在较显著的相互促进关系；邮政业务量与人均 GDP 具有一定的相互阻碍关系，邮政业务量与城镇人均可支配收入具有一定的相互促进关系；货运量与人均 GDP 具有一定的促进关系，物流业增加值与人均 GDP 具有较显著的相互促进关系。

（4）河北省物流业发展与新型城镇化建设水平协调关系研究表明，近几年，河北省物流业发展与新型城镇化建设水平的协调发展能力越来越好，河北省的物流业发展水平取得了很大的进步，相比之下，新型城镇化建设水平却表现出一定的落后，河北省正由物流业发展滞后型逐渐转变为新型城镇化建设水平滞后型；未来几年，河北省物流业发展与新型城镇化建设水平协调度与协调发展度将逐年稳定增长，一直保持优质协调发展状态。

（5）ADPSO 算法采用自适应动态调整策略，使惯性权重与加速系数同时随适应度值变化，增强了粒子的全局搜索能力与局部搜索能力。LSSVM-ADPSO 模型通过 ADPSO 算法优化选择 LSSVM 的参数向量，有效提高了模型的预测精度和预测效率。河北省物流业发展规模的 LSSVM-ADPSO 模型预测结果显示，未来几年，河北省物流业增加值将出现逐年增长的趋势，2017 年和 2018 年的增长速度相对较小，2018 年之后增长速度明显加快，到 2020 年，河北省物流业增加值将达到 2583 亿元。

（6）河北省物流业发展规模与物流需求水平、经济发展的一元线性回归结果表明，河北省物流业增加值首先与邮政业务量、货运量、货物周转量均存在正的线性相关关系，货运量对物流业增加值的促进作用最为显著，其次是邮政业务量，最后是货物周转量。河北省物流业增加值与 GDP、固定资产投资均存在正的线性相关关系，GDP 和固定资产投资对物流业增加值的促进作用相差不大。

（7）为促进河北省物流业的合理发展，在新型城镇化建设背景下，相关部门应从统筹合理规划、大力培育市场主体、完善相关扶持政策、拓宽投融资渠道、健全法律法规体系、加强高素质人才的培养六个方面进行规划。

9.2 研究展望

在国家大力倡导"京津冀一体化"和"推进新型城镇化发展"的背景下，基于新型城镇化建设的河北省物流业发展分析及调控对策研究成为一个有实际应用价值的研究课题。本书对该课题进行了系统、全面的研究，并取得了一定的研究成果，且实现了一定的创新和突破。但是，由于河北省物流业发展与新型城镇化建设水平相关数据比较缺乏，以及研究时间、研究经费、研究手段等方面的限制，在今后的研究中，有些问题还有待进一步研究。

（1）量化指标体系有待完善。本书建立了较为完善的河北省物流业发展与新型城镇化建设水平量化指标体系，但由于数据的可获得性限制，在量化指标选取过程中放弃了一些指标；另外，在选择量化指标的方法上，以现有研究成果为基础，由定性分析选择量化指标，没有运用其他定量的方法。在今后的研究中，若能获得全面的数据，并结合一些科学合理的方法选择量化指标，则可以获得更加完善的河北省物流业发展与新型城镇化建设水平量化指标体系。

（2）LSSVM 核函数及参数选择问题。本书选取 RBF 函数作为 LSSVM 的核函数，随着 LSSVM 算法研究的不断深入，出现了一些新型核函数，比如，小波核函数、混合核函数等，这些新型核函数的有效性有待进一步验证。此外，本书采用改进粒子群优化算法调整 LSSVM 的最优参数向量，在今后的研究中，还可以选用其他更先进的群智能优化算法优化调整 LSSVM 的参数向量，以进一步提高 LSSVM 的预测精度。